WEIN-PLUS
WEINFÜHRER DEUTSCHLAND
2002

Die Informationen in diesem Buch wurden mit größtmöglicher Sorgfalt aufbereitet. Dennoch können Fehler nicht ausgeschlossen werden. Verlag, Herausgeber und Autor übernehmen keine juristische Verantwortung oder irgendeine Haftung für eventuell verbliebene Fehler oder deren Folgen. Vorsatz und grobe Fahrlässigkeit sind davon ausgeschlossen.

Alle Rechte, insbesondere das Recht der Vervielfältigung und Verbreitung, sowie der Übersetzung, vorbehalten. Kein Teil des Werkes darf in irgendeiner Form (durch Fotokopie, Mikrofilm oder ein anderes Verfahren) ohne schriftliche Genehmigung des Verlages reproduziert oder unter Verwendung elektronischer Systeme gespeichert, verarbeitet, vervielfältigt oder verbreitet werden.

info@wein-plus.de & info@michael-mueller-verlag.de

Layout & Databased DTP (Data*form*): Agentur von Flatow, Fürstenberg/Havel

Weitere Mitarbeiter: Gabi Satzinger, Erlangen

Copyright © 2002 by Michael Müller Verlag GmbH, Erlangen

Umschlagfotos: DWI / Hartmann

Titelfoto: Moselschleife zwischen Leiwen und Trittenheim

ISBN 3-932410-76-9

Printed in Germany

MICHAEL MÜLLER VERLAG

WEIN-PLUS WEINFÜHRER DEUTSCHLAND 2002

Mit ausführlichen Beschreibungen und Bewertungen

BAND 4

HESSISCHE BERGSTRASSE

NAHE

RHEINHESSEN

WÜRTTEMBERG

VON
MARCUS HOFSCHUSTER
HERAUSGEGEBEN VON UTZ GRAAFMANN

Inhalt

Inhalt 5

Vorwort des Herausgebers 7
   Unabhängigkeit und Neutralität 7

Zur Lage 9
   Classic und Selection:
   Sinnvolle Vereinfachung oder reiner Marketinggag? 9
   Erstes Gewächs und Grosses Gewächs:
   echte Ausnahmeweine oder reine Preistreiberei? 10
   Neue önologische Verfahren:
   notwendig zur Wahrung der Wettbewerbsfähigkeit oder
   Ausverkauf der Individualität? 12

Jahrgangsbeschreibungen 14
   Der Jahrgang 2000 14
   Der Jahrgang 1999 15

Wie dieser Führer entstanden ist 17
   Hinweise zu den Erzeugern 17

Die Bewertung und das Punktesystem 18

Die Kollektion des Jahres 21

Erläuterung der verwendeten Symbole 23

Württemberg 25
   Die Erzeuger 28
   Weitere Erzeugeradressen 75

   Auslese 81

Nahe 83
   Die Erzeuger 88
   Weitere Erzeugeradressen 138

   Auslese 142

Rheinhessen 145
   Bingen 147
   Die Erzeuger 148
   Weitere Erzeugeradressen 169

Nierstein	173
Die Erzeuger	176
Weitere Erzeugeradressen	214
Wonnegau	219
Die Erzeuger	220
Weitere Erzeugeradressen	255
Auslese	257
Hessische Bergstrasse	**261**
Die Erzeuger	263
Weitere Erzeugeradressen	265
Index nach Orten	**266**
Index nach Erzeugern	**270**
Anhang	**A I**
Deutschlandübersicht	A I
Württemberg	A II
Nahe	A III
Bingen	A IV
Nierstein	A V
Wonnegau	A VI
Hessische Bergstrasse	A VII

Vorwort des Herausgebers

Vor Ihnen liegt die zweite Ausgabe des Wein-Plus Weinführers Deutschland. Im letzten Jahr als einbändiges Werk gestartet, erscheint er nun in vier Bänden:

Band I: Mosel-Saar-Ruwer, Mittelrhein, Ahr
Band II: Franken, Rheingau, Saale-Unstrut, Sachsen
Band III: Pfalz, Baden
Band IV: Nahe, Württemberg, Hessische Bergstrasse, Rheinhessen

Die Aufteilung war wegen des großen Volumens (alle 4 Bände haben zusammen ca. 1.200 Seiten) notwendig. Sie profitieren von einer größeren Handlichkeit und durch den für den Freund einzelner Anbaugebiete deutlich niedrigeren Preis.

Mehr Farbe, eine übersichtlichere Innengestaltung, ausführliche Register zum Auffinden von Weinen und Erzeugern sind weitere Neuerungen dieser Ausgabe, die Ihnen als Leser hoffentlich entgegenkommen.

Außerdem haben wir die Beschreibung der einzelnen Bereiche durch Fotos ergänzt, die uns freundlicherweise vom Deutschen Weininstitut zur Verfügung gestellt wurden.

Jeder Bereich ist darüber hinaus auf einer Übersichtskarte skizziert. In den Karten sind sämtliche Orte erwähnt und rot hervorgehoben, zu denen Erzeuger im Führer genannt sind. Eine konventionelle Straßenkarte können und sollen die Karten natürlich nicht ersetzen. Sie sind aber eine gute Orientierungshilfe für die Erfassung der einzelnen Bereiche daheim oder beim Besuch vor Ort.

Unabhängigkeit und Neutralität

Was bleibt, ist die hohe Qualität des Inhaltes und die absolute Unabhängigkeit bei der Bewertung und Beschreibung der Weine. Der Wein-Plus Weinführer ist der einzige umfassende Weinführer für deutsche Weine, dessen Weinbeurteilungen ausschließlich auf Blindproben beruhen. Verkostungen auf Messen oder beim Erzeuger in der Probierstube gehen nicht in diesen Führer ein. Wir wissen aus eigener Erfahrung, wie schnell man sich im Urteil vom Renommee eines Erzeugers oder vom Umfeld leiten lässt. Erst im direkten Vergleich mit gleichartigen Weinen anderer Erzeuger ist eine wirklich faire Beurteilung möglich. Die Verkostungen für den Wein-Plus Führer erfolgen daher immer nach einheitlichen Prinzipien und verdeckt im Verkostungsraum der Redaktion.

Marcus Hofschuster weiß nicht, von wem die Weine kommen, wenn er sie beurteilt. Eine speziell entwickelte Verkostungssoftware stellt die Proben anonym zusammen und sorgt dafür, dass möglichst keine Fehler passieren.

Unser System macht es im Gegensatz zu anderen Führern notwendig, dass uns die Weine von den Erzeugern für unseren Blindtest zugeschickt werden. Die Tatsache, dass dies nahezu von allen führenden Erzeugern geschehen ist, werten wir als großen Vertrauensbeweis und als Zeichen dafür, dass Marcus Hofschusters Beurteilungen als kompetent und unabhängig anerkannt sind. Vielen Dank dafür!

Natürlich erheben wir von den Erzeugern keine Gebühren, so wie wir auch keine Werbung von Erzeugern im Buch aufnehmen.

Schon in der letzten Ausgabe hat Marcus Hofschuster bewiesen, dass er sein Handwerk beherrscht. Er hat seine Arbeitszeit vollständig in den Dienst dieses Weinführers gestellt. So hatte er genügend Zeit, sich seiner Arbeit zu widmen und in Ruhe die Weine zu verkosten. Finanzielle Verflechtungen mit Erzeugern oder Weinhändlern sind damit ebenfalls ausgeschlossen.

Seine Ergebnisse sind jederzeit nachvollziehbar - ob Sie als Weinfreund sich seinen Beurteilungen anschließen können, das müssen und sollen Sie entscheiden.

Ich wünsche Ihnen Freude bei der Lektüre dieses Führers. Ich hoffe, er wird Ihnen eine große Hilfe sein, ihre Lieblingsweine zu finden und sich in den Anbaugebieten zurechtzufinden.

Erlangen im Januar 2002

Utz Graafmann

Zur Lage

Selten war die deutsche Weinszene so sehr in Aufruhr wie im letzten Jahr. Eine Fülle neuer Bezeichnungen hielt Einzug auf den Etiketten, die Debatte um neue önologische Verfahren erhitzte die Gemüter und eine Reihe alles andere als einfach zu handhabende Jahrgänge brachte die Hierarchie der Spitzenproduzenten ordentlich ins Wanken. Wohin geht die Reise?

Classic und Selection:
Sinnvolle Vereinfachung oder reiner Marketinggag?

Mit dem 2000er Jahrgang hatten die beiden mit Millionenaufwand beworbenen neuen Begriffe für „trocken schmeckenden Wein" aus typischen beziehungsweise klassischen Rebsorten eine denkbar ungünstige Premiere. Die Ernsthaftigkeit, die hinter Werbesprüchen wie „hat Klasse, schmeckt klasse" steht, wurde so bereits im ersten Jahr auf eine harte Probe gestellt. Dabei befand sich die gesamte Weinszene in einem Dilemma: Sollte man aufgrund der teilweise extrem schwierigen Bedingungen möglichst wenig Classic und Selection produzieren um nicht von Anfang an die qualitativen Ansprüche unterlaufen zu müssen? Was nützt dann aber der ganze Werbeaufwand, wenn es kaum Weine mit den Bezeichnungen zu kaufen gibt?

Leider haben viele Erzeuger einen Weg gewählt, der verwirrender nicht sein könnte. So gab es in den allermeisten Sortimenten der Befürworter dieser neuen Begriffe zwar einen Classic, aber gleichzeitig auch ein bis zwei trockene Qualitätsweine und nicht selten mehrere trockene Kabinette. „Geschmacklich trocken" war von allen verkosteten Classic-Weinen nur ein geringer Teil. Am ehesten war dies noch bei den Rotweinen und (seltener) den Rieslingen der Fall; so gut wie alle anderen Sorten schmeckten mehr oder weniger süß. Zudem werde ich den Verdacht nicht los, dass viele Produzenten ihre schwächsten Partien für den Classic verwendeten. Es scheint, als hätte man die Gelegenheit genutzt, die mäßigen Weine mit etwas mehr Restzucker, als dies bei gesetzlich trockenen Weinen möglich gewesen wäre, „aufzupeppen", um sie dann als Classic immer noch mit dem Nimbus des trockenen Weins an den Mann bringen zu können. Von „hat Klasse, schmeckt klasse" konnte man in vielen Fällen nicht reden; nicht selten war der Classic der schwächste Wein im Sortiment.

Zum Glück hielten sich die meisten Produzenten mit der „Selection" in diesem Jahr zurück. Nur vereinzelt konnte 2000 eine Qualität auf die Flasche gefüllt werden, die diese Bezeichnung verdient hätte.

Im Großen und Ganzen halte ich die Einführung neuer Bezeichnungen für trockenen Wein in hierarchischer Abstufung für durchaus sinnvoll. Nur sollten sich die betreffenden Erzeuger entweder ganz dafür oder dagegen entscheiden. Dafür würde bedeuten, keine trockenen Prädikatsweine mehr auf den Markt zu bringen und den einfachen QbA möglichst nur noch als Literware, allenfalls noch als qualitativ unter dem Classic angesiedelten Gutswein anzubieten. Alles Andere ist glatter Humbug und vergrößert die Verwirrung und den Erklärungsbedarf beim Verbraucher nur noch.

Doch auch die großzügige Handhabung der Restsüße halte ich noch für ein Problem. Ein Wein mit 11 Gramm Zuckerrest kann nur in den seltensten Fällen noch wirklich trocken schmecken. Keine Frage, „Classic" ist ein gutes Mittel, um das unselige „Halbtrocken" zu vermeiden und die bei vielen Leuten im Grunde beliebten halbsüßen Weine an den Mann zu bringen, ohne es ihnen *sagen* zu müssen, dass sie halbsüß sind. Was aber soll man dann mit der steigenden Zahl der Weintrinker machen, die wirklich trocken schmeckende Weine vorziehen? Ihnen zu italienischem Weißwein raten? Und warum hält man es dann nicht wenigstens bei den Selectionsweinen mit der bisherigen Regelung von trockenen Weinen? Den wenigsten Spitzenweinen mit entsprechenden Extrakt- und Alkoholwerten steht der halbsüße Stil wirklich gut zu Gesicht. Und als Begleiter zu vielen Speisen sind sie besonders in der Jugend schlicht ungeeignet. Sollen wir also auch hier riskieren, dass anspruchsvolle Genießer – die eigentliche Zielgruppe der „Selection" – wieder zum Chablis, zum Burgunder, zum Italiener zurückkehren, weil man ihnen mit den deutschen Topgewächsen fast nur noch halbtrockene Weine unterjubelt?

Noch eine kleine Bemerkung zu den Begriffen an sich: Warum heißen die neuen Qualitäten nicht Klassik und Selektion? Müssen wir jetzt „Klässik" und „Silektschn" sagen? Wann zieht auch in der Weinbranche endgültig die Unsitte der Verenglischung unserer Sprache ein? Wird es bald – dem Sport entlehnt – Gutsnamen geben wie: „Rhinehardshausen Barons", „Bassermann Winetigers" oder „Eagles of Kesselstadt"? Is this really notwendig?

ERSTES GEWÄCHS UND GROSSES GEWÄCHS: ECHTE AUSNAHMEWEINE ODER REINE PREISTREIBEREI?

Ich halte es allein für das Image des deutschen Weins für absolut notwendig, Weinbergslagen zu klassifizieren und deren Erzeugnisse, sofern die Qualität stimmt, auch klar als klassifizierte Spitzenprodukte gekennzeichnet auf den Markt zu bringen. Am französischen Vorbild ist eindrucksvoll zu erkennen, dass eine deutlich herausgestellte Elite eine unschätzbare Triebfeder für ganze Weinregionen und sogar Herkunftsländer darstellt. Jeder Produzent, der in Deutschland eifersüchtig auf die Besitzer anerkannter Spitzenlagen blickt und versucht, jegliche Klassifizierung und Herausstellung klassifizierter Produkte zu verhindern, agiert extrem kurzsichtig. Er begreift nicht, welchen Vorteil er selbst aus dieser Situation ziehen kann. Jeder Burgunder- oder Bordeauxproduzent – und sei er auch noch so miserabel – kann alle seine Weine zu erheblich höheren Preisen verkaufen, als dies ohne diese Eliten möglich wäre, von deren Ansehen alle Erzeuger profitieren.

Ebenfalls absolut notwendig ist es jedoch auch, für eine entsprechende Qualität dieser Vorzeigeweine zu sorgen. Im Rheingau stellt das Erste Gewächs nun seit zwei Jahren die gesetzlich verankerte Elite vor allem unter den trockenen Weinen dar. Bereits im ersten Jahr gab es unter den freigegebenen Ersten Gewächsen solche, die diesen ehrenwerten Namen nicht unbedingt verdienten. Im Jahrgang 2000 hätte man wohl lieber ganz darauf verzichtet. Nur sehr wenige Rieslinge hatten im Rheingau das Format für einen echten Prestigewein und manche der angebotenen Topgewächse waren ein Hohn für die ganze Klassifikation. Ich weiß nicht ob es im Einzelfall Unfähigkeit zur Selbstkritik, sensorische Mängel, Ignoranz oder schlicht Gier war, die manche Erzeuger dazu veranlasste, dünne, unreife und säurebetonte Weine zur Zulassungsprüfung für das Erste Gewächs anzustellen. So lange diese Prüfung von den betreffenden Produzenten jedoch in Eigenverantwortung durchgeführt wird, scheint man nicht in der Lage zu sein, den Weinen gegenüber auch nur annähernd kritisch genug gegenüberzutreten.

In anderen Anbaugebieten scheint dies inzwischen auch ohne gesetzliche Regelung erheblich besser zu funktionieren. In der Pfalz waren auch unter den als „Großes Gewächs Pfalz" erschienenen 2000er Prestigegewächsen kaum Enttäuschungen. Und die entsprechende Initiative in Rheinhessen hat mit ihrer ersten Präsentation 2001 gezeigt, wie es geht: fast ausschließlich erstklassige Weine, die den Namen „Großes Gewächs" zurecht tragen.

Doch wie schon bei Classic und Selection habe ich auch bei Ersten und Großen Gewächsen Bedenken, was die erlaubten Restzuckermengen angeht. Warum benötigt ein aus vollreifen Trauben erzeugter, kraftvoller Spitzenwein schmeckbaren Restzucker um harmonisch zu sein? Fehlt den meisten Produzenten in Deutschland wirklich das nötige Selbstvertrauen um knochentrockene Weine von Weltklasse zu erzeugen, oder möchte man sich hier bewusst die Möglichkeit offen halten, gewisse Schwächen im Wein zu kaschieren?

Neue önologische Verfahren: notwendig zur Wahrung der Wettbewerbsfähigkeit oder Ausverkauf der Individualität?

Technik und Wissenschaft haben die Möglichkeiten der Weinbereitung in den letzten Jahren grundlegend verändert und erweitert. Kaum ein berühmtes Chateau in Bordeaux arbeitet heute noch ohne Mostkonzentration, Aromahefen sorgen vielerorts für im besten Wortsinne blendenden Geschmack und Holzschnipsel in den Tanks für die scheinbar erforderliche Kosmetik.

Was hat nun der Verbraucher von dieser Art Fortschritt? Eines ist klar: mit Hilfe von ausgefeilter Kellertechnik und allerlei Hilfsmitteln lassen sich aromaintensive, auf internationalen Einheitsgeschmack getrimmte Weine in Massen zu günstigen Preisen Produzieren. Grundsätzlich gibt es dagegen nur wenig einzuwenden, da ein großer Teil der Weinkonsumenten sich nicht im Geringsten für Dinge wie Herkunft, Charakter oder Authentizität dessen, was er da trinkt interessiert. Hier geht es nur darum, ein im Trend liegendes alkoholisches Getränk zu finden, das preiswert und zugleich schmackhaft ist.

Es gibt jedoch heutzutage auch eine andere Entwicklung. Immer mehr Menschen interessieren sich tatsächlich für Wein, nicht nur als Getränk, sondern als Teil ihrer Lebenskultur. Hier wird die Frage nach der Anwendung neuer Weinbereitungsverfahren weniger zu einem wissenschaftlichen oder ökonomischen, sondern vielmehr zu einem philosophischen Thema. Wein ist von je her ein Kulturprodukt in dessen Entstehungsprozess schon immer seitens des Menschen lenkend eingegriffen wurde. Doch wo ist die Grenze zwischen wünschenswerter Steuerung und der Erzeugung eines völlig verfremdeten Kunstprodukts?

Immer wieder heißt es, die neuen önologischen Verfahren seinen dazu da, Weine schlicht besser zu machen. Gerade bei der Mostkonzentration wird darauf hingewiesen, dass nur bereits sehr gute Moste sich zur „Verbesserung" eignen. Das verrückte an der Sache ist, dass man uns wirklich weis machen will, man könnte aus einem sehr guten Wein mit Hilfe eines fundamentalen Eingriffs in seine ganze Struktur und Balance einen Großen machen. Mir fällt es schwer, dieser Argumentation zu folgen.

Doch selbst wenn dies gelänge, wenn es wirklich möglich wäre, durch bedachten Einsatz aller möglichen und zulässigen Mittel einen Wein zu kreieren, der allen Anfechtungen stand hält und wirklich zweifellos besser, authentischer, individueller ist, als dies ohne Eingriffe möglich wäre, glaube ich kaum, dass wir Verbraucher einen tatsächlichen Gewinn davon hätten.

Es wird sich meiner Ansicht nach kaum verhindern lassen, dass die Möglichkeiten ihre Nutzer mit der Zeit korrumpieren. Zu groß ist die Verlockung, einen schnell verkäuflichen, weil Massenkompatiblen Einheitswein zu produzieren. Schon ohne technische Hilfsmittel schreitet diese Entwicklung immer weiter voran. Ich kenne keine grauenhaftere Vorstellung, als die, dass mir in naher Zukunft nicht mehr die Wahl bleibt, welche Art Wein ich trinken möchte, so wie ich bereits heute kaum mehr die Wahl habe, welches Gemüse ich esse, weil es fast nur noch Fades und Wässriges aus holländischen Gewächshäusern gibt. Ich möchte nicht auch hier einer der letzten Generationen angehören, die noch weiß, wie echter Wein schmeckt, weil alle Produzenten einer schleichenden Vereinheitlichung unterworfen sind.

Das Hauptargument aller Befürworter neuer önologischer Verfahren ist die Wettbewerbsfähigkeit mit Weinbauländern, in denen diese bereits zugelassen sind. Seltsamerweise käme niemand je auf die Idee zu behaupten, die großen Weine des vergangenen Jahrhunderts könnten mit den nach neuen Methoden produzierten Erzeugnissen nicht mehr konkurrieren. Doch schon heute scheint sich kaum jemand mehr auf die Qualität, die er in seinem Weinberg erzeugen könnte, konzentrieren zu wollen. Die Köpfe selbst vieler Spitzenproduzenten sind bereits infiziert mit dem Gedanken, man könne im Keller doch noch aus 100 Prozent 120 machen. Dummerweise macht uns gerade das Bordelais vor, dass diese Vorstellung ein großer Trugschluss ist. Während die Weine der dortigen Spitzenproduzenten selbst aus den teils katastrophalen Jahrgängen in den 60ern heute noch oft mit Genuss zu trinken sind, fallen die Mostkonzentrierten 92er und 93er bereits auseinander. Während man mit hyperkonzentrierten Fruchtbomben versucht der scheinbar übermächtigen Konkurrenz aus Übersee entgegenzutreten geht man dort zum Teil längst den gegenteiligen Weg zu weniger Alkohol, weniger Wucht und mehr Klasse, Charme und Authentizität.

In Deutschland ist die Situation kaum anders. Auf der ganzen Welt versuchen engagierte Weißweinerzeuger, dem deutschen Vorbild leichter Weine mit enormer Ausdruckskraft nachzueifern und hierzulande faselt man von „international trockenem" Geschmack; und das mit ausländischen Vorbildern im Kopf, die in Sachen Qualität und Trinkfreude das einheimische Niveau nur in den seltensten Fällen erreichen. Begreift denn niemand die einmalige Chance, sich in Deutschland als Produzenten eigenständiger, unverwechselbarer Weine mit klarem Herkunftscharakter weltweit zu profilieren? Sind wir wirklich so blöd zu glauben, den Anderen wieder einmal alles nachmachen zu müssen um konkurrenzfähig zu bleiben? Sieht denn niemand, dass dieser Schuss nach hinten los geht?

Jahrgangsbeschreibungen

Der Jahrgang 2000

Ein extrem früher Austrieb (zum Teil schon in der 3. Märzwoche) und eine mancherorts bereits Ende Mai einsetzende Blüte ließen früh Hoffnungen auf einen Jahrhundertjahrgang aufkommen. Der ideale Witterungsverlauf sorgte für einen Reifevorsprung von bis zu 3 Wochen, dem selbst der relativ kühle Juli wenig anhaben konnte. Ab Mitte August setzte nach und nach in allen Weingebieten Regen ein – und hörte von da an praktisch nicht wieder auf. Mit der feuchten und gleichzeitig warmen Witterung kam auch die Fäulnis. Während die frühreifen Sorten vielerorts schnell und in überwiegend gesundem Zustand eingefahren werden konnten, blieb bei Riesling und anderen späten Arten nichts anderes übrig, als zu warten und bald täglich die faulen Trauben auszulesen.

Am Ende konnten aus manchen Lagen nur winzige Mengen gesunden Traubenguts eingebracht werden, nicht wenige Parzellen faulten gar innerhalb weniger Tage vollkommen weg. Doch nicht überall war die Situation gleich schlimm. Während vor allem die Mittelhaardt und weite Teile des Rheingau katastrophale Zustände erlebten, hatten die Terrassenmosel, manche Bereiche der Nahe und Württembergs, das Markgräflerland, der östliche Teil Frankens und die beiden Weinbaugebiete der neuen Bundesländer offensichtlich Glück. Hier konnte ein mehr oder weniger großer Teil der Lese bei trockenen Bedingungen stattfinden, was sich in häufig sehr reintönigen und gut strukturierten Weinen niederschlug.

Überhaupt barg der Jahrgang auch Chancen. Im Gegensatz zu 1999 war diesmal die Wasserversorgung nirgends ein Problem. Bei sorgfältigster Weinbergsarbeit war es daher in den meisten Gebieten durchaus möglich, Weine mit hohem Extrakt und sehr saftiger Frucht zu keltern, beides Attribute, die 1999 oft fehlten. Das macht sich besonders deutlich an der Mosel bemerkbar, wo nach den manchmal sehr blassen und kurzlebigen 99ern unter den Händen gewissenhafter Erzeuger wieder Rieslinge mit Substanz und Reifepotenzial entstanden sind. In Baden wiederum ist die Zahl flacher Alkoholbomben deutlich niedriger als im Vorjahr.

Überrascht bin ich, wie vielen Produzenten dieses Jahr ansprechende Rotweine geglückt sind. In manchen Fässern schlummern Tropfen, die ich unter diesen Umständen kaum für möglich gehalten hätte und an der Ahr wurden mit fast übermenschlichem Aufwand einige echte Spitzenweine auf die Flasche gebracht. Kaum ein namhafter Produzent leistete sich hier Schwächen.

Leider wirft der ziemlich laxe Umgang vieler Verbandsfunktionäre, Genossenschaftsvorstände und auch Selbstvermarkter mit der Wahrheit einen Schatten auf die positiven Aspekte des Jahrgangs 2000. Die Ernteberichte strotzen oft nur so von Superlativen wie „Traumjahr" oder „Jahrhundertjahrgang". Da werden Oechslegrade zelebriert, ohne Rücksicht darauf, ob diese nun durch Edelfäule verursacht wurden, oder durch Grau- und Sauerfäule, was erheblich häufiger vorkam. Die Zahl der wirklich reintönigen Dessertweine ist dieses Jahr verschwindend gering und die Mengen, die hinter diesen Gewächsen stehen spotten jeder Beschreibung. Doch auch in allen anderen Geschmacksbereichen und „Qualitätsstufen" sind wirklich saubere und reife Weine eher die Ausnahme als die Regel. Selbst bei Spitzenproduzenten ließen sich von der Fäulnis herrührende Wachsaromen oder unreife und grüne Noten oft nicht vermeiden. Zudem merkt man vielen Weinen die erheblichen Eingriffe, die im Keller bei ungenügend selektiver Lese nötig waren, um überhaupt einen halbwegs trinkbaren Wein auf die Flasche zu bringen, deutlich an. Kaum eine Handvoll Betriebe konnte wirklich eine große Kollektion präsentieren. In den meisten anderen Fällen deutet die Rede von einem Traum- und Jahrhundertjahrgang auf einen eklatanten Mangel an Respekt vor den Verbrauchern hin. Vielleicht sind aber auch Verlogenheit und Ignoranz manchmal die treffenderen Worte. Wann wird man endlich einsehen, dass solches Verhalten und eben nicht das Aussprechen unangenehmer Wahrheiten den Weinbau in ganz Deutschland immer und immer wieder in Verruf bringt?

DER JAHRGANG 1999

Auch wenn es wie immer deutliche regionale Unterschiede gab, wurde der Jahrgang so gut wie überall in Deutschland von drei Faktoren geprägt: einer frühen Blüte, extremer Hitze im Sommer und zeitweise feucht-warmer Witterung im Herbst. Während im Sommer die Trauben am Stock verbrannten und teilweise der Reifeprozess aufgrund der Trockenheit ins Stocken geriet, sorgte das warme feuchte Wetter im Herbst für ein Aufblähen der Beeren und einen deutlichen Rückgang der Extraktwerte. Wer die Lese zu früh ansetzte, lief Gefahr, zwar analytisch, aber nicht physiologisch reife Beeren zu ernten. So erklären sich auch trockene Spät- und Auslesen mit über 13% Alkohol und dennoch sehr mäßigem Extrakt und zum Teil unreifen, grasigen Aromen. Nicht selten sind die Kabinette daher harmonischer, als die vermeintlichen Spitzenweine. Der Stress, dem die Reben ausgesetzt waren, sorgte zudem vielerorts für „untypische Alterstnoten" (UTA), mit denen dieses Jahr auch einige ansonsten sehr zuverlässige Produzenten Probleme hatten.

Diejenigen Erzeuger, die bereits früh begannen, ihre Weinberge auszudünnen und die Lese sehr lange hinauszögerten, hatten eindeutig die Nase vorn und konnten zum Teil überragende Resultate vor allem im trockenen Bereich einfahren.

Unregelmäßige Botrytisentwicklung erschwerte jedoch die Produktion edelsüßer Spitzenweine mitunter erheblich. Auch die Eisweinlese verzögerte sich manchmal bis weit in den Januar, was der Reintönigkeit der Ergebnisse nicht immer zuträglich war. Viele Eisweine, Beerenauslesen und Trockenbeerenauslesen sind durch pilzige Geschmacksnoten beeinträchtigt, oder leiden Mangel an Rasse und Komplexität. Nicht selten sind die Auslesen besser, als die höheren Prädikate.

Ein besonderes Jahr war 1999 allerdings für die Rotweine, vor allem jene aus Burgundersorten. Ihnen kamen die Jahrgangsbedingungen erheblich mehr entgegen als den meisten weißen Arten. So entstand eine Fülle sehr guter bis hervorragender Rotweine, wie es sie in Deutschland in der Menge und Qualität bislang nicht gab. An der Ahr und im Rheingau, in Franken und in der Pfalz wurden neue Qualitätsmaßstäbe gesetzt. In Baden zeigte ausgerechnet ein Seiteneinsteiger aus Bühl, was möglich ist, während mancher etablierte Betrieb mir etwas zu sehr auf Eichenholz und übertriebene (teils maschinelle) Konzentration setzte.

Alles in allem also kein einfacher Jahrgang, der in manchen Bereichen deutlich die Spreu vom Weizen trennte und zu hohe Erträge gnadenlos bestrafte. Dabei gelang es dennoch einer ganzen Reihe von Erzeugern, die Möglichkeiten des Jahrgangs optimal zu nutzen und großartige Kollektionen vorzustellen.

Wie dieser Führer entstanden ist

Jedes Frühjahr werden über 1500 Produzenten eingeladen, Proben zur Blindverkostung in die Redaktion nach Erlangen zu senden. Die Produzenten haben bis Mitte Oktober Zeit, dieser Bitte nachzukommen, sodass sich niemand gedrängt fühlen muss, Weine früher abzufüllen oder einzureichen als gut für sie wäre. Die Probeflaschen werden nach Eintreffen von Assistenten mit allen relevanten Daten erfasst, anonymisiert und mit einer Probennummer versehen.

Vor der Verkostung werden die Weine in Serien nach Herkunft, Rebsorte und Süßegrad eingeteilt. Innerhalb der Serien findet noch einmal eine Staffelung nach Alkohol und/oder Restsüße statt, um möglichst faire Verkostungsbedingungen zu gewährleisten. Die Degustation erfolgt stets blind in unserem Verkostungsraum im Keller. Hier herrschen neben relativ konstanten Temperaturen vor allem immer gleiche Lichtverhältnisse, was Beeinflussungen von Außen so weit wie möglich zu reduzieren hilft.

In den Weinführer werden ausschließlich in Erlangen blind probierte Originalabfüllungen aufgenommen. Bewertungen, die auf Messen, bei den Produzenten oder aus anderen Gründen nicht verdeckt vorgenommen wurden, finden keine Aufnahme im offiziellen Teil, können aber im Begleittext zumindest erwähnt werden. Auch Fassproben werden nicht berücksichtigt. In Einzelfällen kam es in der Vergangenheit vor, dass sich eine Probe erst im nachhinein als Fassmuster entpuppte. In diesen Fällen habe ich dies vermerkt.

Hinweise zu den Erzeugern

Die einzelnen Weingüter sind mit ihren wichtigsten Adressdaten, Angaben zu den Inhabern, sowie gegebenenfalls zu Kellermeistern und Verwaltern vertreten. Dazu kommen Informationen für den Besucher, soweit uns diese zur Verfügung gestellt wurden. Die Gutsportraits basieren größtenteils auf bei persönlichen Gesprächen mit den Produzenten gewonnenen Erkenntnissen. Aus Zeitgründen kann ich jedes Jahr nur einen Teil der Güter persönlich besuchen, weshalb die Portraits erst nach und nach vervollständigt werden können. Ziel ist es, etwa alle 4 Jahre jeden Produzenten einmal persönlich aufzusuchen, um mich vor Ort ins Bild zu setzen. Bei bedeutenden Erzeugern wird dies auch öfter der Fall sein.

Die Bewertung und das Punktesystem

Bei offiziellen Verkostungen deutscher Weine wird in der Regel ein am einheimischen Durchschnitt orientierter Maßstab angelegt. Das mag eine akzeptable Vorgehensweise für regionale Wettbewerbe darstellen, für eine umfassende Bestandsaufnahme der Leistungen eines Erzeugerlandes ist sie gänzlich ungeeignet.

Die bei den Verkostungen für den Wein-Plus Weinführer Deutschland gewonnenen Ergebnisse können nur im internationalen Maßstab eingeordnet werden, um tatsächliche Aussagekraft zu besitzen. Das bedeutet jedoch nicht, dass Weine einen austauschbaren, international mehrheitsfähigen Geschmack vorweisen müssten, um eine positive Beurteilung zu erhalten. Ganz im Gegenteil: Wichtige Qualitätsmerkmale für einen erstklassigen Wein sind seine Individualität und die Fähigkeit, seine Herkunft in einem mehr oder weniger genau definierbaren Geschmack auszudrücken.

Zu messen haben sich diese Weine jedoch an den besten Erzeugnissen anderer Länder. Die Voraussetzung, um hier zu einem relativ gesicherten Urteil zu kommen, ist eine gute Kenntnis dieser Erzeugnisse. Noch während meiner Arbeit am Weinführer verbrachte ich nahezu jede Woche mehrere Stunden mit der Verkostung von Weinen aus allen Anbaugebieten der Welt, um auf diesem Gebiet nie den Horizont aus den Augen zu verlieren.

Die Bewertung erfolgt nach dem aus den USA stammenden und dem dortigen Schulnotensystem entlehnten 100-Punkte-Schema. Es scheint hierbei weltweit verschiedene Auffassungen darüber zu geben, wie streng dieses System interpretiert werden sollte. Ich für meinen Teil ziehe eine strenge Interpretation vor, was dazu führt, dass hier die empfehlenswerten Weine bereits bei 75 Punkten beginnen und alles über 80 Punkten bereits als „sehr gut" eingestuft ist und großen Genuss bereitet. Bitte halten sie sich diese Benotungspraxis stets vor Augen, wenn Sie dieses Buch benutzen, da dies für das Verständnis der Bewertungen unerlässlich ist.

Die Beurteilung von Weinen aufgrund von Punktnoten ist nicht unumstriten. Die Kritiker dieser Praxis bezweifeln, dass sich komplexe sinnliche Erfahrungen, wie sie Wein zweifellos bescheren kann, in exakten Punktnoten ausdrücken lassen. Dieses Argument lässt sich natürlich nicht ganz von der Hand weisen. Dennoch ist es kaum anders möglich, eine allgemeine qualitative Einschätzung zu vermitteln, ohne dabei in völlig verquaste Prosa zu verfallen. Keinesfalls soll auf diese Art ein Absolutheitsanspruch vermittelt werden. Bei einem lebendigen Produkt, wie es Wein nun einmal ist (oder sein sollte), wäre dies reine Anmaßung. Um jedoch die Urteile nicht auf reine Punktzahlen zu reduzieren, wird zu jeder Probe auch eine ausführliche Verkostungsnotiz veröffentlicht. Diese soll Ihnen zudem dabei helfen, sich ein Bild von der Stilistik jedes Weins zu machen.

Punkte und Beschreibungen sind in diesem Fall das Ergebnis der Anstrengungen eines Einzelnen. Sie spiegeln meine Gewissenhaftigkeit und Leidenschaft ebenso wieder, wie meinen Mangel an Vollkommenheit – falls es Vollkommenheit in der Weinkritik überhaupt geben kann. Bitte gehen Sie also davon aus, dass ich in mancher Hinsicht vielleicht eine ganz andere Einstellung zu bestimmten Weinstilen, Geschmacksrichtungen und Produktionsmethoden habe, als Sie sie besitzen. Ein kritischer Umgang mit diesem Werk inklusive Rückmeldung ist also ausdrücklich erwünscht.

Die Weine werden nach dem 100-Punkte-System benotet:

70-74 Punkte	passabel	Ohne echte Fehler, aber dennoch eher nichtssagend, neutral und in vielen Fällen einfach dünn. In der Regel ohne Rebsortentypizität. Bei Preisen unter 5 € annehmbar.
75-79 Punkte	ordentlich bis gut	Saubere, sortentypische und harmonische Weine für jede Gelegenheit. Durchweg empfehlenswert, vor allem, wenn die Preise 6 € nicht überschreiten.
80-84 Punkte	sehr gut	Reintönige, harmonische Weine mit erkennbarem Charakter und Stil. Jederzeit ein Trinkvergnügen. Unter 10 € ein günstiger Kauf.
85-89 Punkte	ausgezeichnet	Spitzenweine von ausgesuchter Qualität, welche die Aufmerksamkeit eines jeden anspruchsvollen Weintrinkers verdienen. Bis 15 € stets eine Gelegenheit.
90-94 Punkte	hervorragend	Erstklassige Weine, die zu den besten ihrer Art gehören. Perfekte Balance, absolute Reintönigkeit und ein unverwechselbarer Charakter müssen gegeben sein. Unter 25 € immer ein Schnäppchen, doch auch bis etwa 40 € nicht wirklich teuer.
95-99 Punkte	groß	Weine von Weltklasse, die ein unvergessliches sinnliches Erlebnis gewährleisten und in der Lage sind, jeden Weinliebhaber völlig in ihren Bann zu ziehen. Sie sind Preise von 50 € und darüber einfach wert.
100 Punkte	einzigartig	Weine, von denen zu denken, man könnte sie in irgendeiner Form besser machen, meine Vorstellungskraft übersteigt.

Der Bewertungsbereich im 100-Punktesystem fängt bei 50 Punkten an. Die Gesamtnote addiert sich weiter aus folgenden Einzelbewertungen:

AUGE:	5 PUNKTE
NASE:	15 PUNKTE
MUND:	25 PUNKTE
GESAMTEINDRUCK UND POTENTIAL:	5 PUNKTE

Da es jedem Produzenten möglich ist, durch exzessives Schönen und Filtern einen Wein mit strahlender Erscheinung zu erzeugen, messe ich dieser nur marginale Bedeutung bei. So erhält jeder Wein ohne gravierende Farbmängel 5 Punkte zugestanden.

Ab einer Bewertung von 90 Punkten werden die Etiketten, soweit zur Verfügung gestellt, mit abgebildet, .

Die Kollektion des Jahres

Zum ersten Mal verleihen wir in diesem Jahr die Auszeichnung:

♛ „Kollektion des Jahres"

Die Auszeichnung wird stets an das nach meiner Einschätzung beste Sortiment verliehen, welches uns für diese Ausgabe vorgestellt wurde. Sie wird jährlich höchstens einmal pro Anbaugebiet vergeben, kann jedoch auch ganz ausfallen, wenn kein Produzent einer Region das nötige Qualitätsniveau erreicht hat. Prämiert werden zudem nur Erzeuger, deren gesamtes Sortiment erstklassig ist. Es nützt also Niemandem, ausschließlich seine Spitzenweine anzustellen.

Die diesjährigen Preisträger lauten:

Weingut Jean Stodden, Ahr
Weingut Heymann-Löwenstein, Mosel-Saar-Ruwer
Weingut Dönnhoff, Nahe
Weingut Breuer, Rheingau
Weingut Wittmann, Rheinhessen
Weingut Ökonomierat Rebholz, Pfalz
Weingut Dr. Heger, Baden
Weingut Horst Sauer, Franken

In den nicht genannten Anbaugebieten konnte in diesem Jahr keine Kollektion so deutlich überzeugen, dass der Preis vergeben werde konnte.

ERLÄUTERUNG DER VERWENDETEN SYMBOLE

Kollektion des Jahres:	♛		
Inhaber:	🕺	**Öffnungszeiten:**	☀
Kellermeister:	🍷	**Ort:**	🏰
Verwalter:	👤	**Lage:**	🍇
Geschäftsführer:	👤	**Flaschengrösse:**	🍾
Telefon:	☎	**Barriqueausbau:**	🛢
Telefax:	📠	**Besonders preiswürdig:**	🐷
E-mail:	📬	**Alkohol:**	%
Internet:	💻	**Preis:**	€
Verbände:	◯	**A.P.-Nummer:**	AP

WÜRTTEMBERG

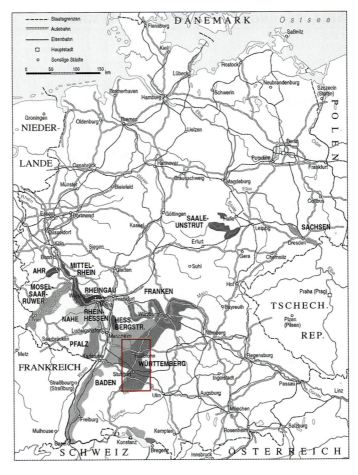

WÜRTTEMBERG

Württemberg ist aus qualitativer Sicht ein wenig so etwas, wie das Stiefkind des deutschen Weinbaus. Dabei ist es erstaunlich, wie einfach es vielen Erzeugern hier auch heute noch gelingt, ihre dünnen, belanglosen Rotweine und nichtssagenden Weißweine zu Preisen zu verkaufen, die anderswo in Deutschland nur für Spitzenweine verlangt werden. Offensichtlich sehen die meisten Württemberger selten über den eigenen Tellerrand hinaus, wes-

Neipperg DWI/Dieth

halb man von Erzeugern, wie Verbrauchern im Ländle auch immer wieder allen Ernstes zu hören bekommt, die Württemberger Rotweine seinen weltweit kaum zu schlagen.

Die Wirklichkeit sieht freilich anders aus. Das Rotweinangebot wird im Schwabenland vom Trollinger dominiert. Die spät reifende, in Südtirol Vernatsch genannte Rebsorte, ist ausgesprochen anspruchsvoll, was den Standort angeht, ergibt aber selbst bei erheblich niedrigeren Erträgen, als sie in Württemberg üblich sind, keine wirklich erstklassigen Weine. Gleichwohl lässt sich aus Trollinger ein ausgesprochen angenehmer, samtig-fruchtiger Wein keltern, doch nur wenige Produzenten gehen mit genügend Ernst und Sorgfalt zu Werke, um solche Weine zu ermöglichen. Für die meisten ist der Trollinger ein reiner Umsatzbringer und der Umsatz ist um so höher, je mehr und damit je dünneren Wein es gibt.

Leider fallen jedoch auch die Weine aus Rebsorten mit erheblich größerem Potenzial hier allzu oft kaum interessanter aus. Neben häufig viel zu hohen Erträgen liegt dies auch an der Maischeerhitzung, die in Württemberg immer noch erste Wahl bei der Erzeugung von Rotwein ist. Dabei wird der Most zusammen mit den Schalen erhitzt um möglichst viele Farb- und Extraktstoffe zu gewinnen. Anschließend wird die Maische abgepresst und der

Most vergoren. Diese Praxis verringert Aufwand und Risiken der Rotweinerzeugung erheblich, bringt in die Produkte aber auch einen gekochten, marmeladigen Geschmack ein, der zumeist von säuerlichen Noten begleitet wird, da nicht nur erwünschte Stoffe aus Schalen und Kernen herausgekocht werden. Leider raubt man so auch dem besten Grundmaterial einen Teil seines Potenzials, was auch durch den inzwischen weit verbreiteten Barriqueausbau nicht ausgeglichen werden kann. Eher das Gegenteil ist der Fall.

Das Bild bei den Weißweinen ist ähnlich, wenn nicht noch schlimmer. Riesige Erträge und häufig nur zweitklassige Standorte (den Platz in den besten Lagen beansprucht ja nicht selten der Trollinger) lassen selbst Weine aus hochkarätigen Rebsorten wie Riesling und Weißburgunder oft nur blass und müde ausfallen. Ich kenne nur sehr wenige trockene Weißweine aus Württemberg, die sich mit der Reife positiv entwickeln können. Bis auf wenige Ausnahmen sollten sie alle spätestens 2 Jahre nach der Lese ausgetrunken sein.

Dabei könnten die Württemberger Produzenten bei entschieden reduzierten Erntemengen, kluger Standortwahl und etwas mehr Sorgfalt in Weinberg und Keller ganz andere Qualitäten hervorbringen. Die oft steilen und zum Teil terrassierten Weinberge entlang des Neckar und seiner zahlreichen Zuflüsse, bieten beste Voraussetzungen für die Erzeugung erstklassiger Weiß- und Rotweine. Zwar ist das eher kontinental geprägte Klima hier kühler als etwa im angrenzenden Baden, doch finden sich in dem zwischen Schwarzwald und schwäbischer Alb relativ geschützt liegenden Gebiet besonders in den Flusstälern mehr als genug Weinbergslagen, die selbst den heikelsten Rebsorten ein ausreichend warmes Kleinklima bieten, um regelmäßig voll ausreifen zu können.

Scheinbar gibt sich zur Zeit nur ein rundes Dutzend Betriebe wirklich erfolgreich Mühe, die sich ihnen bietenden Möglichkeiten zu nutzen. Führend bei den Rotweinen ist ausgerechnet ein Nebenerwerbswinzer mit gerade einmal 1,5 Hektar Rebfläche. Die ungewöhnlichen Cuvées von Albrecht Schwegler zählen zu den interessantesten Rotweinen Deutschlands. Doch auch Ernst Dautel, Drauz-Able, Jürgen Ellwanger, Graf Adelmann, Fürst zu Hohenlohe-Öhringen, Graf Neipperg und Martin Heinrich (Weingut G.A. Heinrich) erzeugen regelmäßig beachtliche Rotweine.

Die besten Weißen erzeugen im Augenblick Hans-Peter Wöhrwag, Karl Haidle, Drauz-Able und Ernst Dautel. Auch Fürst zu Hohenlohe-Öhringen ist für seine Rieslinge aus der Spitzenlage Verrenberger Verrenberg bekannt. Dazu kommen Jochen Beurer und Hans Bader, die mit immer besseren Ergebnissen auf sich aufmerksam machen und auch das Staatsweingut Weinsberg scheint auf dem richtigen Weg zu sein.

Leider scheint in Württemberg noch nicht überall der gleiche Sinneswandel hin zu echter Qualität stattzufinden, wie er zur Zeit in anderen Regionen anzutreffen ist. Ich kann mir jedoch nicht vorstellen, dass ausgerechnet das

Rotenberg *DWI/Dieth*

Ländle von der Globalisierung auch des Weinmarktes verschont bleibt. Und um gegen die nationale und internationale Konkurrenz bestehen zu können, ist ein gewaltiges Umdenken in den Köpfen der meisten Württemberger Weinproduzenten, aber auch der zuständigen Funktionäre, wohl unumgänglich

Weingut Graf Adelmann

71711 Kleinbottwar, Burg Schaubeck Michael Graf Adelmann
Peter Albrecht 07148-921220 07148-5212225
weingut@graf-adelmann.com www.graf-adelmann.com
VDP, Deutsches Barriqueforum, HADES.
Öffnungszeiten: Mo.-Fr.: 9.00-12.00 und 14.00-18.00, Sa.: 9.00-13.00.

Die Weine:

Auch bei Graf Adelmann macht sich der schwierige 99er Jahrgang bemerkbar, was sich besonders in einer etwas uneinheitlichen Qualität niederschlägt. Gegenüber einer Reihe einfacher bis belangloser Tropfen stehen einige gute bis ausgezeichnete Rot- und Weißweine, die dokumentieren, wie viel Potenzial in diesem Betrieb steckt. Auch unter den ersten 2000ern finden sich für den Jahrgang überdurchschnittliche Qualitäten.

1999 QbA Trocken Brüssele, Herbst im Park -33-
0,75 € 14,24 12,5 21703300

Schöner, von süßer Holzwürze begleiteter Duft von Zwetschken, süßen Kirschen und roten Beeren. Runde, saftige Frucht, feinrassiges Tannin, lebendige, bestens eingebundene Säure, gute Struktur, durchgezeichnet, recht nachhaltig, mit einer zart röstigen Holzwürze am Gaumen, harmonisch, gute Länge. Bis 2004.

17.05.2001   83 Punkte

1999 QbA Trocken Brüssele, Herbst im Park -23-
0,75 € 14,24 12,5 21702300

Mattes Granat-Purpur mit leichter Aufhellung. Von rauchiger und schokoladiger Holzwürze begleiteter Duft von Zwetschgen und eingekochten Beeren. Klare, recht saftige Frucht, perfekt eingebundenes Holz, sehr feines Tannin, kühler, feinfruchtiger Stil, gute Nachhaltigkeit am Gaumen, klarer Nachhall. Bis 2004.

19.09.2001   86 Punkte

1999 Grauburgunder QbA Trocken Brüssele, "Hades"
0,75 € 13,06 12,5 21703200

Von feiner Holzwürze begleiteter Duft mit Noten von getrockneten Bananen und etwas Melone. Recht elegante, feinsaftige Frucht, schöne Säure, sehr gut eingebundene Holzwürze, mittelkräftig, ausgesprochen harmonisch, gute Nachhaltigkeit, holzwürziger Abgang. Bis 2003.

30.07.2001   85 Punkte

1999 Grauburgunder Kabinett Trocken Brüssele
Kleinbottwar 0,75 € 7,13 12 21703000

Nusswürziger Duft mit leichtem Melonenaroma. Klare, runde Frucht, würzig, eingebundene Säure, etwas altbackener Stil, aber dennoch gut zu trinken, ordentlicher Abgang. Bis 2002.

30.07.2001   77 Punkte

WÜRTTEMBERG

1999 Lemberger QbA Trocken Brüssele, Der Loewe von Schaubeck
🍾 0,75 € 13,65 % 12,5 🍇 AP 21702000
Rauchwürziger Duft mit verhaltenen Noten von Sauerkirschen und roten Beeren. Weiche Frucht, recht saftig, feinkörniges Tannin, lebendige Säure, rauchiges und fast etwas ledriges Eichenholzaroma am Gaumen, mittelkräftig und von guter Nachhaltigkeit am Gaumen, gute Balance, ordentlicher Abgang. Legt mit einem weiteren Jahr Reife vielleicht noch ein wenig zu. Bis 2004.

17.05.2001   **77 Punkte**

1999 Lemberger Spätlese Trocken Brüssele
🏚 Kleinbottwar 🍾 0,75 € 17,79 % 12,5 AP 21702500
Kirschrot mit leichter Aufhellung. Von rauchiger Holzwürze begleiteter Duft von Kirschen und Johannisbeeren. Klare Frucht, feines, ganz leicht staubiges Tannin, relativ kühler, geradliniger Stil, zart holzwürzig im Hintergrund, gute Balance, ordentlicher Abgang. Bis 2004.

17.05.2001   **78 Punkte**

2000 Clevner Auslese Trocken Brüssele
🏚 Kleinbottwar 🍇 Oberer Berg 🍾 0,75 € 20,71 % 13,5
AP 217026000
Relativ helles, mattes Granat mit Wasserrand. Intensiv holzwürziger Duft von eingekochten Zwetschgen und schwarzen Beeren. Süßlicher Holzgeschmack mit versteckter Frucht, recht weiches Tannin, rauchige und röstige Noten am Gaumen, kräftiger Körper, viel Holz im Nachhall. Bis 2004.

05.10.2001   **81 Punkte**

2000 Muskattrollinger QbA Brüssele
🍾 0,75 € 8,28 % 12,5 AP 21700501
Sehr helles Ziegelrot bis Orange. Etwas verwaschener Duft von roten Beeren mit zarten Blütenaromen und dumpfer Note. Trockene, weiche Frucht mit leicht rustikaler Würze, wirkt ein wenig verwaschen, relativ kräftiger Körper, würziger Abgang. Bis 2002.

19.09.2001   **72 Punkte**

2000 Riesling Spätlese Trocken Brüssele
🏚 Kleinbottwar 🍇 Süssmund 🍾 0,75 € 14,24 % 12,5
AP 21700901
Zartwürziger Duft von eingemachten Zitrusfrüchten. Klare, ordentlich saftige Frucht, leicht pflanzliche Noten, harmonische Säure, recht nachhaltige Zitrusfrucht am Gaumen, kräuterwürzige und mineralische Noten im Hintergrund, sehr gute Balance, eine Spur Holz im guten Abgang. Bis 2002.

28.10.2001   **80 Punkte**

Weingut Gerhard Aldinger

70734 Fellbach, Schmerstr. 25 — Gert Aldinger — Gert Aldinger
0711-581417 — 0711-581488 — gert.aldinger@t-online.de
www.weingut-aldinger.de — VDP
Öffnungszeiten: Mo.-Fr.: 9.00-12.00 und 15.00-18.00, Sa.: 9.00-12.00.

Die Weine:
Der größte Teil des 2000er Sortiments ist gewissenhaft bereitet und schön zu trinken. Einige Weißweine zeigen jedoch schon fortgeschrittene Reife. Man sollte sie nicht länger aufheben. Nachgereicht wurde ein exzellenter Spätburgunder aus dem Fellbacher Lämmler.

1999 Spätburgunder QbA Trocken Drei Adler
Fellbach — Lämmler — 0,75 — € 25,5 — % 14 — 40301501
Rubin-Granat mit Aufhellung. Kühle Holzwürze, Kirschen, rote Beeren und etwas Kaffee. Vollmundige, holzwürzige und ziemlich saftige Frucht, feines, präsentes Tannin, schöne Frische, sehr nachhaltig am Gaumen, bestens eingebundenes Holz, kräftig und dabei sehr harmonisch, langer, fruchtiger und holzwürziger Nachhall. Bis 2006.
21.08.2001 — **87 Punkte**

2000 QbA Trocken
0,75 — € 6,76 — % 12,5 — 40300501
Floraler Duft mit zarten Noten von Limonen und Cassis. Klar und zartfruchtig, lebendige, recht feine Säure, florale und kräuterwürzige Aromen am Gaumen, eine Spur rauchig im Hintergrund, ordentlicher Abgang. Bis Ende 2001.
14.08.2001 — **75 Punkte**

2000 QbA Trocken
0,75 — € 6,76 — % 13 — 40301001
Recht dichtes Purpur-Rubin mit leichter Aufhellung. Kühler, feinwürziger Duft von schwarzen Beeren. Klare, fast zu kühle Frucht, geradlinig, recht feines Tannin, ganz leicht staubig, ein leicht säuerlicher Touch am Gaumen, dennoch gute Balance, ordentlicher Abgang. Bis 2003.
31.07.2001 — **80 Punkte**

2000 QbA Cuvée S
0,75 — € 14,23 — % 12,5 — 40302301
Duft von grünen und weißen Früchten mit eingebundener, kühler Holzwürze. Knochentrockene, klare Frucht, wieder kühle Holzaromen, gutes Fett und recht feine Säure, harmonisch, würziger Nachhall. Bis 2003.
14.08.2001 — **81 Punkte**

2000 Gewürztraminer QbA
Stetten — Pulvermächer — 0,75 — € 10,74 — % 12,5
40301201
Zurückhaltender, blumiger Pfirsichduft. Klare, recht saftige Frucht, zartsüß, florale Würze, sehr harmonische Säure, gewisses Fett am Gaumen, gute Nachhaltigkeit, zartfruchtiger und blumiger Nachhall. Bis 2003.
28.10.2001 — **79 Punkte**

WÜRTTEMBERG

2000 LEMBERGER QbA
 0,75   13   40302001
Etwas mattes Rubin-Granat mit deutlicher Aufhellung. Verhaltener, kühler Duft von Kirschen und Zwetschgen. Klare, kühle Frucht, geradlinig mit zurückhaltendem, sehr feinkörnigem Tannin, feinherbe Note am Gaumen, gute Balance, ordentlicher Abgang. Bis 2003.

14.08.2001   79 Punkte

2000 RIESLING QbA TROCKEN **
 UNTERTÜRKHEIM   GIPS   0,75   € 10,38   13   40300901
Zart mineralischer Duft von grünen Äpfeln und etwas Grapefruit mit einer Spur Lakritz. Straffe, herbe Zitrusfrucht, wieder Lakritznoten, lebendige, eingebundene Säure, wirkt am Gaumen leicht gezehrt, passabler Abgang. Jung trinken.

30.07.2001   74 Punkte

2000 RIESLING KABINETT
 STETTEN   PULVERMÄCHER   0,75   € 6,23   12   40301101
Verhaltener Duft von Äpfeln, Kräutern und etwas Melone. Klare, schlanke Frucht, zartsüß, einfache, aber saubere Art, süffig, etwas Lakritz im ordentlichen Abgang. Bis Ende 2001.

31.07.2001   78 Punkte

WEINGUT GERHARD ALDINGER

WÜRTTEMBERG

WEINGUT AMALIENHOF

74074 HEILBRONN, LUKAS-CRANACH-WEG 5 MARTIN STRECKER & REGINE BÖHRINGER MARTIN & GERHARD STRECKER 07131-251735 07131-572010 AMALIENHOF@T-ONLINE.DE WWW.WEINGUT-AMALIENHOF.DE
ÖFFNUNGSZEITEN: MO-FR: 8.00-18.00, SA: 8.00-16.00

DIE WEINE:
Die Weißweine sind 1999 bei überwiegend sauberer Machart doch sehr einfach geraten. Deutlich besser präsentieren sich da einige Rotweine, allen voran die bestens ausgewogene Lemberger Spätlese. In 2000 ist auch der Muskart-Lemberger, die Spezialität des Hauses, recht gut gelungen, während mich die beiden Rieslinge nicht überzeugen konnten.

1999 AUSLESE TROCKEN BARITON
BEILSTEIN STEINBERG 0,75 € 18,92 % 13 21601001
Mattes Kirsch-Granat mit Brauntönen und leichter Aufhellung. Stark Holz- und Röstwürzige Nase von Backpflaumen, sowie roten und schwarzen Beeren. Feste, recht saftige Frucht, auch im Mund viel Holz und rauchige Röstaromen, relativ feines Tannin, ganz leicht trocknend, eher kühle Art, gute Nachhaltigkeit am Gaumen, rauchiger Abgang. Bis 2003.

29.10.2001 **80 Punkte**

1999 LEMBERGER SPÄTLESE TROCKEN
BEILSTEIN STEINBERG 0,75 % 12,5 21604301
Recht dichtes Rubin-Granat mit leichter Aufhellung. Fester Duft von Kirschen und schwarzen Beeren mit zurückhaltender Holzwürze. Klare, recht saftige Frucht, relativ feinkörniges Tannin, mittelkräftig, leicht rustikaler Touch am Gaumen, gute Struktur und Nachhaltigkeit am Gaumen, sehr gute Balance, fruchtig-würziger Abgang. Bis 2005.

26.11.2001 **84 Punkte**

1999 LEMBERGER SPÄTLESE
BEILSTEIN STEINBERG 0,75 % 9 21604401
Kirsch-Rubin mit leichter Aufhellung am Rand. Duft von Sauerkirschen und schwarzen Beeren. Klare, recht saftige Frucht, leicht süß, lebendige Säure, mittelfeines Tannin, etwas oberflächliche Art, am Gaumen eher blass, knapper Nachhall. Bis 2003.

06.11.2001 **77 Punkte**

1999 SAMTROT SPÄTLESE TROCKEN
BEILSTEIN STEINBERG 0,75 € 8,01 % 12,5 21605501
Granat-Braun mit deutlicher Aufhellung. Etwas verwaschener, leicht säuerlicher Duft von Eichenholz und roten Beeren. Eine Spur Kohlensäure, Holz- und Rauchgeschmack mit verwaschener Frucht im Hintergrund, leicht trocknendes Holztannin am Gaumen, gewisses Fett, im Hintergrund Rauch und eine Spur Dörrobst, ordentlicher Abgang. Bis 2003.

26.10.2001 **73 Punkte**

2000 MUSKAT-LEMBERGER SPÄTLESE TROCKEN

Beilstein Steinberg 0,75 € 10,08 12 AP 21602701

Mattes Granat mit deutlicher Aufhellung. Kühler Duft von roten und schwarzen Beeren mit Noten von Eichenholz und süßen, blumigen Aromen. Feinsaftige, klare und wieder kühle Frucht, zartrauchige Holzwürze, an Rosen erinnerndes Aroma am Gaumen, feinherbe Würze und leicht staubiges Tannin, ordentlicher Abgang. Bis 2003.

24.10.2001 **80 Punkte**

2000 RIESLING SPÄTLESE TROCKEN

Beilstein Steinberg 0,75 € 8,01 12 AP 21600701

Einfacher Duft von gekochten Äpfeln und Zitronen mit floraler Note. Sehr einfache, parfümiert wirkende Frucht, oberflächlich und banal, herbe Note am Gaumen, kurz. Austrinken.

28.10.2001 **70 Punkte**

Weingut H. Bader

71394 Kernen-Stetten, Albert-Moser-Str. 100 — Hans Bader
Hans Bader — Hans Bader — 07151-42828 — 07151-45497
info@weingut-bader.de — www.weingut-bader.de
Öffnungszeiten: Mo.-Fr.: 16.00-18.00, Sa.: 9.00-13.00, Mittwoch geschlossen.

Die Weine:
Die 2000er sind sauber gemacht und gut zu trinken. Eine nachgereichte 99er Weißburgunder Spätlese zeigt, wo hier die Reise hingehen könnte.

1999 QbA Iris-Wein
0,75 € 12,27 % 13 AP 59901201
Verhaltener, weicher, leicht vegetabiler Apfelduft. Klare, einfache Frucht, feine Säure, sauber, aber wenig nachhaltig, ohne Länge. Bald trinken.
06.07.2001 — 76 Punkte

1999 Lemberger QbA Trocken
0,75 € 6,54 % 12 AP 59901401
Klares Kirsch-Rubin mit Aufhellung. Rustikal-würziger, etwas oberflächlicher Duft mit Noten von Kirschen und Beeren. Einfache, säuerliche Frucht, kühler Stil, mittelfeines Tannin, am Gaumen blass, ohne Länge. Bis 2002.
06.11.2001 — 75 Punkte

1999 Spätburgunder Spätlese Trocken
Stetten — Lindhälder — 0,75 € 7,06 % 12 AP 59902020
Klares Rubin-Granat mit Aufhellung. Leicht säuerlicher Duft von gekochten roten Beeren. Klare, recht saftige Frucht, feines Tannin, süffiger, fruchtiger Stil, ein wenig vordergründig, gute Balance, fruchtiger Abgang. Bis 2003.
01.11.2001 — 78 Punkte

1999 Weissburgunder Spätlese
Stetten — Häder — 0,75 € 8,59 % 12,5 AP 59900601
Feinwürziger Duft von Kräutern, Mineralien, grünem Gemüse und gelben Früchten. Vollmundige, saftige und würzige Frucht, schöne, reife Säure, nicht völlig trocken, gutes Fett am Gaumen, nachhaltig, mineralische Würze im Hintergrund, beste Balance, gute Länge. Sehr überzeugende Arbeit. Bis 2003.
20.09.2001 — 86 Punkte

2000 Riesling Kabinett Trocken
Stetten — Pulvermächer — 0,75 € 5,01 % 11,5 AP 59900301
Leicht gemüsiger Apfel-Pfirsichduft. Sehr schlanke, klare Frucht, lebendige Säure, zart würzig am Gaumen, gute Balance, ordentlicher Abgang. Bis Ende 2001.
30.07.2001 — 78 Punkte

2000 Riesling QbA Sommerhauch
0,75 € 3,99 % 11 AP 59900701
Zurückhaltender, zartwürziger Apfel-Pfirsichduft. Klare, schlanke Frucht, ein Hauch Restsüße, harmonische Säure, zartwürzig am Gaumen, gute Balance, knapper Nachhall. Einfach, aber sauber. Bis Ende 2001.
30.07.2001 — 77 Punkte

WÜRTTEMBERG

2000 RIESLING SPÄTLESE
STETTEN PULVERMÄCHER 0,75 € 7,06 % 12 AP 59900401
Kräuterwürziger Zitrus-Apfelduft. Klar und schlank, zartsaftig, wieder leicht kräuterwürzig, eingebundene Säure, süffig, ordentlicher Abgang. Bis Ende 2001.
30.07.2001 **77 Punkte**

2000 RIVANER KABINETT
STETTEN HÄDER 0,75 € 4,14 % 11 AP 59900501
Frischer, kräuterwürziger Apfel-Zitrusduft. Klare, schlanke Frucht, zartsaftig, leicht muskatwürzig, lebendige, gut eingebundene Säure, süffige Art, ordentlicher Abgang. Bis 2002.
26.10.2001 **79 Punkte**

2000 WEISSBURGUNDER KABINETT TROCKEN
STETTEN HÄDER 0,75 € 5,37 % 12 AP 59901001
Sehr verhaltener, leicht würziger Apfel-Zitrusduft. Kühl-würzige Frucht mit lebendiger Säure, sehr trockene Art, gewisses Fett am Gaumen, zart rauchige Note im Hintergrund, herber Nachhall. Bis 2002.
14.08.2001 **77 Punkte**

WEINGUT H. BADER

WÜRTTEMBERG

WEINGUT BIRKERT

74626 BRETZFELD-ADOLZFURT, UNTERHEIMBACHERSTR.28 MANFRED BIRKERT/BORIS BIRKERT MANFRED BIRKERT BORIS BIRKERT 07946-484 07946-3378 BIRKERT@LYCOSMAIL.COM WWW.WEINGUT-BIRKERT.COM VSWW

WEINVERKAUF GANZJÄHRIG. WEINAUSSCHANK GEÖFFNET:
11.12- 16.12.2001
25.01- 03.02.2002
12.03- 17.03.2002
26.04- 05.05.2002

1999 CHARDONNAY QbA TROCKEN ROBURIS
ADOLZFURT SCHNECKENHOF 0,75 € 11,25 % 13,5
60203500

Fein holzwürziger Duft von kandierten Zitrusfrüchten und Bananen. Vollmundige, recht saftige Frucht, deutliche, süße Holzwürze, fett, fast cremig im Stil, kräftiger Körper, ordentliche Nachhaltigkeit am Gaumen, würziger Nachhall. Bis 2002.

03.05.2001   **81 Punkte**

1999 DORNFELDER QbA TROCKEN ROBURIS
ADOLZFURT SCHNECKENHOF 0,75 € 11,25 % 12,5
60201001

Schwarz-Purpur. Stark Holz- und rauchwürziger Duft von schwarzen Beeren. Auch im Mund viel Rauch und Eichenholz, kaum Frucht, glatte Art mit recht feinem, leicht trocknendem Tannin, am Gaumen etwas blass, ordentlicher Abgang. Bis 2003.

06.11.2001   **78 Punkte**

1999 LEMBERGER SPÄTLESE TROCKEN
ADOLZFURT SCHNECKENHOF 0,75 € 7,67 % 12
60201800

Klares Kirsch mit Aufhellung am Rand. Nicht ganz reifer, säuerlicher Duft von Kirschen und roten Beeren. Trockene, klare Frucht, fast seidige Struktur, recht feines Tannin, gut zu trinken, leicht würzig am Gaumen, ohne Länge. Bis 2002.

09.05.2001   **72 Punkte**

1999 LEMBERGER AUSLESE TROCKEN
ADOLZFURT SCHNECKENHOF 0,5 € 8,18 % 14 60201700

Mattes Purpur mit leichter Aufhellung. Säuerlicher, leicht rauchwürziger Duft von Zwetschgen, sowie roten und schwarzen Beeren. Einigermaßen saftige, aber auch wieder etwas säuerliche Frucht, zurückhaltendes, leicht staubiges Tannin, kräftiger Körper, es fehlt jedoch etwas an Tiefe und Nachhaltigkeit, recht gute Balance, ordentliche Struktur, passabler Abgang. Bis 2002.

09.05.2001   **72 Punkte**

WÜRTTEMBERG

1999 LEMBERGER QBA ROBURIS
🍾 0,75 € 11,25 % 12,5 AP 60201101

Mattes Kirsch-Violett mit leichter Aufhellung. Stark holzwürziger Duft von Kirschen und schwarzen Beeren. Klare, recht saftige Frucht mit lebhafter Säure, kühle, rauchige Holzwürze, recht feines, leicht trocknendes Tannin, gute Nachhaltigkeit, im Moment zu präsentes Holz, ordentlicher Abgang. Bis 2004.

06.11.2001   80 Punkte

1999 RIESLING AUSLESE
ADOLZFURT SCHNECKENHOF 🍾 0,75 € 7,16 % 12,5 AP 60202500

Süßer Duft von eingekochten Ananas und Pfirsichen mit exotischen Fruchtnoten und Spuren von Kräutern und Honig. Weiche, süße Frucht, würzig, eine Spur mineralisch, zurückhaltende Säure, dennoch gut balanciert und angenehm zu trinken, gute Nachhaltigkeit am Gaumen, gewisse Struktur und Länge. Bis 2003.

02.05.2001   81 Punkte

1999 SPÄTBURGUNDER WEISSHERBST KABINETT TROCKEN
ADOLZFURT SCHNECKENHOF 🍾 0,75 € 4,09 % 11,5 AP 60204100

Klares Orange. Fruchtig-würziger Duft mit Noten von eingemachten und getrockneten Zwetschgen und roten Beeren. Weiche, einfache Frucht, zartwürzig, harmonisch und recht süffig, trocken, sauber gemacht. Bis Ende 2001.

30.04.2001   77 Punkte

2000 DORNFELDER SPÄTLESE TROCKEN
ADOLZFURT SCHNECKENHOF 🍾 0,75 € 11,25 % 12,5 AP 60201801

Glänzendes Purpur mit minimaler Aufhellung. Säuerlicher Duft von Kirschen, schwarzen Beeren und etwas Schokolade. Deutliche Kohlensäure, weiche, warme, sehr oberflächliche Frucht, matt am Gaumen, kurz. Bis 2002.

06.11.2001   74 Punkte

2000 LEMBERGER KABINETT TROCKEN
ADOLZFURT SCHNECKENHOF 🍾 0,75 € 5,11 % 11 AP 60201501

Glänzendes Kirsch-Rubin mit deutlicher Aufhellung. Säuerlicher Duft von gekochten Kirschen und roten Beeren. Zartsaftige Frucht, einfache Art, relativ viel Kohlensäure, süffig, aber blass am Gaumen, knapper Nachhall. Bis 2002.

29.10.2001   73 Punkte

2000 LEMBERGER SPÄTLESE TROCKEN
ADOLZFURT SCHNECKENHOF 🍾 0,75 € 7,67 % 11,5 AP 60201701

Kirsch-Rubin mit deutlicher Aufhellung. Säuerlicher, leicht würziger Duft von gekochten Kirschen und roten Beeren. Einfache, weiche Frucht, etwas Kohlensäure, herbe Note am Gaumen, zurückhaltendes, ganz leicht adstringierendes Tannin, blasser Nachhall. Bis 2002.

29.10.2001   73 Punkte

WÜRTTEMBERG

2000 Lemberger Kabinett
Adolzfurt Schneckenhof 0,75 € 5,11 % 10,5
AP 60201401
Glänzendes Rubin mit deutlicher Aufhellung. Säuerlicher Duft von gekochten Kirschen und roten Beeren. Relativ saftige Frucht, nicht ganz trocken, viel Kohlensäure, am Gaumen etwas blass, ordentlicher Abgang. Bis 2002.

29.10.2001   73 Punkte

2000 Muskateller Kabinett
Adolzfurt 0,75 € 4,09 % 10,5 AP 60202501
Etwas parfümierter, floraler Zitrus-Pfirsichduft mit ganz leicht grasiger Note. Schlanke, zartsaftige Frucht mit floraler Würze, harmonisch, eher einfache Art, knapper Nachhall. Bis 2002.

24.10.2001   75 Punkte

2000 Riesling Spätlese
Bretzfeld Goldberg 0,75 € 4,86 % 11 AP 60202401
Reintöniger, zart kräuterwürziger Apfel-Pfirsichduft mit Zitrusnoten. Schlanke, einfache Frucht, kaum Süße, eher herbe Art, gut eingebundene Säure, leicht adstringierend am Gaumen, ohne Länge. Bis Ende 2001.

26.10.2001   73 Punkte

2000 Spätburgunder Spätlese Trocken
Adolzfurt Schneckenhof 0,75 € 6,39 % 12,5
AP 60202001
Helles Rubin-Granat mit Wasserrand. Säuerlicher Duft von gekochten roten Beeren. Einfache Frucht mit deutlicher Kohlensäure, Kräftig, aber auch etwas dünn, etwas rustikal am Gaumen, dennoch sauber gemacht, recht süffig, ohne Länge. Bis 2002.

26.10.2001   73 Punkte

2000 Traminer Kabinett
Adolzfurt Schneckenhof 0,75 € 5,11 % 11,5
AP 60202601
Duft von Linsen und mehligen Äpfeln. Einfache, zartsüße Frucht, leicht würzig, wieder an Linsen erinnernd, moderate Säure, etwas blasser Nachhall. Bis 2002.

24.10.2001   73 Punkte

2000 Trollinger QbA Trocken
Adolzfurt Schneckenhof 1 € 4,14 % 12,5 AP 60202901
Sehr helles Rubin-Granat mit Wasserrand. Säuerlicher Duft von gekochten roten Beeren. Ziemlich viel Kohlensäure, recht blasse, einfache Frucht, leicht rustikal, kurz. Bis 2002.

24.10.2001   70 Punkte

Weingut Birkert

WEINGÄRTNERGENOSSENSCHAFT BRACKENHEIM EG

74336 Brackenheim, Neipperger Str. 60 　Friedrich Hammel　Hermann Alt　07135-98550　07135-985555　info@wg-brackenheim.de　www.wg-brackenheim.de
Öffnungszeiten: Mo.-Fr.: 7.30-17.00, Sa.: 8.00-13.00.

Die Weine:
Unter den Roten gibt es hier immer wieder sehr ansprechende Weine, doch auch die Sekte sind recht ordentlich.

1999 QbA Trocken Trollinger mit Lemberger
Brackenheim　0,75　€ 4,45　% 12　AP 00812000
Hellrubin mit Wasserrand. Einfacher, etwas verwaschener Duft von unreifen roten Beeren. Relativ weicher, zartfruchtiger Geschmack, rustikale Würze, einfach, aber sauber, mittelkräftig, ohne Länge. Bis 2002.
17.05.2001　　　　　　　　　　　　　　　　　　　　　　　72 Punkte

1999 Lemberger Schaumwein Sekt b.A. Trocken
Neipperg　Steingrube　0,75　€ 8,54　% 12　AP 60510700
Recht dichtes Granat mit leichter Aufhellung; feine Perlage. Verhaltener Duft von schwarzen Beeren, Zwetschgen und Pumpernickeln. Saftig-würzige Frucht mit recht gut eingebundener Süße, feines Mousseux, am Gaumen etwas rustikal, dennoch gut balanciert und recht gut zu trinken, dunkle Frucht im Abgang. Bis 2003.
10.08.2001　　　　　　　　　　　　　　　　　　　　　　　79 Punkte

1999 Lemberger Schaumwein Sekt b.A. Trocken
Brackenheim　Zweifelberg　0,75　€ 8,54　% 12
AP 60510500
Glänzendes, dunkles Rosa mit kupferfarbenen Reflexen; recht feine Perlage. Feinwürziger Duft: Cassis, etwas Brotrinde und rote Beeren. Süße, würzige Frucht, lebendige Perlage, etwas rustikale Würze im Hintergrund, vollmundiger Stil, süßlicher Abgang. Für Fans. Bis 2002.
10.08.2001　　　　　　　　　　　　　　　　　　　　　　　79 Punkte

1999 Lemberger Spätlese Trocken Signum I
Brackenheim　0,75　€ 14,83　% 13,5　　AP 00803001
Dichtes Kirsch-Purpur mit minimaler Aufhellung. Säuerlicher, leicht floraler Duft von eingekochten roten Beeren. Recht saftige Frucht, feinstaubiges, reifes Tannin, sehr gut eingebundene Holzwürze, voller Körper, kräftig und recht nachhaltig am Gaumen, sehr gute Balance, fruchtig-würziger Nachhall. Gute Arbeit; lediglich der Duft sollte sich noch etwas entwickeln. Bis 2005.
17.05.2001　　　　　　　　　　　　　　　　　　　　　　　80 Punkte

1999 Riesling Schaumwein Sekt b.A. Brut
Haberschlacht　Dachsberg　0,75　€ 8,19　% 12
AP 60510101
Glänzendes, helles Gelb mit Grünreflexen; recht feines Mousseux. Zartwürziger Apfel-Kräuterduft. Zartsaftige, würzige Frucht, hefige Note, nicht völlig trocken, harmonische, nicht allzu nachhaltige Perlage, eine Spur gedünsteter Zwiebeln am Gaumen, etwas blasses Finale. Bis 2002.
03.07.2001　　　　　　　　　　　　　　　　　　　　　　　77 Punkte

1999 Samtrot Spätlese
Meimsheim Katzenöhrle 0,75 € 6,35 % 11,5
AP 00804800
Helles, glänzendes Granat-Rubin mit Wasserrand. Oberflächlicher, säuerlicher Duft von roten Beeren. Einfache, süßliche Frucht, rund und süffig, würzig, kaum Tannin, ordentlicher Abgang. Bis 2002.

31.07.2001   **79 Punkte**

2000 Lemberger QbA Trocken Edition "Mann im Fass"
Brackenheim 0,75 € 5,57 % 13 AP 00800401
Rubin-Violett mit leichter Aufhellung. Säuerlicher Duft von Kirschen, sowie schwarzen und roten Beeren. Recht saftige Frucht mit lebendiger Säure und etwas trocknendem Tannin, kräftiger Körper, rustikaler Touch am Gaumen, nicht sehr nachhaltig. Bis 2003.

19.09.2001   **77 Punkte**

2000 Trollinger Kabinett
Brackenheim Zweifelberg 0,75 € 4,98 % 10
AP 00801801
Sehr helles Rubin-Granat mit Wasserrand. Verwässerte, etwas grasige Nase. Sehr einfache, süße Frucht, süffige Art, rustikaler Abgang. Bis 2002.

14.08.2001   **71 Punkte**

WÜRTTEMBERG

WEINGUT EBERBACH-SCHÄFER

74348 LAUFFEN, RIEDER 6 WILHELM SCHÄFER WILHELM SCHÄFER
07133-5222 07133-7485 WEINGUT@EBERBACH-SCHAEFER.DE WWW.EBERBACH-SCHAEFER.DE
WEINPROBEN MIT VESPERPLATTEN.

1999 CHARDONNAY SPÄTLESE TROCKEN
LAUFFEN RIEDERSBÜCKELE 0,75 € 15,85 % 13
AP 22000701
Etwas malziger Duft von kandierten Äpfeln und Bananen mit zarter Holzwürze. Recht saftige, kühle Frucht, herb-würziges Aroma, gute Säure, etwas glatte Art mit eigenwilliger Würze, leicht nussig und gemüsig, recht kräftig, gute Balance, ordentlicher Abgang. Bis 2003.

17.10.2001 **80 Punkte**

1999 LEMBERGER SPÄTLESE TROCKEN
LAUFFEN RIEDERSBÜCKELE 0,75 € 15,85 % 13
AP 22000801
Mattes Kirsch. Würziger Duft von eingemachten Kirschen und Zwetschgen. Kühle, recht saftige Frucht mit rauchiger Würze, knochentrocken, recht feines Tannin, es fehlt etwas an Fruchtsüße, fruchtig-rauchiger Abgang. Bis 2003.

14.08.2001 **79 Punkte**

1999 LEMBERGER SPÄTLESE TROCKEN
LAUFFEN RIEDERSBÜCKELE 0,75 € 7,67 % 12,5
AP 22003400
Rubin-Granat mit Aufhellung. Säuerlicher Duft von Kirschen und roten Beeren. Sehr herber Geschmack, lebendige Säure, feinstaubiges Tannin, kaum Frucht, bitterer Nachhall. Bis 2002.

14.08.2001 **71 Punkte**

1999 RIESLING SCHAUMWEIN SEKT b.A. TROCKEN
LAUFFEN RIEDERSBÜCKELE 0,75 € 7,67 % 12 AP 3910200
Glänzendes Gelb-Grün mit feiner Perlage. Hefiger und etwas kräuterwürziger Apfelduft. Reife, süffige Frucht, süßliche Note, etwas bonbonhaft, recht feines Mousseux, kräuterwürzig und fast ein wenig floral am Gaumen, gute Balance, süffige Art, fruchtiger Abgang. Bis 2002.

17.10.2001 **78 Punkte**

2000 LEMBERGER QbA TROCKEN
LAUFFEN RIEDERSBÜCKELE 0,75 € 4,55 % 12 AP 22000401
Hellrubin. Säuerlicher Duft von roten Beeren. Einfache, etwas blasse Frucht, nicht ganz reife, aber zurückhaltende Säure, recht kurz. Bis 2002.

14.08.2001 **73 Punkte**

2000 SCHWARZRIESLING QbA
LAUFFEN RIEDERSBÜCKELE 1 € 4,09 % 12 AP 22000301
Helles Rubin-Granat mit Wasserrand. Verhaltener, säuerlich-würziger Duft von roten Beeren. Runde, süßliche Frucht mit rauchiger, leicht rustikaler Würze, moderates Tannen, recht einfache, aber saubere und süffige Art, gute Balance, ordentlicher Abgang. Bis 2002.

31.07.2001 **77 Punkte**

2000 Trollinger QbA Trocken

Helfenberg Schlossberg 1 € 4,09 12,5 22001001

Sehr helles Rubin mit Wasserrand. Einfacher, leicht würziger Duft von gekochten roten Beeren. Weiche, sehr einfache Frucht, knochentrockener Stil, am Gaumen ziemlich blass. Bis Ende 2001.

19.09.2001   **71 Punkte**

WÜRTTEMBERG

WEINGUT G.A. HEINRICH

74076 HEILBRONN, RIEDSTR. 29   MARTIN HEINRICH   MARTIN HEINRICH & MARTIN STREICHER   07131-175948   07131-166306
HEINRICH_GA.WEINGUT@T-ONLINE.DE   WWW.WEINGUT-HEINRICH.DE
ÖFFNUNGSZEITEN: MO-FR: 8.00 - 12.00 UND 13.30 - 18.00; SAMSTAG: 9.00 - 12.00 UND NACH TELEFONISCHER ANMELDUNG

DIE WEINE:
Die 2000er sind sehr gewissenhaft bereitet, können aber den problematischen Jahrgang nicht ganz verleugnen. Trotz eines manchmal etwas mostigen Anflugs sind jedoch alle Weine mindestens angenehm zu trinken. Viele der besten 99er und 2000er sind jedoch noch nicht freigegeben.

1999 QbA TROCKEN FASS NO. 5
HEILBRONN   STIFTSBERG   0,75   € 6,39   % 12   21203500
Kühl-holzwürziger Duft mit Apfel- und Pfirsichnoten. Runde, feinsaftige Frucht, sehr gut eingebundenes Holz, feine Säure, geradliniger Stil, zartherbe Note am Gaumen, gute Balance, etwas knapper Nachhall. Bis 2002.
14.08.2001   **79 Punkte**

1999 GEWÜRZTRAMINER SPÄTLESE
HEILBRONN   STIFTSBERG   0,75   € 7,67   % 12   21202500
Verhaltener, floral-würziger Duft mit Pfirsichnoten. Süße, feinsaftige Frucht, harmonische Säure, recht elegante Art, gut zu trinken, nachhaltige Würze am Gaumen, sehr gut balanciert, fruchtiger Nachhall. Bis 2003.
14.08.2001   **81 Punkte**

1999 LEMBERGER QbA TROCKEN
HEILBRONN   STIFTSBERG   0,75   € 9,2   % 13   21203300
Granat mit Aufhellung. Verhaltener, leicht holzwürziger Duft von eingemachten roten Beeren. Weiche, runde Frucht, ganz leicht staubiges Tannin, recht kräftiger Körper, gutes Fett, nicht allzu nachhaltig am Gaumen, ordentlicher Abgang. Bis 2003.
20.08.2001   **79 Punkte**

2000 LEMBERGER WEISSHERBST AUSLESE
HEILBRONN   STIFTSBERG   0,5   € 11,25   % 7,5   21201101
Glänzendes Rosa-Orange. Leicht laktischer Duft von eingekochten roten Beeren. Weiche, süße Frucht mit moderater Säure, wieder etwas laktisch, aber angenehm fruchtig und gut zu trinken, ordentlicher Abgang. Bis 2002.
29.10.2001   **77 Punkte**

2000 RIESLING QbA TROCKEN
HEILBRONN   STIFTSBERG   0,75   € 4,09   % 11,5   21201201
Kräuterwürziger und leicht mineralischer Apfel-Zitrusduft. Zartsaftige Frucht mit schöner Würze, harmonische Säure, trotz einer ganz leicht mostigen Art angenehm zu trinken, mineralische Note am Gaumen, ordentlicher Abgang. Bis 2002.
30.07.2001   **79 Punkte**

WÜRTTEMBERG

2000 RIESLING KABINETT TROCKEN
HEILBRONN STIFTSBERG 0,75 € 5,62 % 11,5 AP 21201401
Feinwürziger Duft reifer Äpfel. Klare, schlanke Frucht, weich und zartsaftig, harmonische Säure, ganz leicht laktische Note am Gaumen, ordentlicher Abgang. Bis 2002.
28.10.2001   **77 Punkte**

2000 RIESLING KABINETT
HEILBRONN STIFTSBERG 0,75 € 5,62 % 10,5 AP 21201501
Klarer, zart kräuterwürziger Apfel-Zitrusduft. Schlanke, zartsaftige Frucht mit moderater Süße, leicht kräuterwürzig, sehr harmonische Säure, geradlinig und gut gemacht, Kräuter und Zitrusfrucht im Abgang. Bis 2002.
26.10.2001   **79 Punkte**

2000 SCHEUREBE KABINETT
HEILBRONN STIFTSBERG 0,75 € 4,86 % 10,5 AP 21201601
Zart floraler Grapefruitduft mit einem Hauch schwarzer Beeren. Schlanke, zartsüße Frucht, feingliedrige Säure, sehr klarer Stil, süffig, leicht kräuterwürzig, zartfruchtiger Nachhall. Bis 2002.
26.10.2001   **78 Punkte**

2000 TROLLINGER QbA TROCKEN
HEILBRONN WARTBERG 0,75 € 4,6 % 12,5 AP 21202101
Sehr helles, glänzendes Ziegelrot mit Wasserrand. Ziemlich verwaschener, leicht würziger Duft von roten Beeren. Rund und recht süffig, gewisses Fett, wieder ein wenig verwaschene Frucht, relativ kräftiger Körper, zurückhaltendes, leicht staubiges Tannin, passabler Abgang. Bis 2002.
19.09.2001   **73 Punkte**

WEINGUT G.A. HEINRICH

Weingut Rolf Heinrich

74076 Heilbronn, Riedstr. 23   Andreas und Thomas Heinrich
Thomas Heinrich   07131-982240   07131-982249
info@heinrich-wein.de   www.heinrich-wein.de
Öffnungszeiten: Werktags: 8.00-12.00 und 13.00-18.00 Uhr; Samstag: 8.00-16.00 Uhr. Besenwirtschaft, auch für Gesellschaften von 40-65 Personen.

2000 Lemberger Classic
0,75   € 5,6   12,5   31601201
Sehr helles Rubin-Granat mit Wasserrand. Ausgewaschener, bonbonhafter und säuerlicher Duft von roten Beeren und Kirschen. Einfache, süßliche Frucht, vordergründig, wenig Tannin, recht lebendige Säure, am Gaumen blass, ohne Länge. Bis 2002.

26.10.2001   71 **Punkte**

2000 Riesling Classic
0,75   € 4,5   11,5   31601501
Einfacher Duft von gekochten gelben Früchten und Kamillentee. Weiche, sehr einfache, Frucht, leicht würzig, feinherbe Note im Hintergrund, nicht ganz trocken, blasser Abgang. Bis Ende 2001.

26.10.2001   74 **Punkte**

WEINGÄRTNERGENOSSENSCHAFT HEUHOLZ EG

74629 PFEDELBACH-HEUHOLZ, DACHSTEIGER STR. 2   158 MITGLIEDER
G. GRÜN   HERR SCHNITZIUS   07949-940033   07949-940035
DSCHNITZIUS@T-ONLINE.DE   WWW.HEUHOLZ.DE
HOLZFASSKELLER MIT 80000 LITERN LAGERKAPAZITÄT. HAUSEIGENER SEKT & DESTILLATE.

1999 RIESLING SPÄTLESE NOVICIUS
PFEDELBACH-HEUHOLZ   0,75   € 5,04   % 10,5   01806700
Kräuterwürziger Zitrus-Apfelduft. Schlanke, süße Frucht, geradlinig, recht feine Säure, auch am Gaumen leicht kräuterwürzig, dennoch gut zu trinken, ordentlicher Abgang. Bis 2002.
24.10.2001   78 Punkte

1999 SCHWARZRIESLING QBA
PFEDELBACH-HEUHOLZ   0,75   € 3,26   % 11,5   01800500
Helles Rubin-Granat mit Wasserrand. Einfacher, ganz leicht säuerlicher Duft von roten Beeren. Saubere, süffige Frucht, süß, sehr einfache, vordergründige Art, kaum Tannin und Säure, am Gaumen etwas verwaschen, ohne Länge. Bis 2002.
05.11.2001   74 Punkte

2000 LEMBERGER QBA TROCKEN
HEUHOLZ   DACHSTEIGER   0,75   € 3,97   % 12,5   01801501
Säuerlicher Duft von roten Beeren und Kirschen mit leichter Gerbstoffnote. Einfache, zartsaftige Frucht, herbe Würze, mittelfeines Tannin, relativ kräftiger Körper, oberflächliche Art, passabler Nachhall. Bis 2003.
26.10.2001   75 Punkte

2000 RIESLING QBA TROCKEN
PFEDELBACH-HEUHOLZ   0,75   € 8,9   % 13   01805101
Frischer, kräuterwürziger und ein klein wenig dropsiger Zitrus-Pfirsichduft. Einigermaßen saftige Frucht, moderate Säure, schweißige Note am Gaumen, feinherbe Würze, ohne Länge. Bis Ende 2001.
30.07.2001   72 Punkte

2000 RIESLING SPÄTLESE
PFEDELBACH-HEUHOLZ   0,75   € 5,04   % 10,5   01805301
Zart floraler und kräuterwürziger Apfel-Ananasduft. Schlanke, zartsaftige Frucht, moderate Süße, feine Säure, runder, sehr süffiger Stil, harmonisch, ordentlicher Abgang. Bis 2002.
31.07.2001   78 Punkte

2000 RIVANER QBA TROCKEN
PFEDELBACH-HEUHOLZ   0,75   € 3,53   % 11,5   01803501
Recht frischer Apfel-Zitrusduft. Klare, feinsaftige und leicht würzige Frucht, schöne Säure, sehr gut zu trinken, ordentlicher Abgang. Bis 2002.
24.10.2001   78 Punkte

2000 Trollinger QbA Trocken

Heuholz　Dachsteiger　0,75　€ 3,56　% 12,5　AP 01800901

Sehr helles, glänzendes Rubin mit Wasserrand. Weicher, zartsäuerlicher Duft von roten Beeren. Einfache, süßliche und gleichzeitig säuerliche Frucht, leicht rustikal, feinherbe Note am Gaumen und im Abgang. Bis 2002.

24.10.2001　　　　　　　　　　　　　　　　　　　　　　　**72 Punkte**

WÜRTTEMBERG

SCHLOSSGUT HOHENBEILSTEIN

71717 BEILSTEIN, SCHLOSSSTR. 40 　HARTMANN DIPPON 　HARTMANN DIPPON 　07062-937110 　07062-9371122 　INFO@SCHLOSS-GUT-HOHENBEILSTEIN.DE 　WWW.SCHLOSSGUT-HOHENBEILSTEIN.DE
〇 VDP, NATURLAND, BARRIQUE-FORUM
ÖFFNUNGSZEITEN: MO.-FR.: 9.00-11.30 UND 14.00-17.00, SA.: 9.00-14.00.

DIE WEINE:
Während die Weißweine 1999 ausnahmslos von sehr mäßiger Qualität sind, können die Roten fast durchweg empfohlen werden. Einige davon, allen voran die Cuvée RV, gehören zu den besten Rotweinen des Jahrgangs in Württemberg. Vom 2000er Jahrgang wurden erst 3 Weine angestellt, darunter eine trockene Riesling Auslese, die zeigt, dass man hier auch in der Lage ist, sehr respektable Weißweine zu erzeugen.

1999 QbA TROCKEN TROLLINGER MIT LEMBERGER
0,75 € 5,58 12,5 20306201
Glänzendes Rubin mit Aufhellung. Würziger, leicht säuerlicher Duft von roten Beeren. Ziemlich saftige, würzige Frucht, sehr feines Tannin, kräftiger Körper mit viel Fett, fruchtiger, nicht allzu langer Nachhall. Bis 2003.

19.09.2001 **79 Punkte**

1999 QbA TROCKEN CUVÉE RV
0,75 € 8,9 13   20306701
Dichtes Purpur-Violett mit minimaler Aufhellung am Rand. Von zurückhaltender Holzwürze begleiteter, sehr kühler Duft von Kirschen und schwarzen Beeren. Vollmundige, saftige Frucht, wieder kühl, aber mit sehr schöner Fruchtsüße, hochfeines Tannin, zarte Holzwürze im Hintergrund, eine Spur rauchig, bei aller Kraft fast seidig im Stil, nachhaltig, perfekte Balance, ausgezeichneter, feinfruchtiger Abgang. Sehr überzeugende Arbeit. Bis 2005.

19.09.2001 **88 Punkte**

1999 SCHILLERWEIN KABINETT TROCKEN
0,75 € 4,04 11,5 20307500
Glänzendes Rosa bis Ziegelrot. Bonbonhafter Duft von roten Beeren. Schlanke, zartsaftige Frucht, harmonische Säure, recht gut zu trinken, eine Spur grasig am Gaumen, florale Note im Abgang. Bis Ende 2001.

18.09.2001 **75 Punkte**

1999 LEMBERGER QbA TROCKEN
0,75 € 16,61 13,5 20306601
Glänzendes Rubin-Granat mit Aufhellung am Rand. Sehr schöner Duft von Kirschen, sowie eingemachten roten und schwarzen Beeren mit harmonischer Holzwürze. Saftige, vollmundige Frucht, reifes, feinkörniges Tannin, sehr zugänglich und "warm" im Stil, kräftig, sehr schöne Nachhaltigkeit am Gaumen, Frucht- und Eichenholzaromen in bester Balance, gute Länge. Bis 2004.

20.08.2001 **86 Punkte**

WÜRTTEMBERG

1999 Lemberger QbA Trocken
🍾 0,75 € 8,3 % 13 AP 20306901
Kirschrot bis Granat mit deutlicher Aufhellung. Würziger und ganz leicht speckiger Duft von Kirschen und roten Beeren. Klare, recht saftige Frucht, feinkörniges Tannin, zurückhaltende Holzwürze am Gaumen, gewisses Fett, sehr gute Balance, zartrauchiger Nachhall. Bis 2004.

20.08.2001   **83 Punkte**

1999 Lemberger Auslese Trocken
🍾 0,75 € 29,65 % 13 AP 20306501
Mattes Rubin bis Granat mit Aufhellung. Kühler Kirschduft mit Noten von roten und schwarzen Beeren. Klare, saftige Frucht, sehr feines Tannin, kühler, recht eleganter Stil, es fehlt jedoch nicht an Kraft und Stoff, feinherbe Note am Gaumen, leicht rustikal im Hintergrund, gute Balance, würziger Abgang. Bis 2003.

14.08.2001   **82 Punkte**

1999 Regent QbA Trocken
🍾 0,75 € 8,9 % 13 AP 20306801
Glänzendes Purpur-Granat. Zartwürziger Duft von schwarzen Beeren und Kirschen. Warme, vollmundige und recht saftige Frucht, mittelfeines, zurückhaltendes Tannin, kräftig, gute Nachhaltigkeit am Gaumen, etwas rustikaler Touch, sehr gute Balance, alkoholstarker Nachhall. Bis 2003.

02.07.2001   **80 Punkte**

1999 Rivaner Kabinett
🍾 0,75 € 3,56 % 12 AP 20302401
Floraler und leicht kräuterwürziger Apfelduft. Trockene, etwas ausdruckslose Frucht, zartbittere Würze, gewisses Fett, gute Balance, knapper Nachhall. Bis Ende 2001.

03.07.2001   **74 Punkte**

1999 Samtrot Spätlese Trocken
🍾 0,75 € 8,9 % 13 AP 20307700
Granat-Rubin mit deutlicher Aufhellung. Würziger Duft von roten Beeren, etwas Zwetschgen und Leder. Recht saftige, würzige Frucht, kräftig, mittelfeines, reifes Tannin, gut eingebundenes Holz, recht nachhaltig am Gaumen, fett, etwas rauchig, guter Abgang. Bis 2003.

31.07.2001   **82 Punkte**

1999 Spätburgunder QbA Trocken
🍾 0,75 € 8,3 % 12,5 AP 20307800
Rauchig-würziger Duft von frischen roten Beeren und etwas Zwetschgen. Recht vollmundige und saftige Frucht mit rauchiger Holzwürze, feinstaubiges Tannin im Hintergrund, schöne "Süße", recht nachhaltig am Gaumen, sehr harmonisch, endet auf Holz und reifen Zwetschgen. Bis 2004.

22.06.2001   **84 Punkte**

1999 Spätburgunder Auslese Trocken
🍾 0,75 € 28,12 % 14,5 AP 20306401
Mattes Granat-Rubin mit Aufhellung. Holzwürziger, alkoholischer Duft mit Noten von eingemachten Zwetschgen. Recht saftige Frucht, glyzerinsüß und alkoholstark, feinsandiges Tannin, viel Fett am Gaumen, gute Nachhaltigkeit, vanilliger Abgang. Bis 2004.

21.08.2001   **83 Punkte**

WÜRTTEMBERG

1999 Trollinger QbA Trocken
🍾 0,75 € 5,58 % 12,5 AP 20307400

Glänzendes, für Trollinger relativ dunkles Rubin mit Wasserrand. Verhaltener, kühler, rotbeeriger Duft mit zartrauchiger Note. Recht saftige Frucht und feinkörniges Tannin, gute Säure, besitzt Kraft und gewisse Struktur, am Gaumen fruchtig, sehr harmonisch, guter Abgang. Bis 2003.

19.09.2001   **78 Punkte**

1999 Trollinger QbA
🍾 0,75 € 4,87 % 12,5 AP 20304400

Helles, glänzendes Rubin mit Wasserrand. Leicht verwaschener und säuerlicher Duft von roten Beeren. Einigermaßen saftige Frucht, recht kräftiger Körper, feinstaubiges Tannin am Gaumen, vielleicht ein wenig rustikal, aber sehr sauber, ordentlicher Abgang. Bis 2002.

19.09.2001   **76 Punkte**

1999 Weissburgunder Kabinett Trocken
🍾 0,75 € 6,05 % 11,5 AP 20303000

Etwas grasiger Zitrus-Apfelduft. Weich und zartfruchtig, herbe Würze, gut eingebundene Säure, am Gaumen blass, müder Abklang. Austrinken.

20.09.2001   **70 Punkte**

2000 Muskattrollinger QbA
🍾 0,75 € 7,65 % 12,5 AP 20306301

Glänzendes Hellrubin mit Wasserrand. Süßlicher, ausgesprochen blumiger Duft mit Noten von Bananen, etwas Ananas und Pfirsich, sowie einer Spur roter Beeren. Rund, fruchtig und sehr süffig, nicht ganz trocken, sehr sauber gemacht, ordentlicher Abgang. Leicht gekühlt ein herrlicher Sommerwein. Bis 2002.

19.09.2001   **81 Punkte**

2000 Riesling Auslese Trocken
🍾 0,75 € 18,98 % 13 AP 20302101

Duft von Stachelbeeren und etwas Cassis. Klare, recht saftige Frucht, feine Kräuterwürze, wieder deutliches Stachelbeer- und Cassisaroma, auch etwas Ananas und Mandarine, sehr harmonische Säure, schön zu trinken, guter Abgang. Bis 2002.

30.07.2001   **82 Punkte**

WÜRTTEMBERG

WEINGUT KISTENMACHER-HENGERER

74074 HEILBRONN, EUGEN-NÄGELE-STR. 23-25 HANS HENGERER
HANS HENGERER 07131-172354 07131-172350
ÖFFNUNGSZEITEN: MO.-FR.: 16.00-18.30; SA.: 9.00-11.00 UND 13.00-16.00
UND NACH TELEFONISCHER VEREINBARUNG.

Die Familien Kistenmacher und Hengerer können bereits auf eine über 500-jährige Weinbautradition in Heilbronn zurückblicken. In seiner heutigen Form existiert das Gut jedoch erst seit 1958. Heute liegt die Weinbereitung in den Händen von Hans Hengerer, der den Betrieb fest auf Qualitätskurs hält.

DIE WEINE:

Mit den sehr sauberen und schön zu trinkenden 2000ern hat Hans Hengerer eine für den Jahrgang weit überdurchschnittliche Kollektion angestellt. Alle Weine sind von frischer, lebendiger Art und lassen nichts von den Fäulnisproblemen des Jahrgangs erkennen. Kompliment.

2000 AUSLESE CUVÉE CLARA

HEILBRONN STIFTSBERG 0,75 € 7,16 % 12,5 28700301

Fruchtiger Duft von Mandarinen und Aprikosen. Saftige Frucht mit harmonischer Süße, mittelkräftig, feingliedrige Säure, ausgesprochen süffiger Stil, am Gaumen wieder Aprikosen und Mandarinen, feinherbe Würze im Hintergrund, ordentlicher Abgang. Bis 2003.

24.10.2001   82 Punkte

2000 LEMBERGER QbA TROCKEN

HEILBRONN STIFTSBERG 0,75 € 5,47 % 13,5 28701001

Mattes, recht dichtes Purpur mit leichter Aufhellung. Zart holzwürziger Sauerkirschduft. Noch frische Kohlensäure, saftige Frucht, vollmundig, recht feines Tannin, gut strukturiert und nachhaltig am Gaumen, sehr harmonische Holzwürze, Noten von Bitterschokolade im Hintergrund, sehr gute Balance, fruchtig und leicht holzwürzig im relativ langen Nachhall. Könnte mit etwas Flaschenreife sogar noch zulegen. Bis 2004.

19.09.2001   83 Punkte

2000 MUSKATELLER QbA TROCKEN

HEILBRONN WARTBERG 0,75 € 4,86 % 12 28700701

Zurückhaltender, zart floraler und kräuterwürziger Zitrus-Apfelduft. Klare, schlanke und geradlinige Frucht, kaum Süße, präsente, sehr feingliedrige Säure, ausgewogen und gut zu trinken, feinwürziger Nachhall. Bis 2002.

24.10.2001   79 Punkte

2000 MUSKATTROLLINGER QbA

HEILBRONN WARTBERG 0,75 € 4,5 % 12,5 28701201

Helles Granat mit Wasserrand. Parfümiert-blumiger Duft mit verwaschen rotbeerigen Aromen. Frische, recht saftige Frucht, noch etwas Kohlensäure, sehr feines Tannin, nicht ganz trocken, sehr sauber und süffig, geradliniger Stil, florale Aromen am Gaumen, ordentlicher Abgang. Bis 2002.

19.09.2001   78 Punkte

2000 Riesling QbA Trocken Cuvée Caroline
Heilbronn Stiftsberg 0,75 € 4,91 12 28700601
Zart floraler Apfel-Zitrusduft. Geradlinige, feinsaftige Frucht, schöne Säure, zart mineralische Würze im Hintergrund, auch Kräuteraromen am Gaumen, recht nachhaltig, wirkt jung, sehr harmonisch, klarer Nachhall. Bis 2003.
26.10.2001   81 Punkte

2000 Riesling Spätlese
Heilbronn Wartberg 0,75 € 5,98 12,5 28700401
recht saftiger Apfel-Pfirsichduft mit feiner Honig- und Kräuterwürze. Klare, feinsaftige Frucht, moderate Süße, lebendige Säure, leicht mineralische Würze am Gaumen, dazu Kräuter, Pfirsiche und eine Spur Honig, feinherbe Note im Hintergrund und im ordentlichen Abgang. Bis 2003.
26.10.2001   80 Punkte

Weingut Kuhnle

71384 Weinstadt-Strümpfelbach, Hauptstr. 49   Werner & Margret Kuhnle   07151-61293   07151-610747   info@weingut-kuhnle.de   www.weingut-kuhnle.de

Probe und Verkauf nach Vereinbarung. Kulinarische Weinproben in stilvoller Atmosphäre. Weinproben mit Orts- und Weinbergsrundgängen.

Die Weine:

Auch 2000 sind die Rotweine hier überwiegend recht ansprechend ausgefallen. An der Spitze des Sortiments steht jedoch diesmal ein edelsüßer Riesling.

1999 Auslese Trocken Forstknecht Marz

0,75   € 18,41   % 13   57000401

Klares, glänzendes Purpur mit minimaler Aufhellung. Würziger Duft von eingemachten Kirschen und roten Beeren mit eingebundenen Holz- und Rauchnoten. Saftige und recht vollmundige Frucht, schöne Säure, mittlerer Körper und mittelfeines Tannin, gut strukturiert, wieder Holz- und Rauchnoten im Hintergrund, sehr gute Balance, fruchtiger und herb-würziger Nachhall. Sehr überzeugende Arbeit. Bis 2004.

09.05.2001   84 Punkte

1999 Riesling Kabinett

Stetten   Pulvermächer   0,75   € 5,11   % 11,5   57000501

Zurückhaltender Zitrus-Pfirsichduft. Klare, schlanke Frucht, zartsüß, verspielte Säure, zart mineralisch im Hintergrund, geradliniger, süffiger Stil, ordentlicher Abgang. Bis 2002.

02.05.2001   78 Punkte

1999 Riesling Spätlese

Strümpfelbach   Nonnenberg   0,75   € 8,18   % 11   57000601

Verhaltener, abgeklärter Apfel-Pfirsichduft. Schlanke, klare Frucht, zartsüß, feine Säure, sehr süffiger Stil, gute Balance, knapper Nachhall. Bis 2002.

02.05.2001   77 Punkte

1999 Riesling Auslese

Strümpfelbach   Nonnenberg   0,5   € 14,32   % 12   57004200

Botrytisduft mit Aromen von Wachs, Zitrusfrüchten, Karamell und etwas Pfirsich. Sehr süßer, ganz leicht pilziger Botrytisgeschmack mit zurückhaltender Frucht, etwas eindimensional bei recht geringer Säure, ohne Länge. Bis 2004.

02.05.2001   77 Punkte

WÜRTTEMBERG

1999 RIESLING EISWEIN
STRÜMPFELBACH NONNENBERG 0,5 € 27,61 % 10,5
AP 57002600
Verhaltener Duft von kandierten Zitrusfrüchten und etwas Ananas mit Spuren von Lack und Brotrinde. Klare, pikant-saftige Frucht, lebendige Säure, gut eingebundene Restsüße, geradliniger Stil, nachhaltige, herbe Grapefruitnote am Gaumen und im Nachhall. Sauber gearbeitet, es fehlt lediglich ein Wenig an Tiefe. Bis 2006.
08.05.2001 82 Punkte

2000 LEMBERGER SPÄTLESE TROCKEN FEUERWAND
0,75 € 9,2 % 13 AP 57001801
Leicht brotiger Kirschduft. Recht saftige Frucht, feinkörniges Tannin, lebendige Säure, mittlerer bis kräftiger Körper, harmonisch, eine Spur rustikal am Gaumen, ordentlicher Abgang. Bis 2003.
14.08.2001 79 Punkte

2000 REGENT SPÄTLESE TROCKEN
0,75 € 8,18 % 13 AP 57001901
Sattes Purpur mit minimaler Aufhellung. Säuerlich-röstiger Duft von schwarzen Beeren und Kirschen. Etwas Kohlensäure, einigermaßen saftige, aber eher oberflächliche Frucht, wieder dunkle Röstnoten, sandiges Tannin im Hintergrund, am Gaumen einigermaßen Fruchtig, blasser Nachhall. Bis 2003.
26.10.2001 74 Punkte

2000 RIESLING KABINETT TROCKEN
SCHORNDORF GRAFENBERG 0,75 € 4,6 % 12 AP 57002301
Floral-würziger Duft mit leichter Schwefelwasserstoffnote. Klare, herbe Frucht, zart mineralisch, harmonische Säure, am Gaumen etwas blass, ohne Länge. Bis Ende 2001.
30.07.2001 75 Punkte

2000 RIESLING AUSLESE TROCKEN
STRÜMPFELBACH NONNENBERG 0,75 € 11,25 % 14
AP 57002101
Verhaltener Apfelduft mit bitterer Würze. Herb-würzig auch am Gaumen, knochentrockene Frucht, kräftiger Körper, mineralisch am Gaumen, bitter im Hintergrund, noch ordentliche Balance, herber Nachhall. Bis 2002.
30.07.2001 74 Punkte

2000 RIESLING SPÄTLESE
STETTEN PULVERMÄCHER 0,75 € 9,2 % 13,5 AP 57002001
Sehr verhaltener Apfelduft. Runde, süßliche Frucht, mineralische Würze, harmonisch eingebundene Säure, klarer Nachhall. Bis 2002.
31.07.2001 77 Punkte

2000 RIESLING BEERENAUSLESE
STETTEN PULVERMÄCHER 0,75 € 27,61 % 9 AP 57002601
Klarer Duft von frischen grünen Äpfeln mit einer leicht vegetabilen Note. Süße, feincremige Frucht mit Karamell- und Kakaowürze, feine Säure, mittlere Konzentration, sehr sauber gemacht, rund und bereits jetzt wunderbar zu trinken, gute Länge. Bis 2010.
10.07.2001 87 Punkte

WEINGUT KUHNLE

2000 SAMTROT SPÄTLESE TROCKEN
SCHNAIT   SONNENBERG 0,75 € 9,2 % 12,5 AP 57001701
Glänzendes Rubin mit Aufhellung. Leicht säuerlicher Duft von roten Beeren und Kirschen. Klare, zartwürzige Frucht, feines Tannin, harmonisch und gut zu trinken, nicht sehr nachhaltig, fruchtig-würziger Abgang. Bis 2002.
31.07.2001 **79 Punkte**

Weingut Kusterer

73728 Esslingen, Untere Beutau 44   Hans & Monika Kusterer
Hans Kusterer   0711-357909   0711-3508105
Öffnungszeiten: Di.: 16.00-19.00, Sa.: 9.00-13.00, sowie nach Vereinbarung.

Die Weine:
Hans Kusterer hat sich sichtlich bemüht, klare und geradlinige Weine auf die Flasche zu bringen. Das ist jahrgangsbedingt nicht immer ganz gelungen, doch trotz feinherber und manchmal rustikaler Noten sind die meisten Weine gut zu trinken.

1999 Trollinger QbA Trocken
Essling   Schenkenberg   0,75   € 5,01   % 11,5   AP 35301300
Sehr helles, glänzendes Rubin-Granat mit Wasserrand. Säuerlicher Himbeerduft. Schlanke, süffige Art, leicht verwaschene Frucht, lebendige Säure, nicht sehr nachhaltig am Gaumen, knapper Abgang. Bis Ende 2001.
19.09.2001   **74 Punkte**

2000 Kabinett Trocken "Reichsstadt"
Essling   0,75   % 12   AP 3530012001
Verhaltener Zitrus-Apfelduft mit Noten von frischem Gras. Geradlinige, relativ schlanke Frucht, harmonische Säure, herbe, leicht röstige Würze am Gaumen, etwas blasser Nachhall. Bis Ende 2001.
14.09.2001   **73 Punkte**

2000 Grauburgunder Spätlese Trocken
Essling   Schenkenberg   0,75   € 10,23   % 14   AP 35300601
Leicht mineralischer Duft von saurem Apfel und Zitrusfrüchten. Klare, geradlinige Frucht, würzig, gute Säure, rauchig-rustikale Bitternote am Gaumen, ordentlicher Abgang. Bis 2002.
24.10.2001   **76 Punkte**

2000 Muskattrollinger Weissherbst QbA Trocken
Essling   Schenkenberg   0,75   % 12   AP 3530022001
Helles Orange. Würzige Nase mit leicht dumpfen Noten. Knochentrockene, würzige Frucht, harmonische Säure, gewisse Nachhaltigkeit am Gaumen, knapper, würziger und etwas verwaschener Abgang. Bis 2002.
24.10.2001   **73 Punkte**

2000 Portugieser QbA Trocken
Essling   Schenkenberg   0,75   € 5,62   % 12   AP 35300801
Glänzendes, durchscheinendes Rubin-Violett mit deutlicher Aufhellung. Jugendlicher Duft von kleinen roten Beeren und Kirschen. Klare, kühle Frucht, sehr feines Tannin, ganz leicht staubig, gut strukturiert, harmonisch, etwas blass im Abgang. Bis 2002.
22.06.2001   **77 Punkte**

2000 Riesling Kabinett Trocken
Essling   Schenkenberg   0,75   € 5,37   12,5   AP 35300701
Mineralischer Pfirsich-Apfelduft. Relativ saftige Frucht, mineralisch, feine, lebendige Säure, zart kräuterwürzig am Gaumen, gute Balance, mineralischer Abgang. Bis 2002.

30.07.2001 79 **Punkte**

Weingut Medinger

71394 Kernen-Stetten, Brühlstr. 6 Familien Medinger & Schmid
M. Schmid & B. Medinger-Schmid Barbara Medinger-Schmid
07151-44513 07151-41737 info@weingut-medinger.de
www.weingut-medinger.de VSWW

Öffnungszeiten: Mo - Fr: 18.00-19.30; Samstag: 15.30-18.00

Die Weine:
Die Weißen sind dieses Jahr sauber und gut zu trinken, werden aber von den Rotweinen noch einmal deutlich übertroffen. Der Regent gehört zum Besten, was ich aus dieser neuen Rebsorte kenne.

1999 Spätburgunder QbA Trocken
0,75 € 12,78 13,5 AP 90302501
Recht dichtes Rubin-Granat mit leichter Aufhellung. Zart kräuterwürziger und mineralischer Duft von roten und schwarzen Beeren mit kühler Holzwürze. Recht saftige und vollmundige Frucht, reifes, fast süßes Tannin, gute Säure, harmonisch eingebundene Holzwürze, kräftiger Körper, klar durchstrukturiert, guter, leicht röstiger Abgang. Bis 2005.

29.11.2001	85 Punkte

2000 QbA Trocken Tritonus
0,75 € 4,86 13 AP 90302001
Recht dichtes, mattes Rubin-Granat mit leichter Aufhellung. Duft von schwarzen Beeren und Tee mit kühler Holz- und Röstwürze. Saftige Frucht mit harmonischer Würze, mittelfeines, ganz leicht staubiges Tannin, kräftiger Körper, fruchtig und etwas rauchig am Gaumen, sehr gute Balance, kühle Holzwürze im Nachhall. Bis 2005.

14.09.2001	81 Punkte

2000 Dornfelder QbA Trocken
Stetten Mönchberg 0,75 € 4,35 12,5
AP 90302201
Mattes Purpur-Granat mit leichter Aufhellung. Kühler, zart holzwürziger Duft von Kirschen und schwarzen Beeren. Saftige, reintönige Frucht mit recht feinkörnigem Tannin, sehr klare, geradlinige Textur, zartwürzig am Gaumen, nachhaltig, sehr schön zu trinken, fruchtiger Abgang. Saubere Arbeit. Bis 2003.

16.10.2001	82 Punkte

2000 Lemberger QbA Trocken
Strümpfelbach Altenberg 0,75 € 5,01 13
AP 90301901
Rubin-Granat mit Aufhellung. Geradliniger Duft von Tee, Kirschen und roten Beeren. Runde und recht saftige Frucht, nicht ganz trocken, reifes, mittelfeines Tannin, sehr süffige Art, recht kräftiger Körper, har Fett, fruchtiger Abgang. Bis 2004.

02.12.2001	82 Punkte

WÜRTTEMBERG

2000 Regent QbA Trocken
Stetten 0,75 € 4,86 % 12,5 AP 90302101
Sehr dichtes Purpur-Rubin mit minimaler Aufhellung. Leicht kräuterwürziger Duft von roten und schwarzen Beeren. Klare, saftige Frucht, sehr geradlinig, reintöniger Stil, mittelfeines, bestens eingebundenes Tannin, zartrauchige Würze am Gaumen, gute Nachhaltigkeit und Länge. Sehr sorgfältige Arbeit. Bis 2004.
30.11.2001   **84 Punkte**

2000 Riesling QbA Trocken Fass Nr. 9
Stetten 0,75 € 4,09 % 11,5 AP 90300701
Kräuterwürziger, säuerlicher Zitrusduft. Recht einfache, aber saubere und süffige Art, lebendige Säure, ganz leicht vegetabil, knapper Nachhall. Bis Ende 2001.
26.10.2001   **75 Punkte**

2000 Riesling Kabinett Trocken
Stetten Pulvermächer 0,75 € 4,86 % 12 AP 90300201
Kräuterwürziger und mineralischer Zitrusduft. Recht klare, mineralische Frucht, lebendige Säure, leicht kräuterwürzig am Gaumen, schlanke Art, gut balanciert, ordentlicher. Würziger Abgang. Bis 2002.
28.10.2001   **76 Punkte**

2000 Riesling Selection
Stetten Pulvermächer 0,75 € 9,2 % 13 AP 90300501
Floraler und leicht kräuterwürziger Apfel-Zitrusduft. Klare, sehr trockene Frucht mit feinherber Würze, lebendige, gut eingebundene Säure, recht kräftig, wieder florale Noten am Gaumen, nicht allzu nachhaltig, feinherber Abgang. Bald trinken.
07.12.2001   **77 Punkte**

2000 Spätburgunder QbA Trocken
Stetten 0,75 € 4,86 % 12,5 AP 90301801
Klares Rubin mit deutlicher Aufhellung. Kühler Duft von roten Beeren und Tee mit verhaltener Holzwürze. Klare, runde und recht saftige Frucht, feines Tannin, recht süffige Art, mittelkräftig, nicht allzu nachhaltig, ordentlicher Abgang. Bis 2002.
18.10.2001   **79 Punkte**

WEINGUT MEDINGER

Remstalkellerei

71384 Weinstadt, Kaiserstr. 13 Manfred Wipfler Heiko Schapitz 07151-69080 07151-690838 info@remstalkellerei.de www.remstalkellerei.de
Remstalkellerei-Weinpavillon: Mo.-Fr.: 9.00-18.00, Sa.: 9.00-13.00. Weinproben auf Anfrage.

1999 Portugieser QbA
Stetten 1 € 3,74 % 12 AP 00211901
Wässriges Rubin. Ganz leicht gemüsiger Sauerkirschduft. Nicht ganz trockene, etwas rustikale Frucht, moderates Tannin, einfach, aber einigermaßen süffig, ohne Länge. Bis 2002.

24.10.2001 — 75 Punkte

2000 Dornfelder QbA Trocken
0,75 € 4,09 % 13 AP 00216201
Mattes Purpur-Rubin mit Aufhellung am Rand. Säuerlicher Duft von Kirschen und schwarzen Beeren. Viel Kohlensäure, dahinter relativ saftige, ein wenig rustikale Frucht, relativ süffige Art, oberflächlich, recht kräftig, spürbarer Alkohol, ordentlicher Abgang. Bis 2003.

06.11.2001 — 77 Punkte

2000 Kerner Kabinett
Stetten Lindhälder 0,75 € 3,5 % 11,5 AP 00217701
Leicht floraler und kräuterwürziger Zitrus-Apfelduft. Klare, schlanke, zartsüße Frucht, lebendige Säure, zarte Kräuter- und Mineralwürze am Gaumen, sauberer, süffiger Stil, ordentlicher Abgang. Bis 2002.

26.10.2001 — 77 Punkte

2000 Müller-Thurgau QbA Trocken
0,75 € 4,09 % 11 AP 00216501
Leicht würziger Duft von alten sauren Äpfeln. Sehr einfache, würzige Frucht, wieder etwas an überlagerte Äpfel erinnernd, am Gaumen blass, ohne Länge. Austrinken.

24.10.2001 — 71 Punkte

2000 Regent QbA Trocken
0,75 € 4,09 % 13 AP 00216001
Sehr säuerlicher Duft von schwarzen Beeren mit Röstnoten. Recht viel Kohlensäure, runde, saftige Frucht, sehr süffige Art, etwas oberflächlich, moderates, leicht trocknendes Tannin, knapper Nachhall. Bis 2003.

26.10.2001 — 76 Punkte

2000 Riesling Auslese
Beutelsbach Altenberg 0,75 € 10,2 % 10,5 AP 00212301
Oberflächlicher, leicht floraler und kräuterwürziger Duft von gelbem Obst. Süße, etwas vegetabile Frucht, nicht ganz reife Säure, herbe Note im Hintergrund, knapper Nachhall. Bis 2003.

29.10.2001 — 70 Punkte

2000 Spätburgunder QbA
🍷 1 € 4,15 % 11,5 AP 00204801
Säuerlicher Duft von ausgekochten roten Beeren. Viel Kohlensäure, einfache, süßliche Frucht, recht süffig, leicht rustikal am Gaumen, knapper Nachhall. Bis 2002.
26.10.2001 **73 Punkte**

2000 Zweigelt QbA Trocken
🍷 0,75 € 4,09 % 13 AP 00216301
Rubin-violett mit leichter Aufhellung. Leicht säuerlicher Duft von Kirschen und roten Beeren. Etwas Kohlensäure, recht saftige Frucht, geradlinig, ein wenig rustikal am Gaumen, gute Balance, ordentlicher Abgang. Bis 2003.
07.12.2001 **76 Punkte**

WEINGUT SCHÄFER-HEINRICH

74076 Heilbronn, Im Letten 3 🍇 Familie Hieber 🍷 Andreas Hieber
☎ 07131-162454 📠 07131-165659
Öffnungszeiten: Mo.-Do.: ab 17.00, Fr.: ab 13.00, Sa.: ab 9.00 und nach Vereinbarung.

Die Weine:
Die 2000er sind ordentlich gemacht, aber größtenteils von eher einfacher Art. Aus dem 99er Sortiment ragten schon im letzten Jahr ein paar Rotweine deutlich heraus, zu denen sich mit dem Spätburgunder und der Neuzüchtung Cabernet Mitos nun zwei Weitere gesellen.

1999 Cabernet Mitos QbA Trocken
Heilbronn · Stiftsberg · 0,75 · € 7,67 · 12,5 ·
AP 29401101
Glänzendes Schwarz-Purpur. Rauchiger Duft von Eichenholz und schwarzen Beeren. Geradlinige, recht saftige Frucht, feinkörniges Tannin, relativ gut eingebundenes, rauchiges Holz, sehr gute Nachhaltigkeit am Gaumen, ein klein wenig rustikal im Hintergrund, rauchiger Abgang. Bis 2004.

| 29.10.2001 | 81 Punkte |

1999 Lemberger Spätlese Trocken
Heilbronn · Stiftsberg · 0,75 · € 15,34 · 13 ·
AP 29403100
Mattes Rubin-Granat mit leichter Aufhellung. Etwas verhaltener, holzwürziger Duft von Rauch, roten und schwarzen Beeren und Kirschen. Kühle, feinsaftige Frucht mit rauchiger Holzwürze, etwas Tee, mittelfeines, leicht trocknendes Tannin, am Gaumen spürbarer Alkohol, es fehlt etwas an Tiefe und Nachdruck, ordentlicher Abgang. Bis 2003.

| 06.11.2001 | 79 Punkte |

1999 Spätburgunder Spätlese Trocken
Heilbronn · Stiftsberg · 0,75 · € 12,78 · 12,5 ·
AP 29403200
Rubin-Granat mit deutlicher Aufhellung. Von süßer Holzwürze begleiteter Duft von roten Beeren und Cocktailkirschen. Klare, feinsaftige Frucht mit bestens eingebundener Holzwürze, zartrauchig, feinkörniges Tannin, recht geschmeidiger Stil, ordentliche Nachhaltigkeit am Gaumen, nicht allzu lang. Bis 2003.

| 01.11.2001 | 81 Punkte |

2000 Clevner QbA Trocken
Heilbronn · Stiftsberg · 0,75 · € 5,06 · 12,5 · AP 29400901
Helles Rubin-Granat mit Wasserrand. Verhaltener, leicht würziger Duft von gekochten roten Beeren. Etwas Kohlensäure, einfache, würzige Frucht, wenig Tannin, leicht rustikal am Gaumen, knapper Nachhall. Bis 2002.

| 29.10.2001 | 73 Punkte |

2000 Dornfelder QbA Trocken

Heilbronn Staufenberg 0,75 € 4,24 % 12,5
AP 29401401

Purpur mit leichter Aufhellung. Zart floraler Duft von Erdbeer- und Kirschmarmelade. Sehr an eingemachte Beeren erinnernde Frucht, etwas oberflächlich, relativ zurückhaltendes, feinstaubiges Tannin, ordentliche Nachhaltigkeit am Gaumen, marmeladiger Abgang. Bis 2003.

06.11.2001 **79 Punkte**

2000 Grauburgunder Kabinett Trocken

Erlenbach Kayberg 0,75 € 4,4 % 11 AP 29402901

Würziger, ganz leicht vegetabiler Apfel-Zitrusduft. Schlanke, leicht würzige Frucht, einfache Art, eingebundene Säure, am Gaumen Noten von mehligen Äpfeln, sonst jedoch eher blass, sehr knapper Abgang. Bis 2002.

24.10.2001 **74 Punkte**

2000 Lemberger QbA Trocken

Heilbronn Stiftsberg 0,75 € 4,76 % 13 AP 29400601

Mattes Rubin-Granat mit Aufhellung. Kühler, zart rauchiger und holzwürziger Kirschduft. Klare, recht saftige Frucht, noch ein wenig Kohlensäure, kräftig und relativ fest strukturiert, mittelfeines Tannin, rauchige und leicht röstige Noten am Gaumen, etwas herber, trocknender Stil, ordentliche Nachhaltigkeit und Länge. Bis 2003.

26.10.2001 **76 Punkte**

2000 Riesling Spätlese Trocken

Heilbronn Stiftsberg 0,75 € 7,06 % 12,5 AP 29400801

Verhaltener, zart kräuterwürziger und mineralischer Apfel-Pfirsichduft. Klare, einfache Frucht, harmonische Säure, sauber, aber recht banal, ohne Länge. Bis Ende 2001.

28.10.2001 **76 Punkte**

2000 Spätburgunder QbA Trocken

Heilbronn Stiftsberg 0,75 € 7,67 % 12,5
AP 29401301

Sehr helles Rubin-Granat mit Wasserrand. Recht dünner Kaffeeduft mit Noten von roten Beeren. Runde, zartsaftige Frucht, viel süßes Holz, recht feines Tannin, gewisses Fett am Gaumen, eine Spur rustikal, dennoch gute gemacht, ordentlicher Abgang. Bis 2002.

26.10.2001 **76 Punkte**

Weingut Schäfer-Heinrich

WEINGUT SONNENHOF - BEZNER-FISCHER

71665 VAIHINGEN-GÜNDELBACH, SONNENHOF 2   ALBRECHT & CHARLOTTE FISCHER   MATTHIAS WEBER   07042-81888-0   07042-81888-6   INFO@WEINGUTSONNENHOF.DE   WWW.WEINGUTSONNENHOF.DE   HADES, DEUTSCHES BARRIQUEFORUM
ÖFFNUNGSZEITEN: MO.-FR.: 8.00-12.00 UND 13.00-18.00, SA.: 9.00-12.00 UND 13.00-17.00.

Die Weine sind hier in der Regel recht gut zu trinken, aber zumeist von einfacher Art.

1999 LEMBERGER QbA HALBTROCKEN
HOHENHASLACH   KIRCHBERG   0,75   € 5,11   % 11,5   AP 6654100
Säuerlicher Duft von Kirschen und roten Beeren. Einfache, herbwürzige Frucht, leicht süß, staubiges Tannin, rustikale Note am Gaumen, metallische Note, knapper Nachhall. Bis 2002.
27.09.2001   73 Punkte

1999 RIESLING QbA TROCKEN
GÜNDELBACH   WACHTKOPF   0,75   € 4,4   % 12   AP 6654600
Reifer Zitrus-Pfirsichduft mit leichter Petrolnote. Klare, trockene Frucht, leicht würzig, bestens eingebundene Säure, wirkt reif, zarte Kräuter- und Mineralnoten am Gaumen, ordentlicher Abgang. Bis Ende 2001.
24.10.2001   78 Punkte

1999 RIESLING QbA HALBTROCKEN
GÜNDELBACH   WACHTKOPF   0,75   € 4,4   % 11   AP 6657399
Zurückhaltender, reifer Apfel-Zitrusduft mit leichtem Petrolaroma. Schlanke, weiche, süßliche Frucht, moderate Säure, eher einfach, aber sauber und süffig. Bis Ende 2001.
24.10.2001   77 Punkte

1999 SPÄTBURGUNDER KABINETT TROCKEN
GÜNDELBACH   WACHTKOPF   0,75   € 6,14   % 11,5   AP 6651000
Glänzendes Rubin-Granat mit deutlicher Aufhellung. Würziger, ganz leicht verwaschener Duft von eingemachten Zwetschgen und roten Beeren. Runde, feinsaftige Frucht, kaum Tannin, leicht rustikale Würze am Gaumen, gute Balance, süffige Art, ordentlicher Abgang. Bis 2002.
21.08.2001   78 Punkte

2000 CHARDONNAY SPÄTLESE
GÜNDELBACH   WACHTKOPF   0,75   € 7,16   % 9,5   AP 6651301
Duft von Birnen und Äpfeln mit zart floralen und kräuterwürzigen Noten. Süße und recht saftige Frucht, rund und süffig, eher einfache Art, zurückhaltende Säure, am Gaumen mit vegetabiler Würze, ordentlicher Abgang. Bis 2002.
26.10.2001   78 Punkte

2000 Lemberger QbA Trocken
Hohenhaslach Stromberg 1 € 4,29 % 12,5 AP 6654501
Glänzendes Kirsch-Rubin mit Aufhellung. Verwaschener, säuerlicher Duft von roten Beeren. Etwas vordergründige, aber recht klare, kühle Frucht, zurückhaltendes Tannin, sauber gemacht und sehr süffig, gute Balance, fruchtiger Abgang. Bis 2002.

26.10.2001   75 Punkte

2000 Müller-Thurgau Spätlese
Gündelbach Wachtkopf 0,75 € 6,14 % 11 AP 6652301
Süßlicher Duft von eingekochten gelben Früchten. Einfache, süße Frucht, leicht würzig, harmonische Säure, am Gaumen recht belanglos, blasser Abgang. Bis Ende 2001.

26.10.2001   75 Punkte

2000 Regent Kabinett
Gündelbach Wachtkopf 0,75 € 6,65 % 10 AP 6651501
Mattes Purpur-Granat mit leichter Aufhellung. Verhaltener, etwas blecherner Duft von schwarzen Beeren mit Röstaromen und einer etwas dumpfen Note. Einfache, süße Frucht, mittelfeines Tannin, zartsäuerliche Note am Gaumen, insgesamt recht süffig, aber belanglos. Bis 2003.

26.10.2001   74 Punkte

2000 Riesling Spätlese Trocken
Gündelbach Wachtkopf 0,75 € 6,75 % 11 AP 6652201
Einfacher, etwas oberflächlicher Apfel-Pfirsichduft. Zartsaftige, vordergründige Frucht, moderate Säure, am Gaumen blass, ohne Länge. Bis Ende 2001.

28.10.2001   73 Punkte

2000 Trollinger Roséwein QbA Halbtrocken
0,75 € 4,96 % 12 AP 6651401
Glänzendes Rosa-Orange. Zurückhaltende, aber sehr klare rotbeerige Nase. Feinsaftige, geradlinige Frucht, leicht süß, feine, harmonische Säure, würzige Note am Gaumen, sehr gute Balance, ausgesprochen süffiger Stil, guter Abgang. Bis 2002.

24.10.2001   79 Punkte

Weingut Sonnenhof - Bezner-Fischer

WEINGUT DER STADT STUTTGART

70323 STUTTGART, DOROTHEENSTR. 2   STADT STUTTGART   AMT FÜR LIEGENSCHAFTEN UND WOHNEN   ANTON BEISSEL & HEINRICH KREMSNER   BERNHARD NANZ   0711-2167140   0711-2167683   WEINGUT@STUTTGART.DE   WWW.STUTTGART.DE
ÖFFNUNGSZEITEN: MO.-FR.: 13.00-17.00, SA.: 9.00-12.00. (EINZELHEITEN LAUT ANLAGE).

DIE WEINE:
Die 2000er sind erkennbar sorgfältig gemacht, aber jahrgangsbedingt im Großen und Ganzen von recht einfacher Art.

1999 QbA TROCKEN
STUTTGART 1 € 4,09 % 12 2342600
Sehr helles, glänzendes Rubin mit Wasserrand. Klarer, etwas oberflächlicher, rotbeeriger Duft. Klare, süffige Frucht, sehr sauber mit guter Säure und moderatem Tannin, beste Balance, zartfruchtiger Nachhall. Zum wegtrinken. Bis 2002.

19.09.2001   79 Punkte

2000 SCHILLERWEIN QbA TROCKEN
STUTTGART 1 € 4,09 % 11,5 2342900
Glänzendes Orange bis Kupfer. Süßlicher Duft von gekochten roten Beeren und Zwetschgen mit Pfirsichnoten. Rund und süffig, leicht würzig, einfache Art, moderate Säure, knapper Abgang. Bis Ende 2001.

18.09.2001   75 Punkte

2000 LEMBERGER KABINETT TROCKEN
STUTTGART   MÖNCHHALDE 0,75 € 6,65 % 11 2341201
Mattes Rubin-Granat mit Aufhellung. Herber, zartwürziger Kirschduft. Klare, ordentlich saftige Frucht, mittelfeines Tannin, etwas rustikal am Gaumen, dennoch sauber und gut zu trinken, knapper Nachhall. Bis 2002.

19.09.2001   77 Punkte

2000 RIESLING SPÄTLESE TROCKEN
STUTTGART   MÖNCHHALDE 0,75 € 7,16 % 12,5 2340501
Oberflächlicher Duft von Äpfeln und etwas Wachs mit Kräuterteearomen. Recht saftige, aber auch parfümiert wirkende Frucht, florale und vegetabile Noten, präsente Säure, sehr blumig und leicht medizinal am Gaumen, ohne Länge. Bis Ende 2001.

28.10.2001   74 Punkte

2000 SPÄTBURGUNDER KABINETT TROCKEN
STUTTGART   MÖNCHHALDE 0,75 € 6,14 % 12 2340101
Sehr helles Granat mit Wasserrand. Oberflächlicher, säuerlicher Duft von roten Beeren. Weiche, sehr einfache Frucht, kaum Tannin, etwas rustikaler Touch, einigermaßen süffige Art, knapper Nachhall. Bis 2002.

02.10.2001   73 Punkte

2000 Traminer Kabinett

⌂ Cannstatt 🍇 Halde 🍾 0,75 € 5,62 % 11,5 AP 2340601

Verhaltener, floraler und vegetabiler Duft von gelben Früchten und etwas Honig. Recht klare, feinsaftige Frucht mit harmonischer Süße und guter Säure, zart floral und kräuterwürzig, sehr süffige Art, gute Balance, fruchtiger Abgang. Bis 2002.

26.09.2001   77 **Punkte**

2000 Trollinger Kabinett Trocken

⌂ Stuttgart 🍇 Mönchhalde 🍾 0,75 € 6,14 % 11,5 AP 2340301

Sehr helles Rubin-Granat mit Wasserrand. Einfacher, etwas verwaschener Duft von roten Beeren. Weiche, einfache Frucht, leicht würzig, süffige Art, wieder etwas verwaschen wirkend, am Gaumen eher blass, ohne Länge. Bis Ende 2001.

19.09.2001   73 **Punkte**

2000 Trollinger Spätlese Trocken

⌂ Stuttgart 🍇 Weinsteige 🍾 0,75 € 9,2 % 12 AP 234701

Sehr helles Granat-Orange mit Wasserrand. Zurückhaltende, etwas verwaschene und dumpfe Nase von roten Beeren. Zartsaftige Frucht mit speckiger Würze, recht lebendige Säure, auch am Gaumen Würzig, knapper Nachhall. Bis 2002.

19.09.2001   74 **Punkte**

Weingärtnergenossenschaft Untertürkheim

70327 Stuttgart, Strümpfelbacher Str. 47 Otto Schaal Günter Hübner 0711-3363810 0711-33638124 wg-untertuerkheim@t-online.de www.wwg.de
Öffnungszeiten: Mo.-Fr.: 8.00-18.00, Sa.: 8.00-12.00.

Die Weine:
Die Bewertungen dieses Jahrgangs zeigen ein recht homogenes Bild. Die Untertürkheimer Weine sind in aller Regel sauber gemacht und gut zum anspruchslosen Zechen geeignet. Die schwachen Leistungen halten sich sehr in Grenzen, dafür gibt es jedoch auch keine echten Highlights, wenngleich die edelsüßen Weine in der Regel ziemlich gut ausfallen.

1999 Dornfelder QbA Trocken
Untertürkheim 0,75 € 5,81 % 13 4100901
Glänzendes Purpur, fast schwarz im Kern. Herber, säuerlicher Duft mit Noten von Kirschen und schwarzen Beeren, sowie zartrauchiger Würze. Recht klare und saftige Frucht, zart holzwürzig, zurückhaltendes Tannin, relativ kräftiger Körper, nachhaltig am Gaumen, ausgezeichnete Balance, kühl-fruchtiger Nachhall. Wäre mit einem klareren und weniger säuerlichen Duft noch besser. Bis 2003.

09.05.2001 **76 Punkte**

1999 Kerner Beerenauslese
Untertürkheim 0,375 € 17,79 % 8,5 4106100
Lebendiger Grapefruit-Ananas-Duft. Reintönige, süße Frucht, saftig, feine Säure, zarte Honigwürze am Gaumen, etwas Vanille im Hintergrund, schön zu trinken, zuckrig-fruchtiger Nachhall. Bis 2006.

08.05.2001 **84 Punkte**

1999 Riesling Eiswein -62-
Untertürkheim 0,375 € 25,56 % 8 4106200
Dichte, süß-saure Nase von kandierten Zitrusfrüchten und Ananas mit Noten von Mixed Pickles, Schnittlauch und etwas Lack. Cremige, sehr süße Frucht, reintönig, rassige Säure, Zitrus- Ananas- und Honigaromen am Gaumen, nachhaltig, sehr gute Balance, klarer, saftig-süßer Nachhall mit zarten Lacknoten. Bis 2015.

08.05.2001 **86 Punkte**

1999 Riesling Eiswein -63-
Untertürkheim 0,375 € 25,56 % 8,5 4106300
Feinwürziger Duft von Lack, kandierten Pfirsich und Zitronen, etwas Kräutern, Schnittlauch und einer Spur grünem Gemüse, ganz im Hintergrund auch eine zart rauchige Eichenholzwürze. Süße, saftige Pfirsich-Aprikosenduft, rassige Säure, feine Holzwürze, ziemlich feste und zugleich cremige Struktur, ausgesprochen nachhaltig am Gaumen, beste Balance, lang. Bis 2020.

08.05.2001 **88 Punkte**

WÜRTTEMBERG

1999 Spätburgunder Spätlese Trocken
Untertürkheim　0,75　€ 7,41　% 13,5　AP 4108400
Helles Granat-Braun mit Wasserrand. Sehr verhaltene, säuerlich-würzige Nase. Weiche Ansprache, spürbares Fett, aber leider nur wenig Frucht, glyzerinsüß, leicht oxydative Note, Alkohol deutlich spürbar, süßliches Holzaroma am Gaumen, ordentliche Balance, kurz. Bald trinken.

12.04.2001　　　　　　　　　　　　　　　　　　　　　70 Punkte

1999 Trollinger QbA Trocken
Untertürkheim　Mönchberg　0,75　€ 4,33　% 12　AP 4104300
Sehr helles Granat-Rubin mit Wasserrand. Leicht verwaschene, zartwürzige Nase von roten Beeren und Zwetschgen. Klare, zartsaftige Frucht, leicht würzig, feines Tannin im Hintergrund, recht gut gemacht und angenehm zu trinken, ordentlicher Abgang. Bis Ende 2001.

09.05.2001　　　　　　　　　　　　　　　　　　　　　76 Punkte

1999 Trollinger QbA Trocken
Untertürkheim　0,75　€ 8,6　% 12,5　AP 4105600
Glänzendes Kirschrot mit Wasserrand. Herber, säuerlich-grasiger Duft von roten Beeren. Würzige, fast etwas rauchige Frucht, relativ kräftiger Körper, herbe Art mit feinsandigem Tannin im Hintergrund, gute Nachhaltigkeit am Gaumen, passabler Abgang. Bis 2002.

09.05.2001　　　　　　　　　　　　　　　　　　　　　73 Punkte

1999 Trollinger QbA
Untertürkheim　Altenberg　0,75　€ 4,45　% 11,5　AP 4104400
Klares, glänzendes Granat-Rubin mit Wasserrand. Verhaltener, etwas säuerlicher Duft mit Noten von roten Beeren. Schlanke, zurückhaltende Frucht, eine Spur restsüß, feines Tannin im Hintergrund, ordentliche Struktur und Nachhaltigkeit am Gaumen, gute Balance, würziger, nicht sehr langer Nachhall. Bis 2002.

09.05.2001　　　　　　　　　　　　　　　　　　　　　73 Punkte

Staatsweingut Weinsberg

74189 Weinsberg, Traubenplatz 5   Land Baden-Württemberg
Direktor Günter Bäder   07134-50467   07134-50468
staatsweingut@lvwo.bwl.de   www.info-dienst.bwl.de/la/lvwo/lvwo_01.htm   () VDP
Öffnungszeiten: Mo.-Fr.: 9.00-17.00.

Die Weine:
Das Staatsweingut bringt immer wieder sehr gute Weine hervor, wenn es auch noch ein wenig an Konstanz mangelt.

1999 Clevner QbA Trocken
0,75   % 14   AP 24002601
Granat mit deutlicher Aufhellung. Stark holzwürziger Duft von gekochten roten Beeren und Zwetschgen. Weiche, recht oberflächliche Frucht mit säuerlicher Note, betonte Holzwürze, leicht trocknendes Tannin, kräftiger Alkohol, ordentlicher Abgang. Bis 2003.

| 07.12.2001 | 75 Punkte |

1999 Grauburgunder QbA Trocken
0,75   % 13   AP 24003900
Holzwürziger Duft von reifen Äpfeln und Melonen. Klare, weiche und geradlinige Frucht mit eingebundener Holzwürze, feingliedrige Säure, sehr kräftiger Körper, zartrauchig am Gaumen, sorgfältig gemacht, könnte lediglich etwas nachhaltiger sein. Bis 2003.

| 07.12.2001 | 82 Punkte |

1999 Riesling Spätlese Trocken
0,75   % 12,5   AP 24002700
Reifer, leicht floraler Pfirsich-Apfelduft. Klare, geradlinige Frucht, feinherbe mineralische Würze, lebendige Säure, griffig am Gaumen, recht kräftiger Körper, gute Balance, mineralischer und zartfruchtiger Nachhall. Bis 2002.

| 07.12.2001 | 80 Punkte |

1999 Spätburgunder QbA Trocken
0,75   % 13   AP 24002801
Glänzendes Granat mit Aufhellung. Holzwürziger, leicht säuerlicher Duft von Kirschen, Zwetschgen, roten Beeren und etwas Bitterschokolade. Ordentlich saftige, aber etwas oberflächliche Frucht, sehr viel Holz, rustikale Note am Gaumen, kräftig, mit deutlichem Alkohol, trocknendes Tannin, herbe Holzwürze im Abgang. Bis 2004.

| 29.11.2001 | 78 Punkte |

2000 Chardonnay QbA Trocken
0,75   % 13,5   AP 24004901
Stark Holzwürziger Duft. Klare, geradlinige Frucht, nicht sehr dicht, deutliches Eichenholzaroma, Zitrusnoten am Gaumen, eingebundene, feine Säure, nicht sehr nachhaltig, rauchiger Abgang. Bis 2003.

| 07.12.2001 | 78 Punkte |

2000 Kerner QbA Trocken Justinus K.
🍷 0,75 % 13,5 AP 24001901
Zart floraler Duft von Apfeldrops und einer Spur Lakritz. Einfache, herb-würzige Frucht, harmonische Säure, sehr kräftiger Körper mit spürbarem Alkohol, am Gaumen etwas blass, knapper Nachhall. Bis 2002.

07.12.2001 75 Punkte

2000 Lemberger QbA Trocken -S-
🍷 0,75 % 13 AP 24005101
Recht dichtes Rubin-Purpur mit minimaler Aufhellung. Leicht säuerlicher Duft von Kirschen und roten Beeren mit zartrauchiger Würze. Ziemlich saftige und vollmundige Frucht, gute Säure, wieder eine Spur rauchig am Gaumen, recht feinkörniges Tannin, gute Nachhaltigkeit, sehr harmonisch, fruchtiger Abgang. Sehr sorgfältige Arbeit. Bis 2004.

02.12.2001 81 Punkte

2000 Weissburgunder QbA Trocken Burg Wildeck
🍷 0,75 % 10 AP 24001701
Weicher Duft von mehligen Äpfeln und weißem Gemüse. Einfache, würzige Frucht, leicht laktisch, lebendige Säure, etwas mager am Gaumen, knapper Nachhall. Jung trinken.

28.11.2001 76 Punkte

WEINGUT ZIMMERLE

71404 Korb, Kirchstr. 14　　Friedrich Zimmerle　　Siegfried Wilhelm　　07151-33893　　07151-37422

Die Weine:
Die 2000er sind jahrgangsbedingt häufig etwas einfach ausgefallen, aber durchweg sorgfältig bereitet. Überragt wird das Sortiment von einem konzentrierten und karamellwürzigen Eiswein. Unter den nachgereichten 99ern finden sich eine sehr harmonische Rotweincuvée und zwei ausgesprochen kräftige Sekte.

1999 QbA Trilogie
0,75　€ 18,41　% 12,5　AP 77603400

Schönes Rubin-Granat mit leichter Aufhellung. Holzwürziger Duft von Zwetschgen, sowie roten und schwarzen Beeren. Klare, recht saftige Frucht, vollmundig, dabei jedoch eher kühl im Stil, zurückhaltendes, feinsandiges Tannin, sehr angenehme Aromatik, moderate Holzwürze am Gaumen, nachhaltig, beste Balance, recht langer, fruchtiger Nachhall. Sehr sorgfältige Arbeit. Bis 2005.

17.05.2001	85 Punkte

1999 Chardonnay Schaumwein Sekt b.A. Brut
Korb　Sommerhalde　0,75　€ 11,2　% 13　AP 22213000

Klares Gelb mit wenig anhaltender Perlage. Zurückhaltender, würziger Duft von eingemachten und angetrockneten Äpfeln. Trockene, hefig-würzige Frucht, fülliger Stil mit zurückhaltendem Mousseux, Holzaromen am Gaumen, recht gute Nachhaltigkeit, ungewöhnlich kräftiger Körper, sehr würziger Abgang. Ziemliches Kaliber für einen Sekt. Fans dieses Stils bewerten den Wein sicher höher. Bis 2002.

02.10.2001	81 Punkte

1999 Gewürztraminer Schaumwein Sekt b.A. Trocken
Korb　Steingrüble　0,75　€ 11,76　% 13,5　AP 77613400

Sattes, glänzendes Gelb mit mittelfeiner, nicht sehr anhaltender Perlage. Süßer Duft von eingekochten tropischen Früchten und einer Spur Honig mit floraler Note. Runde, süßlich-würzige Frucht, kaum Kohlensäure, etwas Eichenholz im Hintergrund, sehr kräftig, gute Nachhaltigkeit am Gaumen, hat mehr von einer halbtrockenen Auslese, als von einem Sekt, gute Länge. Bis 2005 (sofern einen nicht stört, dass die Kohlensäure dann ganz verschwunden ist).

02.10.2001	83 Punkte

1999 Samtrot Auslese
0,75　€ 16,87　% 13　AP 77603600

Mattes Granat-Rubin mit Aufhellung. Reifer, leicht holzwürziger Duft mit Noten von Zwetschgen und roten Beeren. Runde, würzige Frucht, eingebundenes Holz, zart rauchig, recht feines Tannin, kräftiger Körper, ausgewogen, rauchig-würziger Nachhall. Bis 2003.

31.07.2001	81 Punkte

WÜRTTEMBERG

2000 QbA Trocken Korbinian
🍾 0,75 € 4,55 % 12 AP 77602201
Durchscheinendes Rubin-Granat mit Wasserrand. Säuerlicher, etwas bonbonhafter Duft von roten Beeren. Auch im Mund bonbonhafte Frucht, rustikale Würze, recht moderates Tannin, oberflächliche Art, ohne Länge. Bis 2002.

31.07.2001 **74 Punkte**

2000 Dornfelder QbA Trocken
🍾 0,75 € 7,31 % 12 AP 77600801
Klares Rubin-Purpur mit leichter Aufhellung. Einfacher, würziger Duft von roten Beeren und etwas Suppengemüse. Oberflächliche Frucht, moderates Tannin und gute Säure, recht süffig, passabler Abgang. Bis 2002.

29.06.2001 **74 Punkte**

2000 Gewürztraminer Auslese
Korb Sommerhalde 🍾 0,5 € 7,31 % 12 AP 77601801
Verhaltener, leicht floraler Duft mit Noten von tropischen Früchten. Einigermaßen saftige Frucht, herb-süßer Stil, lebendige Säure, leicht würzig am Gaumen, mittlerer Körper, gute Balance, ordentlicher Abgang. Bis 2002.

31.07.2001 **78 Punkte**

2000 Riesling Auslese
Kleinheppach Steingrüble 🍾 0,5 € 8,23 % 12,5 AP 77601901
Etwas angestrengt wirkender Duft von Zitrusfrüchten, Pfirsichen und Kräutern. Recht saftige, süße Frucht, schöne Säure, am Gaumen eine Spur Lakritz, herbe Note im Hintergrund, ordentlicher Abgang. Bis 2002.

31.07.2001 **78 Punkte**

2000 Riesling Eiswein
Korb Steingrüble 🍾 0,375 € 28,63 % 9,5 AP 77602001
Weicher Pfirsich-Aprikosenduft mit feinen Zitrus- und Kräuteraromen. Cremige, süße Frucht, konzentriert, feine und doch lebendige Säure, Karamellaroma am Gaumen, schöne Fruchttiefe, ausgesprochen nachhaltig, beste Balance, sehr lang. Bis 2020.

25.07.2001 **89 Punkte**

2000 Samtrot Spätlese
🍾 0,75 € 9,51 % 12 AP 77602301
Glänzendes Granat-Rubin mit Wasserrand. Etwas oberflächlicher, würziger Duft von roten Beeren, Früchtetee und getrockneten Blüten. Einfache, weiche, süßliche Frucht, rustikale Würze, zurückhaltendes Tannin, vordergründige Art, ordentlicher Abgang. Bis 2002.

31.07.2001 **76 Punkte**

2000 Spätburgunder Kabinett Trocken
🍾 0,75 € 6,54 % 12 AP 77600701
Klares Rubin mit deutlicher Aufhellung. Zartwürziger, etwas säuerlicher Duft von roten Beeren und Zwetschgen. Saftig-würzige Frucht, mittelfeines Tannin, gute Fruchtsüße, etwas rustikale Note am Gaumen, gute Balance, schön zu trinken, ordentlicher Abgang. Bis 2003.

10.07.2001 **79 Punkte**

WEINGUT ZIMMERLE

2000 Zweigelt QbA Trocken
0,75   € 6,08   % 12   AP 77600601

Glänzendes Rubin-Violett mit leichter Aufhellung. Klarer Duft von kleinen roten und schwarzen Beeren. Recht saftige Frucht mit leicht rustikaler Würze, mittelfeines Tannin, relativ kräftig, gute Balance, würziger Nachhall. Bis 2004.

31.07.2001   **80 Punkte**

WEITERE ERZEUGERADRESSEN

WEINGUT ALBRECHT-KIESSLING
74076 HEILBRONN, IM BREITENLOCH 37   07131-178947

WEINGUT WALTER ALBRECHT
74076 HEILBRONN, KÜBELSTR. 44   07131-72754

WEINGÄRTNERGENOSSENSCHAFT BAD CANNSTADT EG
70376 STUTTGART, ROMMELSTR. 20   0711-542266   0711-557291

WEINGUT ALBIN BAUER
74172 NECKARSULM, SCHLOSSGASSE 8   07132-5380

WEINGUT DR. BAUMANN - SCHLOSSAFFALTRACH
74182 OBERSULM, AM ORDENSCHLOSS 15-21   07130-557   07130-9365

WEINGUT JOSEF BENDER
74189 WEINSBERG, TROLLINGERSTR. 4   07134-3425

GRÄFLICH V. BENTZEL-STURMFEDER'SCHES WEINGUT
74360 ILSFELD, STURMFEDERSTR. 4   GRÄFIN V. BENTZEL-STURMFEDER   HERMANN BLANKENHORN   07133-960894   07133-960895   WEINGUT@STURMFEDER.DE
VDP
ÖFFNUNGSZEITEN: TÄGLICH 9.00-18.00.

WEINGUT BERTHOLD
74172 NECKARSULM, REUTWEG 4   HERMANN BERTHOLD   07132-37117   07132-37488   WEINGUT-BERTHOLD@T-ONLINE.DE
NACH VEREINBARUNG. WEINPROBEN UND WEINWANDERPROBEN AB 20 PERSONEN. BESEN-WIRTSCHAFT FÜR GESELLSCHAFTEN AB 30 PERSONEN. WEINVERKAUF: WOCHENTAGS AB 17.00 UND SAMSTAG VON 8.00 BIS 13.00

WEINGUT BEURER
71394 KERNEN-STETTEN, LANGESTRASS 67   SIEGFRIED UND JOCHEN BEURER   JOCHEN BEURER   07151-42190   07151-42190   INFO@WEINGUT-BEURER.DE
WWW.WEINGUT-BEURER.DE
ÖFFNUNGSZEITEN: FREITAG: 17.00-19.00; SAMSTAG: 9.00-13.00 UND NACH TELEFONISCHER VEREINBARUNG.

WEINBAU/WEINKELLEREI KARL BINNING
74229 OEDHEIM, NEUENSTÄDTER STR. 9/2   07136-20304

BOTTWARTALKELLEREI EG
71723 GROSSBOTTWAR, OBERSTENFELDER STR. 80   07148-96000   07148-960050

WEINGUT HERBERT BRUKER
71723 GROSSBOTTWAR, KLEINASPACHER STR. 18   07148-8063   07148-6190

WEINGÄRTNER CLEEBRONN-GÜGLINGEN EG
74389 CLEEBRONN, RANSPACHER STR. 1   01735-98030

WEINGUT ERNST DAUTEL
74357 BÖNNIGHEIM, LAUERWEG 55   ERNST DAUTEL   07143-870326   07143-870327   INFO@WEINGUT-DAUTEL.DE   VDP

WEINGUT DIEHL
70327 STUTTGART,   0711-334051   0711-339858

WÜRTTEMBERG

Weingut Drautz-Able
74076 Heilbronn, Faißstr. 23   . ☏ 07131-177908 07131-941239 ◯ VDP

Weinbau Heinz Drautz
74078 Heilbronn, Rainlessstr. 14 ☏ 07131-45132 07131-45132

Weingärtnergenossenschaft Dürrenzimmern-Stockheim eG
74336 Brackenheim, Meimsheimer Str. 11 ☏ 07135-95150 07135-951539

Weingut Uwe Eisele
74394 Hessigheim, Mittelgasse 1 ☏ 07143-59901

Weingut Bernhard Ellwanger
71384 Weinstadt, Rebenstr. 9   Bernhard Ellwanger Bernhard & Sven Ellwanger ☏ 07151-62131 07151-603209
Öffnungszeiten: Montag, Donnerstag und Freitag: 16.00 - 18.30; Samstag: 9.30 - 12.30

Weingut Jürgen Ellwanger
73650 Winterbach, Bachstr. 21 ☏ 07181-44525 07181-46128 ◯ VDP

Weingärtnergenossenschaft Eschenau eG
74182 Obersulm, Schloßstr. 9 ☏ 07130-8096

Weingut Wolfgang Faschian
74394 Hessigheim, Fritz-Präuner-Str. 15   Wolfgang Faschian Karsten Faschian ☏ 07143-5179 07143-50605 verkauf@weingut-faschian.de www.weingut-faschian.de
Öffnungszeiten: Di.-Sa.: ab 10.00 und nach Vereinbarung.

Weingut Andreas Fischer
74076 Heilbronn, Kleiner Stiftsberg 2   Andreas Fischer Andreas Fischer Ralph Obenland & Andreas Fischer ☏ 07131-179763 07131-175170 af@weingut-fischer.de www.weingut-fischer.de
Weinstube geöffnet von 16-26.11.2000 und 11-21.01.2001. Auch für Gesellschaften geöffnet möglich. Öffnungszeiten täglich von 8.00-18.00 nach telef. Anmeldung.

Weingärtner Flein-Talheim eG
74223 Flein, Römerstr. 14 Herr Hönnige Dipl.-Wirt.-Ing. (FH) Reinhold Fritz ☏ 07131-59520 07131-595250 flein.talheim@t-online.de www.wg-flein-talheim.de ◯ DPW
Öffnungszeiten: Mo.-Fr.: 8.00-12.00 und 13.00-17.00, Do.: 8.00-18.00, Sa.: 8.00-13.00.

Weingärtnergenossenschaft Grantschen eG
74189 Weinsberg-Grantschen, Wimmentaler Str. 36 Herr Herold Herr Bolsinger ☏ 07134-98020 07134-980222 info@grantschen.de www.grantschen.de
Verkauf Ansprechpartner: Herr Dämon. Öffnungszeiten: Montag-Freitag: 9.00-17.00 Uhr, Samstag: 9.00-12.30 Uhr

Weingut Theo Haberkern
74235 Erlenbach, Friedenstr. 26 ☏ 07132-6241

Weingut Karl Haidle
71394 Kernen, Hindenburgstr. 21   Hans Haidle ☏ 07151-949110 07151-46313 info@weingut-karl-haidle.de www.weingut-karl-haidle.de ◯ VDP

Weingut Paul Häußermann
70734 Fellbach, Vordere Str. 21 ☏ 0711-581168 0711-581892

WÜRTTEMBERG

HEUCHELBERG-KELLEREI EG WEINGÄRTNERGENOSSENSCHAFT
74193 SCHWAIGERN, NEIPPERGER STR. 25 07138-97020 07138-970250

WEINGUT UND SCHLOSSKELLEREI FÜRST ZU HOHENLOHE OEHRINGEN
74613 ÖHRINGEN, IM SCHLOSS FÜRST KRAFT ZU HOHENLOHE-OEHRINGEN SIEGFRIED RÖLL SIEGFRIED RÖLL & JUSTIN KIRCHER 07941-94910 07941-37349 WEINGUT@VERRENBERG.DE WWW.VERRENBERG.DE VDP
ÖFFNUNGSZEITEN: MO.-FR.: 8.00-12.00 UND 13.00-17.00, SA.: 9.00-12.00

WEINKELLEREI HOHENLOHE EG
74626 BRETZFELD, 07946-91100 07946-911050

KOCHERTALKELLEREI EG
74653 INGELFINGEN, MÜHLSTR. 13 07940-6068

WEINBAU THEODOR KURRLE
70327 STUTTGART, BEUTTERSTR. 7 0711-333638

WEINGÄRTNERGENOSSENSCHAFT LAUFFEN EG
74348 LAUFFEN, IM BRÜHL 48 07133-1850 07133-18560 DPW

WEINGÄRTNERGENOSSENSCHAFT LEHRENSTEINSFELD EG
74251 LEHRENSTEINSFELD, SCHLOSSTR. 29 164 MITGLIEDER THOMAS RIEDEL, VORSTANDSVORSITZENDER HANS HÄFELE MARTIN OHEIM 07134-15197 07134-10482 WWW.WEIN.COM
ÖFFNUNGSZEITEN: MO.-FR.: 8.00-12.00 UND 13.00-17.00. SA.: 9.00-13.00.

WINZERGENOSSENSCHAFT LÖWENSTEIN EG
74245 LÖWENSTEIN, REISACHER STR. 5 07130-461200 07130-3266 DPW

WEINGÄRTNERGENOSSENSCHAFT MUNDELSHEIM EG
74395 MUNDELSHEIM, HEINRICH-MAULICK-STR. 24 07143-81550 07143-815521

WEINGÄRTNERGENOSSENSCHAFT NECKARSULM-GUNDELSHEIM EG
74172 NECKARSULM, URBANSTR. 15-21 07132-6319 07132-6875 WWW.VINOTOLL.DE

WEINGUT DES GRAFEN NEIPPERG
74193 SCHWAIGERN, SCHLOSSTR.12 ERBGRAF ZU NEIPPERG BERND SUPP 07138-941400 07138-4007 NEIPPERG@T-ONLINE.DE VDP
ÖFFNUNGSZEITEN: MO.-FR.: 8.00-11.30 UND 13.00-16.00, SA.: 9,00-11.30.

WINZERGENOSSENSCHAFT NIEDERNHALL EG
74676 NIEDERNHALL, KELTERGASSE 5 07940-8427

WEINGUT ORTLIEB
71229 LEONBERG, HINDENBURGSTR. 5 07152-47387 07152-47387

WEINGÄRTNERGENOSSENSCHAFT ROSSWAG-MÜHLHAUSEN EG
71665 VAIHINGEN, MANFRED-BEHR-STR. 34 07042-2950

WEINGÄRTNERGENOSSENSCHAFT ROTENBERG EG
70327 STUTTGART, WÜRTTEMBERGSTR. 230 0711-337610

WEINGUT HANS-JÜRGEN SCHMIDT
74245 LÖWENSTEIN, LICHTENSTERNER STR. 16 07130-8885

WEINKELLEREI SCHNABEL
71404 KORB, SÜDSTR. 2 07151-32919

WEINGUT RAINER SCHNAITMANN
70734 Fellbach, Untertürkheimer Str. 4   Rainer Schnaitmann   Rainer Schnaitmann   Rainer Schnaitmann   0711-574616   0711-5780803   weingut.schnaitmann@t-online.de   www.weingut-schnaitmann.de
Öffnungszeiten: Dienstag und Freitag: 16.30-18.30; Samstag: 9.00-13.00 Uhr oder nach telef. Vereinbarung.

WEINGUT ALBRECHT SCHWEGLER
71404 Korb, Steinstr. 35   Albrecht Schwegler   07151-34895   07151-34978

WEINBAU SINGER
71404 Korb, Steinstr. 14   07151-35166

STAATLICHE LEHR- UND VERSUCHSANSTALT FÜR WEIN- UND OBSTBAU
74189 Weinsberg, Traubenplatz 5   07134-5040   07134-50433

STROMBERGKELLEREI BÖNNIGHEIM eG
74357 Bönnigheim, Cleebronner Str. 70   Abrecht Hauber   Werner Hilligardt   07143-88770   07143-25590   strombergkellerei@t-online.de   www.strombergkellerei.de
Öffnungszeiten: 8.00 - 12.00 Uhr u. 13.00 - 17.00; Samstag: 8.30 - 12.30

WEINGUT STUTZ
74074 Heilbronn, Liebigstr. 49   07131-251325   07131-251367   www.weingut-stutz.de

WEINBAU SUPP GbR
74189 Weinsberg, Weinsberger Str. 16   07134-14360

WEINGÄRTNERGENOSSENSCHAFT UHLBACH eG
70329 Stuttgart, Uhlbacher Str. 221   0711-322778

WEINGUT HERMANN UMBRICH
74360 Ilsfeld, Engelsberghöfe 3   07062-61626

WEINBAU WACHTSTETTER
74397 Pfaffenhofen, Michelbacher Str. 8   Rainer Wachtstetter   Rainer Wachtstetter   07046-329   07046-931000
Gasthaus Adler.

WEINBAU WEIBERLE
74343 Hohenhaslach, Horrheimer Str. 4   Klaus & Gustav Weiberle   Klaus Weiberle   07147-6282   07147-14886   weinbau-weiberle@t-online.de
Öffnungszeiten: Mo.-Fr.: 10.00-12.00 und 14.00-18.00; Sa.: 9.00-14.00. Zu anderen Zeiten, sowie im Oktober nach Vereinbarung.

WEINBAU RUDI WEIBLER
74626 Bretzfeld, Wengertstr. 8   07946-2287

PRIVATKELLEREI/WEINBAU ROLF WILLY
74226 Nordheim, Brackenheimer Str. 21   Rolf, Jürgen & Günter Willy   Jürgen Willy   07133-95010   07133-950119   rolf.willy@t-online.de
Öffnungszeiten: Mo.-Fr.: 8.00-12.00 und 13.00-18.30, Sa.: 8.00-14.00,

WEINGÄRTNER WILLSBACH eG
74182 Obersulm-Willsbach, Löwensteiner Str. 60   Peter Erz   Frank U. Schlagenhauf   07134-28280   07134-982829   info@weingaertner-willsbach.de   www.weingaertner-willsbach.de
Öffnungszeiten: Mo.-Fr.: 7.30-12.00 und 13.30-17.00 (Do. Bis 18.00); Sa.: 8.00-13.00. Weinproben ab 20 Personen nach Vereinbarung.

WÜRTTEMBERG

WEINGUT WÖHRWAG
70327 STUTTGART, GRUNBACHER STR. 5   HANS-PETER WÖHRWAG   HANS-PETER WÖHRWAG   0711-331662   0711-332431   HANS-PETER.WOEHRWAG@T-ONLINE.DE   VDP
ÖFFNUNGSZEITEN: MO.-FR.: 8.00-12.00 UND 16.00-18.30, SA.: 9.00-13.00. BETRIEBSFERIEN: DIE LETZTEN 2 WOCHEN DER BAWÜ-SOMMERFERIEN.

WEINGUT DES HAUSES WÜRTTEMBERG / HOFKAMMERKELLEREI
71634 LUDWIGSBURG, SCHLOSSMONREPOS   S.K.H. CARL HERZOG VON WÜRTTEMBERG   HARTMUT OTTER   BERNHARD IDLER   07141-22106270   07141-22106260   WEINGUT@HOFKAMMER.DE   WWW.HOFKAMMER.DE   VDP
ÖFFNUNGSZEITEN: MO.-FR.: 9.00-18.00.
RESTAURANT UND GUTSSCHÄNKE. SCHLOSS MONREPOS MIT SEE, GOLFPLATZ, REITANLAGEN, SCHLOSSHOTEL.

WÜRTTEMBERGISCHE WEINGÄRTNER-ZENTRALGENOSSENSCHAFT EG
71696 MÖGLINGEN, RAIFFEISENSTR. 2   07141-48660   07141-486643

WEINGUT ANDREA ZIMMERMANN
71665 VAIHINGEN, MANFRED-BEHR-STR. 121   07042-22226

Weinforum
Eine große Gemeinschaft von Weinfreunden trifft sich und tauscht Erfahrungen aus.

Weinstammtisch
Online-Weinstammtisch mit monatlicher Degustation eines ausgesuchten Monatsweines

Wein-Bücher
Literaturempfehlungen, aktuelle Neuerscheinungen und Buchtipps.

Weinberg
Unser eigener Weinberg an der Nahe. Jeder kann mitmachen.

Weinführer für deutsche Weine
Die besten deutschen Weine mit Beschreibungen und Bewertungen. Immer brandaktuell.

Weinblitz
Täglich aktualisierte Nachrichten aus der Weinwelt.

Weinlotse
Die Internet-Suchmaschine für Weinseiten. Mehr als 100.000 Weinseiten im direkten Zugriff.

Weinglossar
Über 3.800 Begriffe rund um Wein ausführlich erläutert.

Weinkalender
Messen, Degustationen, Veranstaltungen rund um das Thema Wein.

Wein-Infothek
Was Sie schon immer über Wein wissen wollten. Kurze, informative Antworten zu den häufigsten Fragen rund um Wein.

Wein-Auktion
Versteigern oder ersteigern Sie Weine in der Auktion.

Weinfahnder
Bezugsquellen für Weine finden.

Archiv des Weinforums
Über 40.000 Beiträge über Wein archiviert und per Stichwort durchsuchbar.

Wein-Datenbank
Jeder kann seine Degustationsnotizen eintragen und anderen damit zur Verfügung stellen.

Jobbörse
Stellengesuche und Stellenangebote.

Wein-Plus ist die führende unabhängige Weinplattform im deutschsprachigen Internet.

Weinfreunde und Weinprofis treffen sich hier und kommunizieren miteinander. Egal welche Information zum Thema Wein Sie suchen; bitte besuchen Sie: www.wein-plus.de

AUSLESE

DESSERTWEINE

Weingut Zimmerle
    2000 Riesling Eiswein, 89 Punkte 73

Weingärtnergenossenschaft Untertürkheim
    1999 Riesling Eiswein -63-, 88 Punkte 68

Weingut Kuhnle
    2000 Riesling Beerenauslese, 87 Punkte 54

Weingärtnergenossenschaft Untertürkheim
    1999 Riesling Eiswein -62-, 86 Punkte 68

TROCKENE ROTWEINE

Schloßgut Hohenbeilstein
    1999 QbA Trocken Cuvée RV, 88 Punkte 48

Weingut Gerhard Aldinger
    1999 Spätburgunder QbA Trocken Drei Adler, 87 Punkte 30

Weingut Graf Adelmann
    1999 QbA Trocken Brüssele, Herbst im Park -23-, 86 Punkte 28

Schloßgut Hohenbeilstein
    1999 Lemberger QbA Trocken, 86 Punkte 48

Weingut Medinger
    1999 Spätburgunder QbA Trocken, 85 Punkte 58

Weingut Zimmerle
    1999 QbA Trilogie, 85 Punkte 72

NAHE

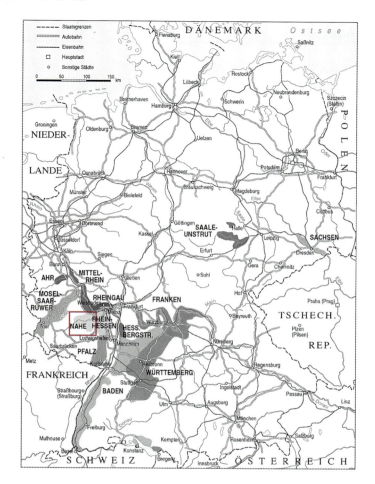

Nahe

Obwohl hier schon immer einige der feinsten Rieslinge Deutschlands erzeugt wurden, ist das Anbaugebiet der Nahe hierzulande immer noch derart unbekannt, dass es nicht einmal über ein ordentliches Klischee verfügt. Das mag daran liegen, dass die genauen Grenzen des Gebietes erst 1971 festgelegt wurden, vielleicht auch am weitgehenden Fehlen spektakulärer Steilhänge, romantischer Burgen, oder anderer touristisch ausschlachtbarer Besonderheiten. Den Wein selbst kann man dafür kaum verantwortlich machen.

Weinbaugebiet Nahe *DWI/Dieth*

So unterschiedlich die Rieslinge der Nahe auch sein können, zeichnen sie sich doch durch einige charakteristische Merkmale aus. Das Wichtigste davon ist die intensive, würzige Mineralik die in allen erstklassigen Nahe-Weinen zu finden ist. Sie gibt diesen Fundament und Struktur, wenn auch ohne die stahlige Komponente, die man so oft im benachbarten Rheingau vorfindet. Die verspielte, zum Teil rassige Säure erinnert wiederum an die Mosel, doch die Weine sind entschieden voller im Körper und wirken „ernsthafter" als die meisten Mosel-Rieslinge.

Der Riesling ist an der Nahe aus qualitativer Sicht unzweifelhaft die wichtigste Rebsorte. Dennoch werden in Lagen mit fetteren Böden vermehrt Burgundersorten angebaut, die zwar nicht die Fülle und den Schmelz der besten Exemplare aus südlicheren Gebieten erreichen, in Bestform aber dennoch mit ihrer Eleganz und geradlinigen Struktur sehr schöne Essensbegleiter abgeben können. Auch der Silvaner hat in diesem Gebiet Tradition, aber die Ergebnisse sind heute bis auf wenige Ausnahmen recht dürftig.

Die untere Nahe

Die besten Weine der unteren Nahe, die zwischen Münster-Sarmsheim und Bad Kreuznach fast senkrecht in Nord-Südrichtung verläuft, wachsen selten an zur Nahe abfallenden Weinbergen, sondern in der Regel in Seitentälern, wo sie von Lagen in südlicher Ausrichtung profitieren. Zudem sind viele dieser Täler nach drei Seiten abgeschlossen und nur zur Nahe hin geöffnet, was ihnen deutliche mikroklimatische Vorteile bringt. Die beiden ersten Spitzenlagen dieser Art sind der Münsterer Dautenpflänzer und der Münsterer Pittersberg. Beide bringen erstklassige Rieslinge hervor, wobei jene aus dem Dautenpflänzer stets die Volleren und Intensiveren sind. Sie eignen sich hervorragend für den trockenen Ausbau. Die besten Produzenten sind zur Zeit Krüger-Rumpf und das Weingut Göttelmann, das sich in den letzten Jahren in die Spitzengruppe des Gebietes hochgearbeitet hat.

Am Ortsausgang von Münster-Sarmsheim zweigt eine Straße in das Trollbachtal in Richtung Burg Layen. Sie führt uns an drei der bedeutendsten Weinberge des Gebietes vorbei, den Dorsheimer Lagen Burgberg, Goldloch und Pittermännchen. So nahe die drei Lagen beieinander liegen, so unterschiedlich sind die daraus entstehenden Weine. Die rassigsten und elegantesten Tropfen stammen stets aus dem Pittermännchen. Ein hoher Kiesel- und Quarzitanteil im Boden sorgt hier für eine straffe mineralische Struktur bei lebhafter Säure.

Deutlich voller und saftiger fallen die Weine aus dem Goldloch aus. Unter einer steinigen Lehmauflage wurzeln die Reben hier wie im Burgberg in hartem Urgesteinsboden. Der kleine, von nacktem Fels eingerahmte und wie eine Schüssel geformte Burgberg offenbart bereits beim ersten Hinsehen sein außergewöhnliches Potenzial für erstklassige Weine. Das Mikroklima ist hier von allen Dorsheimer Lagen das heißeste und führt zu kraftvollen Weinen von großem aromatischem Reichtum. Armin Diel und sein Kellermeister Christoph Friedrich erzeugen aus allen drei Lagen Weine von Weltklasse.

Zurück an der Nahe trifft man direkt nach der Autobahnbrücke auf die beiden besten Weinberge Laubenheims. Karthäuser und St. Remigiusberg liegen näher an der Nahe, als die anderen Spitzenlagen der unteren Nahe. Auf dem steinigen Boden aus Rotliegendem entstehen fest gewirkte Weine mit ausgezeichneter Rasse und Struktur. Auch die Krone, auf der Südseite des Ortes gelegen, bringt auf stark kieshaltigem Boden rassige, intensiv mineralische Weine hervor.

Die besten Lagen Langenlonsheims liegen etwas abseits der Nahe in Seitentälern nordwestlich und westlich des Ortes. Der Löhrer Berg ist dabei eine direkte Fortsetzung der Laubenheimer Krone. Der Boden ist hier jedoch weniger steinig und bedeutend tonhaltiger. Die dadurch bedingte exzellente Wasserspeicherfähigkeit kommt vor allem in trockenen Jahren zum Tragen, wenn hier saftige und geschmeidige Weine mit einer eleganten Säure entstehen. In einem leicht nach Westen geöffneten Tal liegen Königsschild, aus dessen Lösslehmboden stoffige Weine kommen, und Rothenberg, etwas höher gelegen und mit einem Boden aus Rotliegendem, was zu leichteren, sehr rassigen Weinen führt. Langenlonsheim ist der Sitz einiger namhaften Produzenten, doch im Moment scheint es, als wäre nur Martin Tesch zuverlässig jedes Jahr in der Lage, aus den Laubenheimer und Langenlonsheimer Weinbergen Erstklassiges hervorzubringen.

Das Gebiet der unteren Nahe erstreckt sich noch einige Kilometer nach Westen, wo man auch weit abseits des Flusses sehr gute Lagen finden kann. Viele von ihnen sind jedoch kaum bekannt, was vor allem daran liegt, dass sich kaum ein Produzent hier der Qualität verschrieben hat. Die einzige Ausnahme ist Schloss Wallhausen im Besitz des Prinzen zu Salm-Salm. Unter Verwalter Harald Eckes versucht man hier das Potenzial der Wallhäuser und Roxheimer Lagen wieder auszuschöpfen.

DIE MITTLERE NAHE

Bad Kreuznach ist das weinbauliche Zentrum des Gebietes. Leider stecken die einstigen Vorzeigebetriebe der Stadt in einer tiefen Krise und so kommen die besten Weine zur Zeit von unbekannteren Winzern aus häufig zweitrangigen Weinbergen, während die Spitzenlagen Bad Kreuznachs – Kahlen-

Weinberge bei Odernheim   *DWI/Dieth*

berg, Krötenpfuhl und Brückes – unter schlechter oder nachlässiger Bewirtschaftung leiden.

Wenige Kilometer flussaufwärts, zwischen Bad Münster und Schlossböckelheim, liegt der landschaftlich interessanteste Teil des Anbaugebietes. Die Rebhänge sind hier steiler und die Orte idyllischer, als anderswo an der Nahe. Der am spektakulärsten gelegene Weinberg ist die Traiser Bastei, eine Geröllhalde, die von der 200 Meter hohen Porphyr-Steilwand des Rothenfelses überragt wird. Dieser riesige Wärmespeicher sorgt für ein ausgesprochen heißes Mikroklima. Das Ergebnis sind körperreiche, saftige Weine, denen das verwitterte Gestein eine durchdringende Mineralik verleiht. Auch die Weine des benachbarten Rothenberg sind von diesen mineralischen Aromen geprägt, fallen jedoch stets etwas schlanker und rassiger aus. Hier ist das Gestein erheblich weiter verwittert, was dank einer sehr guten Wasserspeicherfähigkeit in trockenen Jahren von großem Vorteil sein kann. Peter Crusius ist der mit Abstand beste Erzeuger mit Besitz in diesen beiden Lagen.

In direkter Nachbarschaft zu Traisen liegt die Gemeinde Norheim mit ihren Spitzenlagen Kirschheck und Dellchen. Unter einer Auflage aus Rotliegendem wurzeln die Reben im Kirschheck in blauem Devonschiefer, wie man ihn auch an der Mosel findet. Die hier entstehenden Weine weisen aufgrund der sehr porösen Bodenstruktur eine ganze Palette durchdringender mineralischer Geschmacksnuancen auf. Im angrenzenden Dellchen überwiegt dagegen der Porphyr mit einem hohen Eisenanteil. Die daraus entstehenden Weine sind in ihrer Jugend stets verschlossen und fest. Die Frucht kann sich erst nach einiger Flaschenreife gegen die intensive Mineralik durchsetzen. Oskar Mathern erzeugt regelmäßig Spitzenweine aus diesen beiden Lagen.

Niederhausen verfügt wohl über die größte Anzahl erstklassiger Weinberge an der Nahe. Fast rotbeerige und blumige Aromen weisen die Weine aus dem Felsensteyer auf, einer Lage mit vokalischem Porphyrboden, die sich noch vor Niederhausen in einer Biegung über den Fluss erhebt. Die geradlinigste Struktur besitzen die eleganten Weine vom Devonschieferboden des Rosenhecks, während die benachbarten Klamm und Kerz mit ihren Böden aus Porphyr und rotem Schiefer feste, intensiv mineralische Weine hervorbringen.

Die beeindruckendsten Weine stammen aus den Lagen Niederhäuser Hermannshöhle und Herrrmannsberg, sowie der im Alleinbesitz von Helmut Dönnhoff befindlichen Oberhäuser Brücke. Ihre vielschichtige Bodenstruktur aus Porphyr, Lehm, Schiefer und Sandstein lässt hier die komplexesten und betörendsten Weine entstehen, wobei jene aus der Hermannshöhle den Anderen an Intensität und Feinheit noch überlegen sind. Mathern, Crusius und vor allem Dönnhoff erzeugten in den letzten Jahren die besten Weine aus Niederhäuser (bzw. Oberhäuser) Lagen, doch inzwischen scheint auch die ehemalige Staatsdomäne Niederhausen-Schlossböckelheim ihre Schwächephase überwunden zu haben und meldet sich zurück unter den Vorzeigebetrieben der Region.

Dies kommt auch den Weinen aus den besten Schlossböckelheimer Lagen zu gute, die den erstklassigen Niederhäuser Weinbergen in nichts nachstehen. Die Kupfergrube weist dabei eine ähnlich komplexe Bodenstruktur auf, wie die Hermannshöhle, erbringt aber festere und gleichzeitig schlankere Weine von großer Rasse. Der schmale, sehr steile Hang des Felsenbergs steht in dem Ruf, noch feinere Weine hervorbringen zu können, als die Kupfergrube. Der Boden besteht hier aus steinigem Lehm mit einem Untergrund aus Porphyrgestein. Die Lage wurde allerdings vor nicht allzu langer Zeit neu bestockt, so dass hier in der letzten Zeit noch nicht jedes Jahr die optimale Qualität erzielt werden konnte.

DIE OBERE NAHE

Obwohl sich seit einigen Jahren mehrere Betriebe an der oberen Nahe um Qualität bemühen – allen voran die Weingüter Bamberger und Hexamer in Meddersheim - hat es bislang nur einer wirklich geschafft, sich unter die führenden Erzeuger des Gebietes einzureihen. Das Gut Emrich-Schönleber produziert von den beiden Spitzenlagen Monzingens, Frühlingsplätzchen und Halenberg, straffe, fest strukturierte Rieslinge mit ausgezeichnetem Alterungspotential. Die Weine aus dem Halenberg mit seinem Boden aus blauem Schiefer, sind dabei stets noch etwas aromatischer und in ihrer Jugend zugänglicher, während sich jene aus dem Frühlingsplätzchen zurückhaltender und „ernster" geben.

DAS ALSENZTAL

Der in weinbaulicher Hinsicht für das Gebiet bedeutendste Nebenfluss ist die Alsenz, die bei Bad Münster in die Nahe mündet. Einige engagierte Erzeuger machen seit Mitte der 90er Jahre mit steigenden Qualitäten auf sich aufmerksam. Vorreiter dieser Entwicklung sind Peter und Martina Linxweiler aus Mannweiler-Cölln, rund 20 Kilometer südlich von Bad Kreuznach. Vorwiegend verwitterter Sandstein, aber auch Schiefer prägen hier die besten Lagen, aus denen klare Rieslinge mit hintergründiger Mineralik und feinsaftige Weissburgunder entstehen

Weingut Carl Adelseck

55424 Münster-Sarmsheim, Saarstr. 41 Carl-Günther & Jens Adelseck Jens Adelseck & Stefan Acht 06721-97440 06721-974422 INFO@ADELSECK.DE WWW.ADELSECK.DE
Verkauf: Dagmar Adelseck. Telefonische Anmeldung wird erbeten.

Die Adelsecks sind bereits seit dem 12. Jahrhundert im Raum Bingen als Küfer tätig. Erst nach dem zweiten Weltkrieg begann man hier mit dem Weinbau und gleichzeitig mit der Flaschenabfüllung. Inzwischen gehört zum Betrieb auch eine Importfirma inklusive Weingroßhandel. Lange Zeit wurden hier nur sehr einfache Weine erzeugt, wenngleich sich die gutseigenen Sekte schon seit längerer Zeit großer Beliebtheit erfreuen. Erst Mitte der 90er Jahre erkannten Jens und Carl-Günter Adelseck die Qualitätsprobleme und leiteten Gegenmaßnahmen ein. Durch umweltschonende Bewirtschaftung der Weinberge, reduzierte Erträge und eine schonende Verarbeitung im Keller (eine neue Kelter wurde gerade angeschafft) gelingen den Brüdern inzwischen immer bessere Tropfen. Für die Spitzenweine verzichten sie neuerdings auch auf den Maischewagen und lesen die Trauben per Hand. Da sich ein guter Teil der 10 Hektar Weinberge in ausgezeichneten Lagen Münster-Sarmsheims und Laubenheims befindet steht einer weiteren Qualitätssteigerung nun nichts mehr im Weg.

Die Weine:

Nicht nur die neue, von einem Südafrikanischen Grafiker entworfene Ausstattung ist gelungen; auch die Weine sind durch die Bank locker eine Klasse besser, als im Vorjahr. Glasklare, feinsaftige Rieslinge prägen das Bild. Sogar der Literwein ist ausgezeichnet. Eine mehr als erfreuliche Entwicklung, die sicher noch nicht am Ende ist.

1999 Scheurebe QbA Halbtrocken

0,75 € 4,45 % 12 AP 770200601401

Leicht floraler Duft von Apfeldrops, Birnen und schwarzen Beeren. Klare, feinsaftige Frucht, leicht kräuterwürzig, Geschmack von rotem Traubensaft am Gaumen, verhaltene Restsüße, gute Balance, leicht parfümierte Art, fruchtiger Abgang. Bis 2002.

14.08.2001 **77 Punkte**

2000 Kerner Kabinett Halbtrocken

Münster Königsschloss 0,75 € 4,7 % 10 AP 770200601001

Verhaltener Apfel-Pfirsichduft. Klare, schlanke Frucht, zartsaftig, sehr dezente Süße, feingliedrige Säure, vegetabile Note am Gaumen, gute Balance, ordentlicher Abgang. Bis 2002.

03.07.2001 **78 Punkte**

2000 Riesling QbA Trocken

0,75 € 4,4 % 12,5 AP 770200601101

Leicht dropsiger Apfelduft. Lebendige, saftig-würzige Frucht, leicht mineralisch, auch noch etwas hefige Noten, schöne Säure, sehr süffiger Stil, sehr gute Balance, würziger Nachhall. Bis 2003.

22.05.2001 **79 Punkte**

2000 RIESLING QbA TROCKEN
🍷 1   € 3,89   % 12   🍇   AP 770200600601

Lebendiger Zitrus-Pfirsichduft mit zarter mineralischer Würze im Hintergrund. Schlanke, geradlinige Frucht, recht feine Säure, feinfruchtiger und mineralisch-würziger Geschmack, gute Nachhaltigkeit am Gaumen, sehr harmonisch und schön zu trinken, guter Abgang. Bis 2003.

| 22.05.2001 | 80 Punkte |

2000 RIESLING SPÄTLESE TROCKEN - 7 -
📍 MÜNSTER   🍇 DAUTENPFLÄNZER   🍷 0,75   € 6,08   % 11,5
AP 770200600701

Feinwürziger Pfirsich-Apfelduft mit einer Spur Cassis. Sehr klare, knochentrockene Frucht, feste, bestens integrierte Säure, nachhaltige Mineralik am Gaumen, sehr sorgfältig gemacht, gute Länge. Bis 2003.

| 15.08.2001 | 83 Punkte |

2000 RIESLING SPÄTLESE TROCKEN - 9 -
📍 MÜNSTER   🍇 DAUTENPFLÄNZER   🍷 0,75   € 6,08   % 11
AP 770200600901

Recht dichter, mineralischer Duft von Pfirsichen und Äpfeln mit feinster Kräuterwürze. Klar und feinsaftig, verspielte Säure, wieder Mineralien und feinste Kräuternoten am Gaumen, sehr harmonisch, ordentlicher Abgang. Bis 2003.

| 15.08.2001 | 83 Punkte |

2000 RIESLING SPÄTLESE TROCKEN
📍 LAUBENHEIM   🍇 KARTHÄUSER   🍷 0,75   € 6,08   % 11
AP 770200600801

Frischer, kräuterwürziger und leicht mineralischer Apfel-Pfirsichduft. Zartsaftige und dabei absolut trockene Frucht, zart mineralische Würze, sehr harmonische Säure, lebendiger Stil, ordentlicher Abgang. Bis 2002.

| 15.08.2001 | 79 Punkte |

2000 RIESLING CLASSIC
🍷 0,75   € 4,55   % 12   🍇   AP 770200601201

Frischer Kräuterduft mit Noten von Grapefruit, grünen Äpfeln und einer Spur Ananas. Lebendige, feinsaftige Frucht, schöne Säure, reintönig und sehr gut balanciert, mineralische Note im Hintergrund, zartfruchtiger Nachhall. Sehr saubere Arbeit. Bis 2003.

| 21.06.2001 | 81 Punkte |

2000 SPÄTBURGUNDER ROSÉWEIN QbA TROCKEN
📍 MÜNSTER   🍇 KÖNIGSSCHLOSS   🍷 0,75   € 4,55   % 13
AP 770200600101

Orange bis Gelb. Würzige, etwas verwaschene Nase mit Noten von gedünsteten Zwiebeln. Einfache, trockene Frucht, leicht würzig, harmonische Säure, zartbittere Note und wieder Zwiebelaromen am Gaumen, ordentliche Balance, würziger Abgang. Bis Ende 2001.

| 03.07.2001 | 72 Punkte |

WEINGUT CARL ADELSECK

SCHLOSSGUT DIEL

55452 Burg Layen, Armin Diel, Christoph J. Friedrich
06721-96950, 06721-969594, armindiel@aol.com
www.schlossgut-diel.com, VDP,
Deutsches Barrique Forum
Öffnungszeiten: Mo.-Do.: 9.00-16.00, Fr.: 9.00-12.00. Verkauf: Bernd Benz.
Weinproben nur nach Vereinbarung

Seit der Übernahme des Betriebes von seinem Vater hat Armin Diel die Weinqualität auf dem Schlossgut Stück für Stück vorangebracht. Größtes Kapital war hierbei der Besitz in den Dorsheimer Spitzenlagen Goldloch und Pittermännchen, zu dem vor einigen Jahren noch 1,8 Hektar im Burgberg hinzukamen.

Doch das größte Lagenpotenzial und die gewissenhafteste Weinbergsarbeit wäre nichts wert, könnte es niemand auch im Keller umsetzen. Auf Kellermeister Heribert Kastell folgte 1995 Martin Franzen von der Mosel und mit ihm ein neuer, erheblich filigranerer Weinstil. Inzwischen hat Christoph J. Friedrich die Leitung im Keller übernommen. Unter seiner genialen Regie hat sich das Schlossgut Diel endgültig einen Platz unter den absolut besten Betrieben in Deutschland gesichert.

Die Weine:

Armin Diel schwört darauf, mit den 2000er Rieslingen das exzellente Vorjahr sogar noch zu übertreffen, was immer wieder zu Diskussionen führt, da ich seine 99er klar favorisiere. Zwar kann kein Zweifel daran bestehen, dass Diel auch im Problemjahr 2000 sehr gute Weine gelungen sind, doch viele von ihnen weisen neben saftiger Frucht eben auch die für dieses Jahr so typischen, wachsigen Botrytisnoten auf. Auch in Sachen Tiefe und Nachhaltigkeit reicht der größere Teil des Sortiments nicht an 1999 heran. Die herausragenden Weine des Jahrgangs sind die Versteigerungsauslese aus dem Goldloch, sowie die Pittermännchen Auslese Goldkapsel. Beide verfügen neben reintöniger, rassiger Frucht über Substanz, Länge und feste Struktur. Ebenfalls exzellent ist die Selection aus dem Goldloch, wieder gefolgt von jener aus dem Pittermännchen, während die Burgberg-Version meiner Ansicht nach nicht ganz dem Anspruch der neuen Bezeichnung gerecht wird. Nebenbei ist Armin Diel der einzige mir bekannte Produzent in Deutschland, der konsequent die neuen Bezeichnungen für trockene Weine benutzt und in diesem Bereich weder Prädikatsweine noch einfache QbA mehr abfüllt.

Auch die Burgunderweine sind dieses Jahr sehr gut ausgefallen. Dabei gefällt mir der glasklare und saftige Weißburgunder noch besser als Graubildunder und Viktor, bei denen ich mir noch etwas Nachdruck und Länge wünschen würde. Auch hier bin ich mir mit Diel nicht einig und ich muss zugeben, dass Helmut Knall vom Österreichischen Magazin winetimes.at, ein Freund und Kollege dessen Urteil ich sehr schätze, diese Weine bei einem Besuch auf dem Weingut ebenfalls erheblich höher bewertete. Machen Sie sich also in diesem Fall unbedingt selbst ein Bild, denn wenngleich sich der Weißburgunder bei dieser Gelegenheit noch besser präsentierte als in der Blindverkostung, sah ich Graubildunder und Viktor unverändert.

2000 QbA Trocken Diel de diel
🍾 0,75 € 8,59 % 12 AP 77630193001
Würziger Duft von Mineralien, etwas Eichenholz und Äpfeln. Recht saftige Frucht mit zurückhaltender Holzwürze, etwas vordergründige Art, lebhafte, fast pikante Säure, wieder mineralische Noten am Gaumen, würziger Abgang. Wirkt noch ziemlich jung und ungestüm. Bis 2003.

| 24.10.2001 | 79 Punkte |

2000 QbA Viktor
🍾 0,75 € 28,12 % 13,5 🛢 AP 77630192701
Feincremiger, holzwürziger Duft von Äpfeln, Bananen, kandierten Zitrusfrüchten und Nüssen mit zart rauchigen und mineralischen Noten. Klare, geradlinige und saftige Frucht, wieder deutliche Holzwürze, feingliedrige, präsente Säure, zartrauchig am Gaumen, vielleicht etwas vordergründiger Stil, wirkt dennoch trotz aller Kraft nicht schwer, gute Balance, ordentlicher Abgang. Bis 2003.

| 24.10.2001 | 84 Punkte |

2000 Grauburgunder QbA
🍾 0,75 € 17,9 % 13,5 🛢 AP 77630192601
Holzwürziger Duft von kandierten Zitrusfrüchten, Äpfeln und einer Spur Pfirsich mit floralen und mineralischen Noten. Fest, klar und geradlinig, recht saftig, präsente, aber sehr gut eingebundene Holzwürze, lebendige Säure, griffige Mineralik im Hintergrund, kräftiger Körper, gutes Fett, nachhaltige Würze, ordentlicher, nicht sehr langer Abgang. Bis 2003.

| 20.10.2001 | 83 Punkte |

2000 Riesling Classic
🍾 0,75 € 8,08 % 12,5 AP 77630193101
Reintöniger Apfel-Pfirsichduft. Klare, feinsaftige Frucht, harmonische Säure, mineralisch im Hintergrund, ein klein wenig mostig am Gaumen, gute Balance, mineralischer Abgang. Bis 2002.

| 20.10.2001 | 79 Punkte |

2000 Riesling Kabinett
🏞 Dorsheim 🍇 Pittermännchen 🍾 0,75 € 10,48 % 7,5
AP 77630191401
Duft von Wachs, grünen Äpfeln, etwas Pfirsich, Ananas und Kräutern. Klare, feinsaftige und süße Frucht, wieder Kräuterwürzig, feingliedrige, lebendige Säure, etwas oberflächliche Art, zart mineralisch am Gaumen, knapper Nachhall. Bis 2003.

| 25.10.2001 | 79 Punkte |

2000 Riesling Kabinett
🏞 Dorsheim 🍇 Burgberg 🍾 0,75 € 9,97 % 7,5 AP 77630191301
Rassiger Zitrus-Kräuterduft mit mineralischer Note. Klare, geradlinige Frucht mit schöner Süße und sehr feiner, leicht pikanter Säure, Kräuteraromen am Gaumen, im Hintergrund zart mineralisch, sehr schlanker Stil, klarer Nachhall. Bis 2005.

| 25.10.2001 | 83 Punkte |

2000 Riesling Kabinett
Dorsheim Goldloch 0,75 € 9,97 % 8 AP 77630191201
Zart kräuterwürziger und mineralischer Apfel-Ananasduft. Glasklare, sehr schlanke Frucht mit harmonischer Süße, vibrierende Säure, geradlinig und rassig, am Gaumen zarte Mineralik und Kräuterwürze, etwas knapper Nachhall. Bis 2004.

25.10.2001   81 Punkte

2000 Riesling Spätlese
Dorsheim Pittermännchen 0,75 € 16,36 % 7,5
AP 77630191701
Sehr schöner, rassiger Duft von Zitrusfrüchten und Weinbergspfirsichen. Klar, feinsaftig und rassig, schöne Süße, lebendige, verspielte Säure, ordentliche Nachhaltigkeit am Gaumen, feinfruchtiger, nicht zu langer Abgang. Bis 2006.

25.10.2001   86 Punkte

2000 Riesling Spätlese
Dorsheim Burgberg 0,75 € 15,34 % 8 AP 77630191501
Duft von Kräutern, Zitrusfrüchten, Ananas und Wachs. Feinsaftige Frucht mit harmonischer Süße, feingliedrige Säure, etwas oberflächliche Art, leicht kräuterwürzig und mineralisch am Gaumen, aber auch Wachsnoten, gut zu trinken, aber nicht sehr nachhaltig, kräuterwürziger und feinfruchtiger Nachhall, wieder mit Wachsaromen. Bis 2003.

25.10.2001   81 Punkte

2000 Riesling Spätlese
Dorsheim Goldloch 0,75 € 15,34 % 8 AP 77630191601
Duft von Wachs, Kräutern, sowie eingekochten Zitrusfrüchten und Pfirsichen. Klare, schlanke Frucht mit verhältnismäßig moderater Süße, kräuterwürzige Noten, lebendige, rassige Säure, am Gaumen wiederum etwas Wachs, nicht sehr tief, guter, feinfruchtiger Nachhall. Bis 2003.

25.10.2001   82 Punkte

2000 Riesling Selection
Dorsheim Burgberg 0,75 € 15,34 % 12,5
AP 77630190501
Mineralischer und leicht kräuterwürziger Duft von gekochten Pfirsichen, grünen Äpfeln und etwas Ananas. Klare, recht saftige, aber auch ein wenig vordergründige Frucht, harmonische Säure, schöne Mineralik am Gaumen, hat durchaus Kraft und Struktur, wirkt jung, guter Abgang. Bis 2004.

21.10.2001   82 Punkte

2000 Riesling Selection
Dorsheim Pittermännchen 0,75 € 15,34 % 12,5
AP 77630190401
Schöner, von feiner Mineralik und Kräuterwürze begleiteter Pfirsichduft. Klare, feinsaftige und geradlinige Frucht, verspielte Säure, sehr feine mineralische Würze, wieder auch Kräuteraromen am Gaumen, sehr nachhaltig, komplexe Art, harmonisch, lang. Bis 2004.

21.10.2001   86 Punkte

2000 Riesling Selection

Dorsheim Goldloch 0,75 € 15,34 % 13
AP 77630190301

Noch zurückhaltender, fester Apfel-Pfirsichduft, mineralisch und kräuterwürzig. Reintönige, sehr feste Frucht, kräuterwürzig, ausgezeichnete Säure, straffe Struktur, durchgezeichnet, sehr mineralisch, große Kraft und Präsenz am Gaumen, komplex und nachhaltig, wirkt noch sehr jung, griffige und fast rauchige mineralische Würze im sehr langen Nachhall. Kann sogar noch zulegen. Bis 2005.

| 21.10.2001 | 89 Punkte |

2000 Riesling Auslese Goldkapsel

Dorsheim Pittermännchen
0,375 € 25,56 % 8,5 AP 77630192101

Mineralischer und zart kräuterwürziger Duft von Äpfeln, Ananas und Pfirsichen. Klare, süße, feinsaftige Frucht, elegante Säure, wieder feine Kräuterwürze am Gaumen, sehr geradliniger und reintöniger Stil, zartrassig am Gaumen, etwas Honig im Hintergrund, sehr nachhaltig, ausgezeichnete Balance und Länge. Bis 2015.

| 26.10.2001 | 90 Punkte |

2000 Riesling Auslese Versteigerungswein

Dorsheim Goldloch 0,375 % 8
AP 77630192001

Zart floraler Apfel-Pfirsichduft. Feinsaftige, süße und lebendige Frucht, sehr schöne Säure, verspielte Art, knackig und sehr nachhaltig am Gaumen, zarte Mineralik im Hintergrund, hat Rasse und Stil, durchgezeichnet, sehr langer, fruchtiger Nachhall. Bis 2015.

| 26.10.2001 | 90 Punkte |

2000 Riesling Auslese

Dorsheim Burgberg 0,375 € 25,56 % 8 AP 77630192201

An Waldmeister und Weingummi erinnernder Duft von grünen Äpfeln und etwas Zitrus mit Lakritzaromen. Klare, feincremige und sehr süße Frucht, filigrane Säure, feine Honigwürze am Gaumen, sehr nachhaltig und gut strukturiert, ausgezeichnete Balance, sehr langer, zupackender Abgang. Bis 2015.

| 26.10.2001 | 87 Punkte |

2000 Riesling Auslese

Dorsheim Goldloch 0,75 € 26,59 % 7,5 AP 77630191801

Verhaltener Apfel-Pfirsichduft mit Ananasnoten. Klar, saftig und sehr süß, feingliedrige Säure, schön durchgezeichnet, nachhaltig am Gaumen, gewisse Rasse, fruchtiger Nachhall. Bis 2006.

| 26.10.2001 | 86 Punkte |

2000 Riesling Auslese

Dorsheim   Pittermännchen   0,75   € 28,12   % 7,5
AP 77630191901

Apfelduft mit an Zitronen- und Kamillentee erinnernden Noten. Klare, geradlinige Frucht, sehr süß, feingliedrige Säure, ein wenig dropsige Art, gute Nachhaltigkeit am Gaumen, schön zu trinken, fruchtiger Nachhall. Bis 2006.

26.10.2001   **84 Punkte**

2000 Weissburgunder QbA

0,75   € 16,36   % 13,5   AP 77630192501

Zartrauchiger Duft von Zuckerschoten und kandierten gelben Früchten mit sehr schöner mineralischer Würze. Kraftvoll und sehr saftig, lebendige, bestens eingebundene Säure, mineralische Würze am Gaumen, behutsamer Holzeinsatz, zartrauchig im Hintergrund, gutes Fett, nachhaltig, wirkt jung, guter Abgang. Bis 2005.

19.10.2001   **85 Punkte**

Weingut Hermann Dönnhoff

55585 Oberhausen, Bahnhofstr. 11   Helmut Dönnhoff   Helmut Dönnhoff   06755-263   06755-1067   VDP

"Meine Weinberge sind wie meine Kinder" sagt Helmut Dönnhoff und setzt eine Art hintergründiges Lächeln auf, für das man Kevin Spacey in Hollywood Millionen zahlt. Man glaubt es ihm gerne - und nicht nur das. Ich kenne niemanden, der den Wein und das Weinmachen mehr liebt und lebt als er. Obwohl er stets ruhig und besonnen spricht und vielleicht auch gerade weil man aus seinem Mund niemals große Worte, oder gar markige Sprüche zu hören bekommt, wird einem im Gespräch mit Helmut Dönnhoff schnell klar, warum aus diesem Weingut derart charaktervolle, unverwechselbare Rieslinge kommen, wenn man auch kaum genau erfährt, wie.

Die Weinbautradition der Dönnhoffs in Oberhausen lässt sich lückenlos die letzten zwei Jahrhunderte zurückverfolgen. Dabei war der Weinbau lange Zeit nur ein Teil des Landwirtschaftlichen Betriebes mit Ackerbau und Viehzucht. Bereits der Großvater, Herrmann Dönnhoff Senior, hegte eine große Leidenschaft für den Riesling und schenkte der Weinbereitung und dem Zukauf bester Lagen in der Umgebung großes Augenmerk, eine Entwicklung, die sich unter Hermann Dönnhoff Junior noch verstärkte. Als Helmut Dönnhoff 1971 mit 22 Jahren seinen ersten Jahrgang vinifizierte, hatte sich der Betrieb schon zum reinen Weingut gewandelt.

Dönnhoff gibt gerne zu, nicht als Meister vom Himmel gefallen zu sein. Dennoch gab ihm sein Vater von Anfang an freie Hand. Wie auch seine Vorgänger trieb ihn die Leidenschaft an: es wurden weiter Parzellen in absoluten Spitzenlagen gekauft und die Weinqualität konsequent gesteigert. Auch nach 30 Jahren versucht Dönnhoff sich immer wieder selbst zu übertreffen. Dabei macht er längst keinen Wein für Andere mehr. Alles, was den Keller verlässt muss seinen Vorstellungen entsprechen, nicht denen der Kritiker, ja nicht einmal unbedingt denen seiner Kunden.

Wenn es ein Geheimnis hinter der hier erreichten Qualität geben sollte, dann ist es wohl die Detailversessenheit und Sorgfalt, mit der selbst die scheinbar unwichtigsten Dinge erledigt werden. Dabei steht der Zeit- und Arbeitsaufwand in den Weinbergen konträr zu jenem im Keller. Hier überlässt Dönnhoff den Wein weitestgehend sich selbst, beobachtet und greift nur "hin und wieder minimal lenkend ein", wie er es nennt.

Dönnhoffs Weine tragen eine unverwechselbare Handschrift; ihr Charakter entspricht ziemlich genau dem ihres Erzeugers. Niemals findet man hier Rieslinge von lauter, in irgendeiner Form prätentiöser Art. Sie sind im Gegenteil stets zurückhaltend, dabei jedoch so tiefgründig und komplex, wie man es sich nur wünschen kann. So sehr sie auch einerseits einem ganz bestimmten Stil folgen, so stark sind sie andererseits von ihrer jeweiligen Lage, vom Terroir geprägt. Obwohl sie bereits jung mit Genuss zu trinken sind, offenbaren die meisten dieser Weine ihre wahre Größe erst nach zwei bis drei Jahren Flaschenreife. Wer sie dann zu trinken bekommt, erfährt schließlich auch wo es herkommt, dieses Kevin-Spacey-Lächeln auf Helmut Dönnhoffs Lippen.

Die Weine:
Mit ihrer absolut reintönigen Frucht, der festen Struktur und der tiefgründigen, komplexen Mineralik gehören Helmut Dönnhoffs 2000er zu den Stars

des Jahrgangs in Deutschland. Bereits der einfachste trockene Riesling ist überzeugend geraten und die Prädikatsweine lassen kaum Wünsche offen. Von den beiden Weißburgundern ziehe ich im Augenblick den "Einfacheren" der etwas glatten Barrique-Version vor.

2000 RIESLING QBA TROCKEN
0,75 11 77530100201
Sehr mineralischer, zart kräuterwürziger Duft mit Zitrus- und Apfelnoten. Sehr schlank und sehr klar, wieder leicht kräuterwürzig, lebendige, feingliedrige Säure, am Gaumen mineralisch, gute Nachhaltigkeit, klarer Abgang. Bis 2002.

20.10.2001	79 Punkte

2000 RIESLING KABINETT TROCKEN
OBERHAUSEN LEISTENBERG 0,75 11 77530101401
Kräuterwürziger, intensiv mineralischer Zitrus-Apfelduft. Schlanke, zartsaftige Frucht, wieder Kräuterwürzig, feingliedrige Säure, nachhaltige Mineralik am Gaumen, sehr harmonisch, lang. Bis 2003.

21.10.2001	83 Punkte

2000 RIESLING SPÄTLESE TROCKEN
NIEDERHAUSEN HERMANNSHÖHLE 0,75 11 77530100401
Noch jugendlicher, fast etwas hefiger Apfel-Pfirsichduft mit fester und komplexer Mineralik. Schlanke, feinsaftige Frucht, kräuterwürzig, sehr harmonische, verspielte Säure, durchdringende Mineralik am Gaumen, sehr präsent und von komplexer Würze, nachhaltig, lang. Bis 2004.

21.10.2001	86 Punkte

2000 RIESLING SPÄTLESE
NIEDERHAUSEN HERMANNSHÖHLE 0,75 9 77530100601
Sehr jugendlicher Duft von Äpfeln, Weinbergspfirsichen und feinen Kräutern mit zarter mineralischer Würze. Schlanke, feingliedrige Frucht mit bestens integrierter Süße, sehr elegante Säure, verspielt, festes mineralisches Rückgrat, präsent und nachhaltig am Gaumen, komplexe, ganz dem Terroir verpflichtete Aromatik, sehr lang. Bis 2008.

25.10.2001	88 Punkte

2000 RIESLING SPÄTLESE
OBERHAUSEN BRÜCKE 0,75 9 77530100701
Sehr schöner Duft von grünen Äpfeln und Weinbergspfirsichen, feinste Kräuterwürze und komplexe Mineralik. Klare, feinsaftige und süße Frucht, schöne Kräuterwürze, sehr harmonische, feingliedrige und lebendige Säure, tiefgründige, griffige Mineralik am Gaumen, sehr fest und nachhaltig, beste Balance, sehr lang. Bis 2008.

25.10.2001	88 Punkte

2000 RIESLING SPÄTLESE
SCHLOSSBÖCKELHEIM KUPFERGRUBE 0,75 € 12,27 8 77530100801
Noch sehr jugendlicher, mineralischer Apfel-Pfirsichduft mit feiner Kräuterwürze. Feste, saftige Frucht mit schöner Süße, feingliedrige Säure, kräuterwürzig und sehr mineralisch am Gaumen, besitzt Struktur und Tiefe, sehr nachhaltig, noch jung, beste Balance, langer, fruchtig-mineralischer Abgang. Bis 2008.

25.10.2001	87 Punkte

2000 RIESLING AUSLESE

 NIEDERHAUSEN HERMANNS-HÖHLE 0,375 11 77530100501
Recht intensiver, kräuterwürziger und mineralischer Apfel-Pfirsichduft. Reintönige, feinsaftige Frucht, sehr schöne Süße, feingliedrige Säure, feste und zugleich verspielte Mineralik am Gaumen, auch wieder Kräuteraromen, sehr nachhaltig, langer, terroirwürziger und fruchtiger Nachhall. Bis 2010.

26.10.2001 **90 Punkte**

2000 RIESLING AUSLESE

 OBERHAUSEN BRÜCKE 0,375 11 77530102001
Etwas wächserner Duft von Kandierten Zitrusfrüchten und Ananas mit Noten von Pfirsichen und Äpfeln sowie mineralischen und kräuterwürzigen Aromen. Konzentrierte, sehr süße Frucht, honigwürzig, recht saftig, zurückhaltende Säure, es fehlt daher etwas an Rasse und Struktur, im Hintergrund mineralische Noten, sehr nachhaltig am Gaumen, langer, süßer Abgang. Bis 2010.

26.10.2001 **88 Punkte**

2000 WEISSBURGUNDER QBA TROCKEN

 0,75 11 77530100101
Ausgesprochen feingliedriger, mineralischer Duft von Limonen und grünen Äpfeln. Zartsaftig und kräuterwürzig sehr schöne Säure, betonte Mineralik am Gaumen, fest und nachhaltig, mittelkräftig, aber doch sehr druckvoll, noch jung, sehr langer, intensiv mineralischer Nachhall. Bis 2004.

19.10.2001 **85 Punkte**

2000 WEISSBURGUNDER QBA TROCKEN -S-

 0,75 11 775301002801
Zurückhaltender, holzwürziger Duft von Zitrusfrüchten, Äpfeln und etwas grünem Gemüse mit recht versteckter Mineralik. Klare, sehr geradlinige Frucht, fast seidige Textur, kühle Holzwürze, feingliedrige, präsente Säure, rauchige Note am Gaumen, feste Struktur, im Hintergrund mineralisch, sehr nachhaltig, lang. Braucht Zeit. 2002-2006.

19.10.2001 **84 Punkte**

Weingut Anton Finkenauer

55543 Bad Kreuznach, Rheingrafenstr. 15 Hans-Anton Finkenauer Hans-Anton Finkenauer 0671-62230 0671-62210
Öffnungszeiten: Mo.-Sa.: 8.00-18.00 und nach Vereinbarung.

Die Weine:
Die 2000er sind ordentlich gemacht, aber zumeist sehr einfach geraten. Bester Wein des vorgestellten Sortiments ist der spottbillige trockene Riesling aus dem Rosenberg.

1999 Riesling Spätlese Halbtrocken
Kreuznach Kahlenberg 0,75 € 4,5 % 11
77100340501
Verhaltener Apfelduft. Einfache, saubere und süffige Art, minimale Restsüße, etwas blass am Gaumen, ohne Länge. Bis Ende 2001.

11.05.2001   **74 Punkte**

2000 Grauburgunder QbA Trocken Anton Finkenauer
Kreuznach Osterhöll 0,75 € 3,48 % 12 7710034701
Verhaltene, würzige Nase. Einfache, recht klare Frucht, harmonisch, aber wenig nachhaltig, ordentlicher Abgang. Bis Ende 2001.

06.07.2001   **75 Punkte**

2000 Kerner Kabinett
Kreuznach Osterhöll 0,75 € 3,22 % 8,5
77100340201
Verhaltener Apfel-Ananasduft. Saubere, süße Frucht, oberflächlich und etwas verwaschen wirkend, moderate Säure, süffig, einfache Art, knapper Nachhall. Bis Ende 2001.

03.07.2001   **74 Punkte**

2000 Riesling QbA Trocken
Kreuznach Rosenberg 0,75 € 2,71 % 11,5
77100340401
Von mineralischer Würze begleiteter Zitrusduft mit zarten Apfel- und Pfirsicharomen. Klare, zartsaftige Frucht, lebendige Säure, mineralische Note am Gaumen, recht nachhaltig, sehr gute Balance, zitrusfruchtiger Nachhall. Bis 2003.

22.05.2001   **80 Punkte**

2000 Riesling Kabinett Halbtrocken
Kreuznach Brückes 0,75 € 3,53 % 10 77100340301
Leicht verwaschener, vegetabiler Apfelduft. Zartsaftige Frucht mit zarter Süße, harmonische Säure, kräuterwürzig am Gaumen, sauber, wenn auch eher oberflächlich, knapper Nachhall. Bis 2002.

09.07.2001   **75 Punkte**

2000 Spätburgunder Roséwein QbA Halbtrocken Anton Finkenauer

Kreuznach Hinkelstein 0,75 € 3,83 % 11
AP 7710034801

Helles Orange-gelb. Etwas verwaschen wirkende, würzige Nase. Sehr einfache, weiche Frucht, oberflächlich und wieder leicht verwaschen wirkend, eine Spur laktisch, halbwegs süffiger Stil mit recht guter Säure, ordentlicher Abgang. Bis Ende 2001.

03.07.2001   74 **Punkte**

Weingut Göttelmann

55424 Münster-Sarsheim, Rheinstr. 77 Ruth Göttelmann-Blessing & Götz Blessing 06721-43775 06721-42605 goettelmannwein@aol.com

Weinprobe nach vorheriger Anmeldung.
Strausswirtschaft geöffnet von Mai bis August, sowie im Oktober: Mi.-Sa. ab 18.00, So. ab 16.00.

Götz Blessing hat das Gut Schritt für Schritt in die Spitzengruppe der Weinproduzenten an der Nahe gebracht. Es ist ganz erstaunlich mit welch einfachen Mitteln es ihm Jahr für Jahr gelingt, erstklassige, absolut reintönige Weine zu erzeugen. In dem viel zu kleinen Keller prägten bis vor Kurzem neben den traditionellen Holzfässern vor allem GFK-Tanks das Bild. Erst seit 1997 kamen nach und nach Edelstahlbehälter dazu. Der Erfolg in den letzten Jahren machte es jedoch möglich, 1999 in ein neues Traubenabladesystem zu investieren, das nun eine individuellere Behandlung der einzelnen Traubenpartien erlaubt. Ende 2000 wurde auch das Plastik im Keller vollständig durch Edelstahl ersetzt. Diese Maßnahmen und eine behutsame Erweiterung der Betriebsfläche um Parzellen in Münsterer Spitzenlagen sollten es Götz Blessing ermöglichen, sich dauerhaft einen Platz unter den besten Weinmachern der Nahe zu sichern.

Die Weine:

Götz Blessings 2000er präsentieren sich nicht ganz einheitlich, doch selbst die weniger gelungenen Weine sind hier immer noch ihr Geld wert. Besonders augenfällig wird dies bei den 4 vorgestellten Riesling QbA, von denen vor allem die beiden Lagenweine eine überzeugende Vorstellung abgeben. Ganz ausgezeichnet ist neben einem höchst erfreulichen Kerner auch die Spätlese mit der Nummer 02/01 aus dem Münsterer Dautenpflänzer.

2000 Kerner Spätlese
Münster 0,75 € 5,37 % 8   AP 770202801101
Kräuterwürziger Duft von Limonen und grünen Äpfeln. Klare, geradlinige und feinsaftige Frucht, süß, elegante Säure, sehr reintöniger Stil, zarte Kräuterwürze am Gaumen, sehr harmonisch und schön zu trinken, fruchtiger Nachhall. Bis 2004.

20.10.2001   84 Punkte

2000 Riesling QbA Trocken
Münster Dautenpflänzer 0,75 € 4,86 % 13
AP 770202801501
Kräuterwürziger Duft von Limonen, grünen Äpfeln und etwas Weinbergspfirsich mit verhaltenen Noten von Wachs und Gras. Würzige Frucht, wieder etwas Wachs, lebendige, gut eingebundene Säure, recht kräftiger Körper, in dem die schlanke Frucht fast etwas verlassen wirkt, am Gaumen wieder kräuterwürzig, mineralischer Abgang. Bis 2003.

20.10.2001   79 Punkte

2000 Riesling Kabinett Trocken
Münster Rheinberg 0,75 € 4,6 % 11 AP 770202801801
Ganz leicht grasiger Duft von Kandierten Äpfeln und Ananas mit mineralischer Würze. Klare, feinsaftige und würzige Frucht, eine Spur Honig, gut eingebundene Säure, am Gaumen mineralisch und fruchtig, im Hintergrund wieder eine Spur vegetabil, betont würzig auch im ordentlichen Abgang. Bis 2003.
21.10.2001	79 Punkte

2000 Riesling Kabinett Halbtrocken
Münster Rheinberg 0,75 € 4,6 % 11 AP 770202801301
Kräuterwürziger und ganz leicht grasiger Apfel-Pfirsichduft. Zartsaftige, schlanke Frucht, kaum nennenswerte Restsüße, harmonische Säure, Kräuternoten und griffige mineralische Würze am Gaumen, gute Nachhaltigkeit, ordentlicher Abgang. Bis 2003.
20.10.2001	78 Punkte

2000 Riesling QbA - 7 -
Münster 0,75 € 4,09 % 9   AP 770202800701
Duft von Wachs, kandierten Zitrusfrüchten und Pfirsichen. Feinsaftige Frucht, süß und würzig, verspielte Säure, Wachsnoten am Gaumen, mineralisch, nachhaltige Fruchtigkeit, nicht allzu tief, guter Abgang. Bis 2005.
20.10.2001	81 Punkte

2000 Riesling QbA
Münster 1 € 3,48 % 9   AP 770202801601
Kräuterwürziger Apfel-Zitrusduft. Klare, süße, feinsaftige Frucht, kräuterwürzig, feingliedrige, präsente Säure, zart mineralisch am Gaumen, reintöniger, sehr süffiger und animierender Stil, beste Balance, klarer Nachhall. Bis 2003.
20.10.2001	81 Punkte

2000 Riesling QbA
Münster Kapellenberg 0,75 € 4,35 % 9,5
AP 770202800801
Zartwürziger Apfel-Pfirsichduft. Klare, saftige und süße Frucht, lebendige Säure, reintöniger Stil, feingliedrige Minerality am Gaumen, sehr gute Balance, noch jung, fruchtiger Abgang. Bis 2005.
20.10.2001	84 Punkte

2000 Riesling QbA
Münster Rheinberg 0,75 € 4,6 % 7,5
AP 770202801001
Feiner, zart kräuterwürziger Apfel-Pfirsichduft. Reintönige, feinsaftige Frucht, süß, lebendige, verspielte Säure, kräuterwürzig und mineralisch am Gaumen, sehr lebendige Art, nachhaltig, sehr schön zu trinken, fruchtiger Abgang. Bis 2005.
20.10.2001	85 Punkte

Weingut Göttelmann

2000 Riesling Spätlese

Münster Dautenpflänzer 0,75 € 6,39 % 8,5
770202800301

Nicht ganz reintöniger, vegetabiler Zitrus-Pfirsichduft. Lebendige, saftig-süße Frucht, schöne Säure, etwas oberflächlich, honigwürzige Note am Gaumen, im Hintergrund mineralisch und wieder eine Spur vegetabil, ordentlicher Abgang. Bis 2003.

25.10.2001	78 Punkte

2000 Riesling Spätlese - 2 -

Münster Dautenpflänzer 0,75 € 7,16 % 7,5
770202800201

Feinwürziger Pfirsich-Apfelduft. Sehr reintönige, saftig-süße Frucht, elegante Säure, wieder leicht würzig am Gaumen, im Hintergrund mineralische Spuren, recht nachhaltig, ausgezeichnete Balance, fruchtiger Nachhall. Bis 2006.

25.10.2001	87 Punkte

WEINGUT HAHNMÜHLE

67822 MANNWEILER-CÖLLN, ALSENZSTR. 25 PETER & MARTINA LINXWEILER PETER LINXWEILER 06362-993099 06362-4466 INFO@WEINGUT-HAHNMUEHLE.DE WWW.KREUZNACHER-FORUM.DE/HAHNMUEHLE
ÖFFNUNGSZEITEN: MO.-SA.: 8.00-12.00 UND 14.00-19.00 SOWIE NACH VEREINBARUNG.

Die aus dem 13. Jahrhundert stammende Mühle ist seit 1898 im Besitz der Familie Linxweiler. Mit der Übernahme des Betriebes durch Peter und Martina Linxweiler begann eine lange Aufbauphase, in der das Gut auf ökologische Wirtschaftsweise umgestellt und der Weinbergsbesitz durch Zukauf in den besten Lagen vervierfacht wurde. Den benötigten Strom erhält das Gut inzwischen durch eine eigene Wasserkraftanlage. Trotz der manchmal widrigen Umstände gelang es der Familie Linxweiler, die Hahnmühle zu einem der führenden Betriebe im Alsenztal aufzubauen.

DIE WEINE:

Die Rieslinge scheinen dem Rest des Sortiments dieses Jahr klar überlegen zu sein. Sowohl "Alisencia" als auch "Alter Wingert" sind wirklich gut gelungen und dabei ausgesprochen preiswert.

1999 CHARDONNAY SPÄTLESE TROCKEN

OBERNDORF BEUTELSTEIN 0,75 € 13,55 % 12,5
77860102900

Verhaltener, zartwürziger Duft von grünem Butterspargel, etwas Zitrone und Melone. Klare, recht straff gewirkte Frucht mit lebendiger Säure, trockener, drahtiger Stil, herbe mineralische Würze im Hintergrund, wirkt deutlich schlanker, als er ist, gute Nachhaltigkeit, leicht mineralischer Abgang mit betonter Säure. Bis 2003.

02.07.2001   82 Punkte

2000 CHARDONNAY QbA TROCKEN

OBERNDORF ASPENBERG 0,75 € 4,6 % 12,5
7786010501

Etwas Mostiger Duft mit Noten von Kräuterkäse, Äpfeln und etwas Melone. Zartsaftige, ein wenig aufgesetzt wirkende Frucht, kräuterwürzig, gewisses Fett am Gaumen, recht gute Balance, süffig, mit einer feinherben Note im Abgang. Bis Ende 2001.

06.07.2001   75 Punkte

2000 CHARDONNAY SPÄTLESE TROCKEN

OBERNDORF ASPENBERG 0,75 € 6,39 % 12 7786010601

Oberflächliche, verwaschen und ausgekocht wirkende Nase. Einfache, oberflächliche Frucht, sauber und recht gut balanciert, blass am Gaumen, ohne Länge. Bis Ende 2001.

06.07.2001   71 Punkte

2000 RIESLING QbA TROCKEN ALTER WINGERT
Cölln Rosenberg 0,75 € 4,86 12,5
AP 77860101001

Zurückhaltender, aber dichter Pfirsichduft. Weiche, geradlinige Frucht, recht saftig, harmonische Säure, mineralische Würze im Hintergrund, kompakt, gut strukturiert und recht nachhaltig am Gaumen, relativ kräftiger Körper, guter Abgang. Bis 2004.

| 22.05.2001 | 82 Punkte |

2000 RIESLING QbA TROCKEN ALISENCIA
0,75 € 4,6 12,5 AP 7786010901

Mineralischer Pfirsich-Zitrusduft. Zartsaftige Frucht mit intensiver, rauchig-mineralischer Würze, lebendige, sehr feine Säure, recht kräftiger Körper, gute Nachhaltigkeit, mineralischer Abgang. Bis 2003.

| 22.05.2001 | 82 Punkte |

2000 WEISSBURGUNDER QbA TROCKEN
Oberndorf Beutelstein 0,75 € 4,6 12,5
AP 7786010701

Klarer, zart floraler Melonenduft. Zartsaftige Frucht, geradlinig, ausgewogene, süffige Art, wenig nachhaltig am Gaumen, ohne Länge. Bis Ende 2001.

| 06.07.2001 | 77 Punkte |

Weingut Korrell - Johanneshof

55545 Bad Kreuznach-Bosenheim, Parkstr. 4 Wilfried & Martin Korrell Martin Korrell 0671-63630 0671-71954 weingut-korrell@t-online.de www.weingut-korrell.de
Öffnungszeiten: Mo.-Fr.: 8.00-12.00 und 13.00-18.00, Sa.: 9.00-12.00 sowie nach Vereinbarung. Gutsschänke mit ca. 50 Plätzen. 8 Ferienwohnungen.

Die ursprünglich aus Spanien stammende Familie Korrell betreibt schon seit rund 250 Jahren Weinbau an der Nahe. Ursprünglich ein landwirtschaftlicher Mischbetrieb, wurde das Gut 1967 - mit der Übernahme durch Wilfried Korrell - ganz auf Weinbau umgestellt. Inzwischen hat Sohn Martin das Ruder im Keller übernommen.

Die Weine:

Aufgrund des schwierigen Jahrgangs ist das Sortiment dieses Jahr von schwankender Qualität. Der elegante trockene Riesling Kabinett, sowie der feinfruchtige Gewürztraminer sind sehr empfehlenswert. Die 99er Rotwein-Spitzencuvée "Ars Vini" wird ihrem Anspruch nicht ganz gerecht.

1999 QbA Ars Vini
0,75 € 17,64 13,5 77102324700
Recht dichtes, mattes Rubin-Granat mit leichter Aufhellung. Einfacher, leicht säuerlicher und rustikaler Duft von gekochten Kirschen, roten Beeren und Tee mit röstiger Holzwürze. Recht saftige, säuerliche und rustikale Frucht, kräftig, gewisse Fruchtsüße, mittelfeines Tannin, trotz aller Fülle etwas oberflächliche, gekochte Art, gut eingebundene Holzwürze, am Gaumen hübsche Saftigkeit, eine Spur rustikal, ordentlicher, recht fruchtiger Abgang. Bis 2003.
25.10.2001   79 Punkte

1999 Portugieser Roséwein QbA Halbtrocken
0,75 € 4,04 11 7710232300
Blasses, glänzendes Rosa-Orange. Etwas verwaschener, weicher und leicht laktischer Duft von roten Beeren. Weicher, leicht würziger Geschmack, zarte Restsüße, recht oberflächlich, mit einer leicht rustikalen Note am Gaumen, moderate Säure, passabler Nachhall. Austrinken.
09.05.2001   70 Punkte

2000 Chardonnay QbA Trocken
0,75 € 5,88 12,5 77102321101
Kräuterwürziger und ganz leicht grasiger Apfel-Zitrusduft. Runde, recht saftige Frucht, zartwürzig, wieder leicht grasig, gewisses Fett, es fehlt jedoch etwas an Tiefe und Nachhaltigkeit, gute Balance, passabler Abgang. Bis Ende 2001.
06.07.2001   76 Punkte

2000 Gewürztraminer QbA Trocken
0,75 12 7710232201
Zartwürziger Rosenduft mit Noten von Kräutern und frisch gemähtem Gras. Klare, geradlinige Frucht, feinsaftig, lebendige Säure, schlanker Stil, grüne Früchte, Kräuter und Mineralien am Gaumen, recht nachhaltig, sehr gute Balance, zitrusfruchtiger und kräuterwürziger Abgang. Bis 2003.
08.08.2001   81 Punkte

2000 Riesling Kabinett Trocken
Kreuznach   Paradies   0,75   € 4,35   10,5   7710232901
Klarer Apfel-Pfirsichduft. Reintönige, schlanke Frucht, feinsaftig, elegante Säure, verspielte mineralische Würze am Gaumen, beste Balance, zartfruchtiger Abgang. Bis 2002.
15.08.2001   **80 Punkte**

2000 Riesling Kabinett Halbtrocken
Kreuznach   Paradies   0,75   € 4,35   10   7710232801
Verhaltener, leicht aufgesetzt wirkender Duft von Pfirsichen, Zitrusfrüchten, etwas Kräutern und Wachs. Schlanke, einfache Frucht, zartsüß, verwaschener Eindruck am Gaumen, passable Balance, ohne Länge. Bis Ende 2001.
09.07.2001   **71 Punkte**

2000 Weissburgunder QbA Trocken
0,75   € 4,7   11,5   7710232401
Sehr zurückhaltende, nicht ganz reintönige Nase. Saubere, trockene, aber ziemlich blasse Frucht, gute Balance, ohne Länge. Bis Ende 2001.
06.07.2001   **73 Punkte**

WEINGUT KLOSTERMÜHLE

55571 ODERNHEIM, AM DISIBODENBERG PETER BECKER, CHRISTIAN HELD THOMAS ZENZ THOMAS ZENZ 06755-319 06755-320
CLARETUM@AOL.COM WWW.CLARETUM.DE
ÖFFNUNGSZEITEN: 9.00-17.00, ABENDS UND AM WOCHENENDE AUF ANFRAGE

Peter Becker und Christian Held erwarben die uralte Klostermühle, die in den 70er und 80er Jahren schon einmal ein angesehenes Burgunderweingut beheimatete, im Jahr 1993. Seither bemühen sie sich zusammen mit Verwalter und Kellermeister Thomas Zenz, die Weintradition auf hohem Niveau weiter zu führen.

DIE WEINE:
Die 2000er bewegen sich hier größtenteils auf dem passablen bis ordentlichen Niveau des Vorjahres. Lediglich der Eiswein eignet sich für höhere Weihen und übertrifft dabei sein 99er Pendant deutlich.

1999 CHARDONNAY QbA TROCKEN
0,75 € 11,71 % 13 77550773000
Weicher, zartwürziger Melonenduft. Zartsaftige, runde Frucht, süffig, einfache Art, rustikale Note am Gaumen, gut balanciert, sehr versteckte Eichenholzwürze, ordentlicher Abgang. Bis Ende 2001.

03.05.2001   77 Punkte

1999 GRAUBURGUNDER BEERENAUSLESE
0,375 € 19,89 % 11,5 77550771300
Verhaltener, von einer leicht rauchigen Holzwürze begleiteter Duft von gekochten Äpfeln und Pfirsichen. Saftige, leicht holzwürzige Frucht, recht straffe Säure, sehr gut eingebundene Süße, sehr harmonisch, aber ohne große Tiefe, wenig nachhaltig am Gaumen, ohne Länge. Bis 2004.

15.05.2001   77 Punkte

1999 RIESLING QbA TROCKEN ***
0,75 € 5,57 % 11,5 77550772800
Zarter, mineralischer Duft von Kräutern, Äpfeln und Zitronen. Zartsaftige Frucht, harmonische Säure, einfach, aber sauber und schön zu trinken, leicht mineralisch am Gaumen, passabler Abgang. Bis 2002.

11.05.2001   77 Punkte

1999 RIESLING BEERENAUSLESE
ODERNHEIM KLOSTER DISIBODENBERG 0,375 € 22,96 % 11
77550771100
Verhaltener und auch etwas verwaschener Botrytisduft mit Noten von Wachs, gekochten Zitrusfrüchten, etwas Ananas und Kräutern. Ziemlich einfache, bitter-süße Frucht, wirkt etwas müde, malzige und brotige Noten am Gaumen, wenig nachhaltig, ordentliche Balance, ohne Länge. Bis 2003.

15.05.2001   76 Punkte

1999 Riesling Eiswein
Odernheim Kloster Disibodenberg 0,375 € 25,05 % 9
AP 77550771000
Malz- und Lakritzwürziger Duft grünen Äpfeln, gekochten Zitronen und Kräutern. Recht klare, feinsaftige Frucht, lebendige Säure, geradliniger Stil mit gut eingebundener Restsüße, nicht sehr nachhaltig am Gaumen, ordentlicher Abgang. Bis 2005.

15.05.2001   **79 Punkte**

1999 Spätburgunder QbA Trocken Unser bestes Fass
0,75 € 19,43 % 13   AP 77550772500
Mattes Granat mit Aufhellung. Holz- und lakritzwürziger Duft von angetrockneten Zwetschgen und roten Beeren mit säuerlich-grasiger Note. Holzwürzige Frucht mit sandigem Tannin, zartrauchige Noten am Gaumen, kräftiger Körper, recht gute Nachhaltigkeit, gute Balance, eingemachte Zwetschgen und Eichenholz im Nachhall. Bis 2003.

17.05.2001   **79 Punkte**

2000 Grauburgunder QbA Trocken Nahe
0,75 € 5,57 % 12,5 AP 7755077701
Recht würziger Duft von reifen Äpfeln. Einfache, trockene Und würzige Frucht, sauber, einen Hauch bitter, leichte Wachsnoten am Gaumen, noch gute Balance, knapper Nachhall. Bis Ende 2001.

06.07.2001   **75 Punkte**

2000 Riesling QbA Trocken Nahe
Odernheim Kloster Disibodenberg 0,75 € 5,57 % 12
AP 77550771101
Etwas mostiger Apfel-Zitrusduft. Einfache, würzige Frucht, lebendige Säure, wieder etwas mostig am Gaumen, vordergründige Art, ordentlicher Abgang. Bis 2002.

10.08.2001   **76 Punkte**

2000 Riesling Spätlese Trocken
Odernheim Kloster Disibodenberg 0,75 € 6,6 % 11
AP 77550771301
Verhaltener, würziger Apfelduft. Klare, schlanke Frucht, eingebundene Säure, einfache Art, etwas blass am Gaumen, knapper Nachhall. Bis Ende 2001.

15.08.2001   **76 Punkte**

2000 Riesling Auslese Nahe
Odernheim Kloster Disibodenberg 0,375 € 9,66 % 9,5
AP 7755077601
Kräuter, Gras und unreife Zitrusfrucht in der Nase. Schlanke, süße Frucht und lebendige Säure, nicht sehr dicht, recht süffige Art, wieder ganz leicht grasig am Gaumen, ohne große Länge. Bis 2004.

14.09.2001   **75 Punkte**

2000 Riesling Eiswein Nahe
Odernheim Kloster Disibodenberg 0,375 € 25,05 % 11
AP 7755077501
Zart kräuterwürziger Aprikosen-Pfirsichduft. Klare, saftig-herbe Frucht mit relativ moderater Süße, Grapefruitgeschmack, lebhafte Säure, kräuterwürzig am Gaumen, gute Balance und Länge. Bis 2008.

25.07.2001   **86 Punkte**

2000 Silvaner QbA Trocken Nahe
🍾 0,75 € 3,99 ٪ 11,5 🍇 AP 7755077901

Duft von sauren Äpfeln und Zitronen. Sehr klar und feinsaftig, elegante Säure, zartwürzig am Gaumen, harmonisch, guter Abgang. Saubere Arbeit. Bis 2002.

14.08.2001   **79 Punkte**

2000 Weissburgunder QbA Trocken Nahe
🍾 0,75 € 5,57 ٪ 12 AP 77550771201

Leicht floraler Duft von Wachs und eingemachten gelben Früchten. Recht schlanke, saubere Frucht, harmonisch und süffig, nicht sehr nachhaltig am Gaumen, ohne Länge. Bis Ende 2001.

06.07.2001   **77 Punkte**

WEINGUT KRUGER-RUMPF

55424 Münster-Sarmsheim, Rheinstr. 47   Stefan Rumpf   Hermann Steitz   Stefan Rumpf & Hermann Steitz   06721-43859   06721-41882   kruger-rumpf@t-online.de   www.kruger-rumpf.com   VDP

Öffnungszeiten: Montag - Samstag von 9.00 bis 18.00 Uhr und während der Öffnungszeiten des Weinrestaurants: Dienstag - Sonntag ab 17.00 Uhr
Sonn- und Feiertags ab 16.00 Uhr
Montags Ruhetag

Das bereits 1790 gegründete Weingut verkaufte seinen Wein weitestgehend im Fass, bis Stefan Rumpf nach dem Studium der Agrarwissenschaften, Praktika in Kalifornien und Forschungsarbeit in Geisenheim den Betrieb von seinen Eltern übernahm. Der Besitz in besten Münsterer und Dorsheimer Lagen mit bis zu 50 Jahre alten Rebstöcken bot beste Voraussetzungen und mit einer klaren Qualitätsphilosophie gelang es Stephan Rumpf, den ganz auf Flaschenabfüllung und Selbstvermarktung umgestellten Betrieb innerhalb weniger Jahre zu einer der zuverlässigsten Quellen für feinen Wein an der Nahe zu machen. Das Engagement wurde 1992 folgerichtig mit der Aufnahme in den VDP Nahe belohnt.

Der ursprüngliche Gutsausschank hat sich seit 1994 unter der Regie von Cornelia Rumpf zu einem hübschen Landgasthaus gewandelt, in dem man die Erzeugnisse des Hauses zu mit Intelligenz und Sorgfalt zubereiteten Speisen genießen kann.

Die Weine:

Die besten Weine eines insgesamt zuverlässigen Sortiments sind der rassiger Kapellenberg Riesling Kabinett und die fest strukturierte Riesling Selektion, der ich eine weitere Steigerung mit etwas Flaschenreife noch zutraue. Auch der trockene Riesling Kabinett ist sehr ansprechend und dabei dem nur unwesentlich günstigeren Classic um Längen voraus.

2000 Chardonnay QbA Trocken Silberkapsel
0,75   € 11,76   12,5   770208900501
Würziger, leicht floraler Duft von eingekochten Äpfeln. Klare, feinsaftige Frucht, recht eleganter Stil mit feiner Säure, zartwürzig im Hintergrund, leicht medizinale Note, ordentlicher Abgang. Bis 2002.
20.10.2001   **78 Punkte**

2000 Riesling QbA Trocken Silberkapsel
Münster   Pittersberg   0,75   € 5,37   11,5   770208901901
Sehr schöner, mineralischer und leicht kräuterwürziger Duft von grünen Äpfeln, Zitrusfrüchten und etwas Pfirsich. Schlanke, knochentrockene Frucht, schöne Säure, mineralisch und wieder leicht kräuterwürzig am Gaumen, straff gewirkt, harmonisch, ordentlicher Abgang. Bis 2002.
20.10.2001   **79 Punkte**

2000 Riesling Kabinett Trocken
Münster   Pittersberg   0,75   € 5,01   % 11
770208901501
Kräuterwürziger und mineralischer Zitrus-Apfelduft. Schlanke, wieder leicht kräuterwürzige Frucht, harmonische Säure, am Gaumen griffige mineralische Noten, gute Balance, feinwürziger Abgang. Bis 2002.

| 21.10.2001 | 80 Punkte |

2000 Riesling QbA Silberkapsel
Münster   Pittersberg   0,75   € 6,39   % 9,5
770208901001
Krauterwürziger und auch etwas grasiger Apfel-Zitrusduft. Klare, süße Frucht, geradlinig, spritzig, am Gaumen etwas flach, wieder kräuterwürzig, knapper Abgang. Bis 2002.

| 20.10.2001 | 74 Punkte |

2000 Riesling Classic
0,75   € 4,86   % 12   7702089030001
Mineralischer Kräuter-Apfelduft. Trockene, ein wenig mostige Frucht, Wachsnoten, harmonische Säure, recht einfache Art, ohne Nachhaltigkeit und Länge. Bis Ende 2001.

| 20.10.2001 | 74 Punkte |

2000 Riesling Kabinett
Münster   Kapellenberg   0,75   € 5,37   % 9
770208903101
Zurückhaltender, feinrassiger, kräuterwürziger und mineralischer Zitrus-Ananasduft. Klare, sehr geradlinige Frucht mit harmonischer Süße, feingliedrige Säure, wieder zart kräuterwürzig am Gaumen, mineralisch im Hintergrund, gute Struktur und Nachhaltigkeit, zartfruchtiger und mineralischer Abgang. Bis 2005.

| 25.10.2001 | 82 Punkte |

2000 Riesling Selection
Münster   Dautenpflänzer   0,75   € 9,46   % 12
770208903501
Ganz leicht grasiger Apfel-Pfirsichduft mit herber mineralischer Würze. Feinsaftige, geradlinige Frucht, relativ fest gewirkt, lebendige, feingliedrige Säure, kräuterwürzig und mineralisch am Gaumen, sehr gute Struktur, nachhaltig, noch sehr jung, langer, kernig-mineralischer Abgang. Kann noch zulegen. 2002-2004.

| 21.10.2001 | 83 Punkte |

2000 Weissburgunder QbA Trocken
0,75   € 5,37   % 12   770208900101
Jugendlicher, leicht kräuterwürziger Zitrus-Apfelduft mit mineralischen Noten. Spritzige Ansprache, eher schlanke, feinsaftige Frucht, mineralische Würze, recht feste Struktur, noch jung, gewisses Fett am Gaumen, es fehlt etwas an Tiefe und Nachdruck, dennoch gute Balance, ordentlicher, fruchtig-mineralischer Nachhall. Bis 2003.

| 19.10.2001 | 79 Punkte |

Weingut Kruger-Rumpf

2000 WEISSBURGUNDER CLASSIC SILBERKAPSEL
🍾 0,75 € 8,44 ℅ 11,5 AP 770208900201

Mineralisch-würzi4ger Duft von mehligen Äpfeln und Kräutern. Schlanke, süßliche Frucht mit lebhafter Säure, kräuterwürzig, recht süffig, etwas knapper Nachhall. Bis 2002.

28.11.2001   78 **Punkte**

Weingut Mathern

55585 Niederhausen, Winzerstr. 7   Helmut Mathern   Helmut Mathern   06758-6714   06758-8109   info@weingut-mathern.de   www.weingut-mathern.de
Weinproben nach Vereinbarung.

Oskar und Helmut Mathern haben das Gut seit Mitte der 80er Jahre Stück für Stück vorangebracht. Nach dem Tod Oskar Matherns führt sein Sohn Helmut den inzwischen auf 12 Hektar angewachsenen Betrieb alleine weiter. In dem engen, größtenteils mit Stahltanks sowie einigen Holzfässern für die Rotweine ausgestatteten Keller strebt Mathern die Erzeugung feinsaftiger weine an, die die Porphyr- und Schieferböden seiner Lagen durch eine feste mineralische Würze deutlich zum Ausdruck bringen.

Die Weine:

Vom spottbilligen Classic bis zu den beiden Spätlesen ist das 2000er Sortiment hier von durchgängig erstklassiger Güte. Die üblichen Jahrgangsprobleme sind in keinem der sehr eigenständigen und terroirbetonten Rieslinge auch nur ansatzweise wahrnehmbar. Großes Kompliment!

2000 Riesling Hochgewächs Trocken

Niederhausen   Rosenberg   0,75   € 4,09   % 12
AP 77500432401
Eindringlicher, komplexer Duft von Kräutern, Mineralien, grünen Äpfeln, Zitrusfrüchten und Weinbergspfirsichen. Sehr klar und geradlinig, feste mineralische Würze, schöne Säure, am Gaumen griffig, spannend und nachhaltig, beste Balance, gute Länge. Bis 2003.

20.10.2001	84 Punkte

2000 Riesling Hochgewächs Halbtrocken

Niederhausen   Rosenheck   0,75   € 4,09   % 11
AP 77500432201
Noch jugendlicher, feinwürziger Apfel-Zitrusduft mit schöner Mineralik. Klare, geradlinige Frucht, zart restsüß, fest gewirkt, mit feiner Säure, sehr mineralisch am Gaumen, leicht kräuterwürzig, gute Nachhaltigkeit und Länge. Bis 2004.

20.10.2001	83 Punkte

2000 Riesling Hochgewächs

Niederhausen   Kertz   0,75   € 4,86   % 10
AP 77500431301
Intensiv mineralischer, kräuterwürziger Apfel-Zitrusduft. Klare, straff gewirkte Frucht, kräuterwürzig und sehr mineralisch, sehr harmonische Süße, lebendige, feingliedrige Säure, griffig am Gaumen, sehr nachhaltig, langer, fruchtig-mineralischer Abgang. Bis 2005.

20.10.2001	85 Punkte

2000 Riesling Classic

0,75   € 3,83   % 11,5   AP 77500431101
Schöner, kräuterwürziger und mineralischer Apfel-Ananasduft. Klare, feinsaftige Frucht mit verspielter Säure, kaum nennenswerte Restsüße, griffige Mineralik am Gaumen, sehr lebendiger, animierender Stil, nachhaltig, mineralischer Abgang. Macht richtig Laune. Bis 2003.

20.10.2001	83 Punkte

2000 Riesling Spätlese
Niederhausen Rosenberg 0,75 € 5,62 % 9
77500431801
Würziger, mineralischer Apfel-Pfirsichduft. Reintönige, sehr saftige Frucht, süß, lebendige, feingliedrige Säure, griffige Mineralik am Gaumen, fest strukturiert und sehr nachhaltig, beste Balance, gute Tiefe und Länge. Bis 2006.
25.10.2001   88 Punkte

2000 Riesling Spätlese
Niederhausen Felsensteyer
0,75 € 7,16 % 9   77500432001
Sehr dichter, tiefgründiger Duft von Mineralien, Äpfeln und Weinbergspfirsichen mit schöner Kräuterwürze. Reintönig, fest und saftig, sehr harmonische Süße, feingliedrige, präsente Säure, nachhaltige mineralische Würze am Gaumen, zupackend und komplex, perfekte Balance, noch jung, hat Rasse und Stil, sehr langer, druckvoller Abgang. Bis 2010.
25.10.2001   90 Punkte

WEINGUT SASCHA MONTIGNY

55452 LAUBENHEIM, WEIDENPFAD 46   SASCHA MONTIGNY   SASCHA MONTIGNY   06704-1468   06704-1602   SASCHA.MONTIGNY@MONTIGNY.DE   WWW.MONTIGNY.DE
ÖFFNUNGSZEITEN: MO.-SA.: 14.00-18.00 NACH ANMELDUNG.

DIE WEINE:
Eine ganze Reihe sehr gut gemachter Rotweine aus 1999 hat Sascha Montigny nachgereicht. Sie stellen die Weißweine des Jahrgangs allesamt in den Schatten. Die drei dieses Jahr angestellten 2000er Weißweine könnten unterschiedlicher nicht sein: Der Grauburgunder schaffte es nicht über die 70 Punkte, der trockene Riesling ist ordentlich gemacht, aber schon langsam am Auszehren, aber die süße Spätlese besitzt Rasse und glasklare Frucht.

1999 QbA TROCKEN CUVÉE MARRIAGE
0,75   € 12,68   12,5   77400372400
Rubin-Granat mit Aufhellung. Von süßer Holzwürze begleiteter Duft von Zwetschgen, Kirschen und roten Beeren. Recht klare, geradlinige und feinsaftige Frucht, kühler Stil, harmonische Holzwürze, recht feines Tannin, etwas Graphit am Gaumen, im Hintergrund ganz leicht rustikal, gute Balance, dunkle Frucht im Abgang. Bis 2004.

25.10.2001	82 Punkte

1999 SPÄTBURGUNDER QbA TROCKEN - 25 -
LAUBENHEIM   0,75   € 5,01   12,5   77400372500
Glänzendes Granat mit Aufhellung. Zurückhaltender, kühler Duft von Kirschen und roten Beeren mit etwas dunkler Röstwürze. Klare, recht saftige Frucht, rund und dabei gut strukturiert, feinkörniges Tannin, lebendige Säure, schöne Fruchtsüße am Gaumen, besitzt Stoff und Tiefe, wieder leicht röstig im Hintergrund, nachhaltig, beste Balance, gute Länge. Bis 2005.

22.06.2001	83 Punkte

1999 ST.-LAURENT QbA TROCKEN - 22 -
0,75   € 10,12   12,5   77400372200
Mattes Purpur-Granat mit leichter Aufhellung. Fein holzwürziger Duft von Kirschen und schwarzen Beeren. Klare, saftige Frucht, sehr feines Tannin, mittelkräftig, eher kühl im Stil, kirschfruchtig am Gaumen, sehr harmonisch, etwas trockener Abgang. Bis 2004.

20.08.2001	83 Punkte

2000 RIESLING SPÄTLESE TROCKEN
LAUBENHEIM   KARTHÄUSER   0,75   € 5,52   11
77400371101
Leicht würziger Apfelduft mit einer Spur Lakritz. Spritzige Ansprache, sehr schlanke Frucht, lebhafte Säure, wieder eine Spur Lakritz am Gaumen, wenig nachhaltig, ohne Länge. Bis Ende 2001.

15.08.2001	75 Punkte

2000 Riesling Spätlese
Laubenheim Karthäuser 0,75 € 5,52 % 8,5
AP 77400371301

Fruchtiger Pfirsich-Ananasduft mit zarter Kräuterwürze. Klare, saftig-süße Frucht, lebendige Säure, knackige Art, griffige Struktur, mineralisch am Gaumen, gute Nachhaltigkeit, sehr harmonisch, fruchtig-würziger Nachhall. Bis 2005.

24.08.2001   **87 Punkte**

GUTSVERWALTUNG NIEDERHAUSEN-SCHLOSS ÖCKELHEIM

55585 NIEDERHAUSEN, EHEMALIGE WEINBAUDOMÄNE FAM. ERICH MAURER KURT GABELMANN, WEINGUTSLEITER KURT GABELMANN 06758-92500 06758-925019 INFO@RIESLING-DOMAENE.DE WWW.RIESLING-DOMAENE.DE VDP, PRO RIESLING.

Die ehemalige Staatsdomäne wurde Anfang des 20. Jahrhunderts von den Preussen als Musterweingut gegründet und ging 1946 in den Besitz des Landes Rheinland-Pfalz über. Lange Zeit kamen aus diesem Betrieb großartige Weine, die nicht unerheblich zum internationalen Renommee des deutschen Rieslings beitrugen. Zu Beginn der 90er Jahre ließ die Weinqualität unerklärlicher Weise stetig nach und das Weingut, das in den meisten Spitzenlagen des Anbaugebietes begütert war, fiel in der Rangliste deutscher Spitzenproduzenten weit zurück. Auch der Versuch, durch den Verkauf eines Drittels der Rebflächen, darunter einige relativ weit von der Domäne entfernter Toplagen, die logistischen Probleme zu lösen und das Sortiment zu straffen, führte nicht zum gewünschten Erfolg. Schließlich veräußerte das Land den auf gute 30 Hektar geschrumpften Betrieb im Juni 1998 an die Familie Erich Maurer, die sogleich begann, in das Anwesen und den Keller gleichermaßen zu investieren.

DIE WEINE:
Auch mit dem 2000er Jahrgang setzt die ehemalige Staatsdomäne ihren Erfolgskurs fort. Zwar erreichen einige Weine nicht ganz das Vorjahresniveau, doch ist der größte Teil des Sortiments wieder sehr gut gelungen und bereitet großes Trinkvergnügen. Neben zwei wirklich guten trockenen Kabinetten fallen vor Allem die Restsüßen Rieslinge auf, an deren Spitze eine fest gewirkte Auslese steht.

2000 RIESLING QbA TROCKEN
 NIEDERHAUSEN 0,75 € 4,7 % 11,5 775005301701
Feinwürziger Pfirsich-Apfelduft. Reintönige, zartsaftige Frucht, lebendige Säure, feinmineralische Würze am Gaumen, geradlinig, sehr gute Balance, guter Abgang. Bis 2003.
10.08.2001   **80 Punkte**

2000 RIESLING QbA TROCKEN
 ALTENBAMBERG ROTENBERG 0,75 € 4,76 % 11,5 775005303101
Zart vegetabiler Apfel-Pfirsichduft. Klare, schlanke Frucht, geradlinig, feine, lebendige Säure, mineralisch am Gaumen, gute Balance, ordentlicher Abgang. Bis 2002.
10.08.2001   **78 Punkte**

2000 RIESLING KABINETT TROCKEN
 TRAISEN BASTEI 0,75 € 6,39 % 10,5 775005301901
Recht dichter Apfel-Pfirsichduft mit Noten von Mineralien und getrockneten Kräutern. Ausgesprochen elegante, reintönige Frucht mit feinster Säure, geradlinig, sehr schöne mineralische Würze am Gaumen, beste Balance, ordentlicher Abgang. Bis 2002.
15.08.2001   **81 Punkte**

2000 RIESLING KABINETT TROCKEN

SCHLOSSBÖCKELHEIM KUPFERGRUBE 0,75 € 6,54 % 11,5
AP 775005301501

Ausgesprochen mineralische Nase mit verhaltenen Apfelnoten. Knochentrockene Frucht mit betonter, fester Mineralik, lebendige Säure, sehr straffe Struktur, stahliger, aber keineswegs spröder Charakter, gute Nachhaltigkeit, mineralischer Nachhall. Bis 2003.

15.08.2001 **82 Punkte**

2000 RIESLING QbA HALBTROCKEN

SCHLOSSBÖCKELHEIM KUPFERGRUBE 0,75 € 5,01 % 11
AP 775005303501

Feinwürziger Apfel-Pfirsichduft. Klare, geradlinige Frucht, feinsaftig, zarte Restsüße und sehr harmonische Säure, mineralische Würze am Gaumen, sehr gute Balance, klarer Nachhall. Bis 2003.

13.08.2001 **80 Punkte**

2000 RIESLING KABINETT HALBTROCKEN

SCHLOSSBÖCKELHEIM FELSENBERG 0,75 € 6,39 % 10
AP 775005301301

Von würziger Mineralik begleiteter Apfel-Pfirsichduft. Schlanke, zartsüße Frucht, harmonische Säure, kräuterwürzig und leicht mineralisch am Gaumen, gute Struktur, feinwürziger Nachhall. Bis 2003.

14.08.2001 **80 Punkte**

2000 RIESLING SPÄTLESE HALBTROCKEN

NIEDERHAUSEN HERMANNSHÖHLE 0,75 € 8,44 % 10,5
AP 775005301401

Feinwürziger Apfel-Ananasduft. Reintönige, elegante Frucht, zartsüß, feingliedrige Säure, feste Mineralik am Gaumen, nachhaltig, gute Länge. Sehr sorgfältige Arbeit. Bis 2004.

14.08.2001 **84 Punkte**

2000 RIESLING KABINETT

NIEDERHAUSEN HERMANNSBERG 0,75 € 6,39 % 9
AP 775005302801

Mineralisch-würziger Duft von Zitrusfrüchten, grünen Äpfeln und etwas Pfirsich. Klare, feinsaftige Frucht mit bestens eingebundener Süße, sehr feine Säure, mineralische würze am Gaumen, recht nachhaltig, beste Balance, gute Länge. Bis 2005.

24.08.2001 **84 Punkte**

2000 RIESLING SPÄTLESE

TRAISEN BASTEI 0,75 € 8,95 % 9 AP 775005302901

Feinwürziger Duft von reifen Äpfeln, Pfirsichen und Aprikosen. Klare, recht saftige Frucht mit harmonischer Süße, feine Säure, mineralisches Rückgrat, recht fest strukturiert, noch sehr jung, gute Nachhaltigkeit und Länge. Bis 2006.

24.08.2001 **86 Punkte**

2000 RIESLING AUSLESE
 NIEDERHAUSEN HERMANNSBERG 0,75 € 14,32 % 9,5
 775005302301
Frischer, kräuterwürziger Duft von Limonen, grünen Äpfeln und Pfirsichen mit mineralischer Note. Straffe, feinsaftige Frucht, süß, lebendige Säure, mineralisches Rückgrat, recht dicht und fest gewirkt, sehr sorgfältig gemacht, nachhaltig am Gaumen, tief und lang. Bis 2008.

14.09.2001 **88 Punkte**

2000 RIVANER QbA TROCKEN
 0,75 € 4,5 % 12   775005301101
Einfacher, etwas grasiger Apfelduft. Würzige Frucht, nicht ganz trocken, lebendige Säure, weich am Gaumen, nicht sehr nachhaltig, etwas blasser Abgang. Bis Ende 2001.

13.08.2001 **74 Punkte**

2000 WEISSURGUNDER QbA TROCKEN
 0,75 € 5,37 % 12   775005300901
Würziger Pistazienduft mit vegetabiler Note. Weich und fruchtig, nicht ganz trocken, zurückhaltende Säure, wirkt ein wenig aufgesetzt, noch gute Balance, ordentlicher Abgang. Bis 2002.

13.08.2001 **74 Punkte**

Weingut Alfred Porr

55585 Duchroth, Schlossstr. 1 Walter Porr Walter Porr
 Walter Porr 06755-207 06755-969621
Mittwoch-Montag 17.00-23.00

2000 Riesling QbA Trocken
 Duchroth Vogelschlag 0,75 € 3,17 % 11,5
 AP 7723053201
Mineralischer Zitrus-Apfelduft. Sehr schlank, lebendige Säure, kräuterwürzige und etwas grasige Noten, wirkt etwas unreif, ohne Länge. Bis Ende 2001.
10.08.2001   **72 Punkte**

2000 Riesling QbA Halbtrocken
 Duchroth Feuerberg 0,75 € 3,17 % 11 AP 7723053101
Zurückhaltender, mineralischer Zitrus-Apfelduft. Sehr schlanke, geradlinige Frucht, zurückhaltende Süße, harmonische Säure, etwas blass am Gaumen, knapper Nachhall. Bis Ende 2001.
13.08.2001   **76 Punkte**

WEINGUT ROHR

55592 RAUMBACH, HAUPTSTR. 104   MICHAEL ROHR   MICHAEL ROHR
06753-2827   06753-6278   WEINGUT-ROHR@T-ONLINE.DE
ÖFFNUNGSZEITEN: MO-FR: 9.00-18.00 ODER NACH VEREINBARUNG.

DIE WEINE:
Die 2000er scheinen hier den 99ern leicht überlegen zu sein. Besonders die halbtrockene und die restsüße Riesling Spätlese sind sehr gut gelungen und auch der Rotwein ist schmackhaft, wenn auch nicht als Spätburgunder identifizierbar.

2000 DORNFELDER QbA TROCKEN
RAUMBACH   SCHLOSSBERG   0,75   € 3,89   % 12,5
AP 775801701601
Purpur mit leichter Aufhellung. Kühler, etwas verwaschener Duft von schwarzen Beeren. Fruchtig, aber auch recht rustikal, deutliche Kohlensäure, staubiges Tannin, am Gaumen dünn und blass, ohne Länge. Bis 2002.
14.09.2001   **73 Punkte**

2000 KERNER SPÄTLESE
RAUMBACH   SCHLOSSBERG   0,75   € 4,35   % 9
AP 775801701101
Duft von Äpfeln und etwas Honigmelone. Klare, schlanke Frucht, süß und recht saftig, feingliedrige Säure, geradliniger Stil, gute Nachhaltigkeit, fruchtiger Abgang. Bis 2003.
08.08.2001   **81 Punkte**

2000 RIESLING HOCHGEWÄCHS TROCKEN
RAUMBACH   SCHLOSSBERG   0,75   € 3,32   % 12
AP 775801701501
Kräuterwürziger und leicht mineralischer Apfel-Zitrusduft. Schlanke, etwas einfache Frucht, wieder Kräuternoten, etwas flache Säure, recht blass am Gaumen, ohne Länge. Bis Ende 2001.
20.10.2001   **75 Punkte**

2000 RIESLING SPÄTLESE TROCKEN
RAUMBACH   SCHWALBENNEST   0,75   € 4,35   % 11,5
AP 775801700901
Verhaltener, mineralischer Apfel-Zitrusduft. Klare, sehr schlanke Frucht, lebhafte Säure, leicht kräuterwürzig und mineralisch am Gaumen, es fehlt ein wenig an Stoff, ordentlicher Abgang. Bis 2002.
15.08.2001   **78 Punkte**

2000 RIESLING HOCHGEWÄCHS HALBTROCKEN
RAUMBACH   SCHLOSSBERG   0,75   € 3,32   % 11,5
AP 775801701401
Kräuterwürziger, leicht mineralischer und floraler Zitrus-Apfelduft. Schlanke, zartsaftige Frucht, kräuterwürzig, verhaltene Restsüße, mineralische Note am Gaumen, etwas knapper Nachhall. Bis 2002.
20.10.2001   **78 Punkte**

2000 RIESLING SPÄTLESE HALBTROCKEN
RAUMBACH SCHWALBENNEST 0,75 € 4,86 % 11,5
775801701001

Zart kräuterwürziger Pfirsichduft. Feinsaftige, klare Frucht, feine, lebendige Säure, wieder kräuterwürzig und etwas mineralisch am Gaumen, sehr harmonisch und schön zu trinken, feinfruchtiger Nachhall. Bis 2003.

14.08.2001   **82 Punkte**

2000 SPÄTBURGUNDER QbA TROCKEN
RAUMBACH SCHLOSSBERG 0,75 € 6,08 % 12,5
775801701701

Rubin-Violett mit Aufhellung. Zurückhaltender, von dunkler, kühler Röstwürze begleiteter Duft von schwarzen Beeren und Kirschen. Würzige und recht saftige Frucht, rauchig und röstig, lebendiges Tannin, relativ kräftig, gute Nachhaltigkeit am Gaumen, leicht rustikaler Touch, würziger Abgang. Das ist ganz gut gemacht, aber niemals ein reiner Spätburgunder. Warum ist man hier nicht konsequent genug und verkauft den Wein als Cuvée? Bis 2003.

14.09.2001   **80 Punkte**

2000 WEISSBURGUNDER QbA TROCKEN
MEISENHEIM OBERE HEIMBACH 0,75 € 4,19 % 12
775801700401

Feinwürziger Duft von Äpfeln und grünem Gemüse. Einfache, leicht kräuterwürzige Frucht, harmonische Säure, rund und gut zu trinken, etwas knapper Nachhall. Bis Ende 2001.

13.08.2001   **77 Punkte**

Prinz zu Salm-Dalberg'sches Weingut

55595 Wallhausen, Schlossstr. 3 Michael Prinz zu Salm-Salm Marcus Leyendecker Marcus Leyendecker 06706-94440 06706-944424 salm.dalberg@salm-salm.de www.salm-salm.de VDP

Verkauf: Astrid Nidergall Öffnungszeiten: Mo.-Fr.: 8.00-12.00 und 13.00-17.00, am Wochenende nach Vereinbarung.

Das älteste Familienweingut Deutschlands ist heute im Besitz von Michael Prinz zu Salm-Salm, der als Bundesvorsitzender des VdP eine zentrale Figur im deutschen Qualitätsweinbau darstellt. So ist es nur konsequent, wenn auch das Weingut in vielen Bereichen eine Beispielfunktion übernimmt.

1989 begann Prinz zu Salm-Salm mit der Umstellung auf ökologischen Weinbau, die 1995 abgeschlossen wurde. Seither firmiert der Betrieb als eingetragenes Mitglied des Naturlandverbandes.

Gemäß einer verbandsinternen Regelung erscheinen seit 1997 nur noch die Namen der Spitzenlagen auf dem Etikett, wobei ausschließlich der Riesling unter einer Lagenangabe angeboten werden darf. Wallhäuser Johannisberg und Felseneck sowie der Roxheimer Berg sind bereits seit Jahrhunderten als Spitzenlagen bekannt, verloren jedoch in der letzten Zeit etwas an Bedeutung, da niemand ihr Potenzial wirklich nutzte. Verwalter und Kellermeister Harald Eckes soll nun den Ruf der Weinberge wieder aufpolieren.

Gutsweine aus anderen Lagen oder Rebsorten werden in der Linie "Schloss Wallhausen" vermarktet, deren Etikett die Abbildung eines alten Kupferstichs der ab 1150 erbauten Burg Dalberg schmückt. Darunter angesiedelt ist die "Prinz-Salm"-Reihe, für die auch Trauben aus benachbarten Weingärten zugekauft werden und zu der auch das Literflaschenprogramm gehört. Den Abschluss bildet "Der Salm", eine Weißweincuvée aus Riesling, Kerner und Silvaner.

Der größte Teil der Weine wird noch in traditionellen Holzfässern vergoren und ausgebaut. Lediglich für den Spätburgunder stehen einige Barriques bereit. Im alten Schlosskeller gären die Weine in den relativ kleinen Gebinden unter natürlich kühlen Bedingungen, so dass sich eine zusätzliche Temperatursteuerung erübrigt. Alles in allem sind die Voraussetzungen für die Erzeugung von erstklassigen Weinen günstig, zumal auch die Weinberge mit 22 Jahren ein gutes Durchschnittsalter aufweisen. Zwar wurden in den letzten Jahre deutliche Fortschritte erzielt, doch bis zur Gebietsspitze ist es noch ein gutes Stück Weg.

Die Weine:
Zwei Riesling Kabinette stehen dieses Jahr an der Spitze eines soliden Sortiments, das insgesamt im Vergleich zum Vorjahr etwas besser abschneidet. Apropos Vorjahr: auch der 99er Riesling Sekt ist sehr ansprechend.

1999 RIESLING SCHAUMWEIN SEKT B.A. TROCKEN RHEINGRAF
🍾 0,75   € 9,46   % 11,5   AP 77791443001

Helles Gelb-Grün mit recht feiner, nicht sehr anhaltender Perlage. Erfrischender Rieslingduft von grünen Äpfeln und Zitrusfrüchten mit zarter Cassisnote. Klare, kräuterwürzige Frucht, mittelfeines Mousseux, nicht ganz trocken, sehr süffige Art, mineralisch im Hintergrund, feinwürziger Nachhall. Bis 2003.

02.10.2001   82 Punkte

2000 QbA TROCKEN DER SALM
🍾 0,75   € 5,01   % 11   AP 77791442301

Klarer, zart kräuterwürziger Apfel-Zitrusduft. Runde, leicht würzige Frucht, lebendige Säure, mineralisch am Gaumen, nicht völlig trocken, gute Balance, guter Abgang. Bis 2002.

14.08.2001   79 Punkte

2000 RIESLING QbA HALBTROCKEN SCHLOSS WALLHAUSEN
🍾 0,75   € 5,62   % 10,5   AP 77791441101

Mineralischer Kräuter-Zitrusduft. Sehr schlanke, zartsüße Frucht, harmonische Säure, mineralisch am Gaumen, sehr gute Balance, klarer Nachhall. Bis 2002.

13.08.2001   79 Punkte

2000 RIESLING KABINETT SCHLOSS WALLHAUSEN
🍾 0,75   € 6,54   % 8,5   AP 77791441301

Frischer, kräuterwürziger Duft von grünen Äpfeln, Ananas und Pfirsich. Reintönige Frucht, schlank und feinsaftig, verspielte Säure, zarte Kräuterwürze am Gaumen, sehr sorgfältige Arbeit, beste Balance, zartfruchtiger und kräuterwürziger Nachhall. Bis 2002.

09.07.2001   81 Punkte

2000 RIESLING KABINETT
🏰 WALLHAUSEN   🍇 FELSENECK   🍾 0,75   % 9   AP 77791441401

Sehr mineralischer, kräuterwürziger Zitrus-Apfelduft. Zartsaftige Frucht mit harmonischer Süße, verspielte Säure, deutliche Kräuteraromen am Gaumen, im Hintergrund mineralisch, gute Nachhaltigkeit, guter Abgang. Bis 2004.

25.10.2001   82 Punkte

2000 RIESLING SPÄTLESE
🏰 ROXHEIM   🍇 BERG   🍾 0,75   € 12,78   % 8   AP 77791441501

Sehr zurückhaltender, kräuterwürziger und mineralischer Apfel-Pfirsichduft. Einfache, süße Frucht mit feiner Säure, kräuterwürzig, feinherbe Note im Hintergrund, zartfruchtiger und etwas vegetabiler Nachhall. Bis 2003.

25.10.2001   77 Punkte

2000 SPÄTBURGUNDER QbA TROCKEN SCHLOSS WALLHAUSEN
🍾 0,75   € 8,95   % 12,5   AP 77791442601

Helles Rubin-Granat mit Wasserrand. Eichenholzduft mit verwaschenen Noten von roten Beeren. Klare, geradlinige Frucht, feinsaftig, viel röstige und rauchige Holzaromatik, recht feines Tannin, gute Nachhaltigkeit am Gaumen, trotz des starken Holzeinsatzes schön zu trinken, rauchiger Abgang. Bis 2003.

28.10.2001   80 Punkte

2000 Spätburgunder Weissherbst QbA Trocken Schloss Wallhausen

🍾 0,75 € 8,18 % 11,5 AP 77791440501

Helles Orange-Bronze. Leicht floraler, etwas verwaschener Duft von gekochten roten Beeren. Recht würziger Geschmack mit feinsaftiger Frucht, harmonische Säure, sehr sauber und angenehm zu trinken, gute Balance, feinfruchtiger Nachhall. Bis 2002.

26.06.2001   78 Punkte

WEINGUT SCHÄFER-FRÖHLICH

55595 BOCKENAU, SCHULSTR. 6   KARIN & HANS & TIM FRÖHLICH
KARIN & TIM FRÖHLICH   06758-6521   06758-8794   ( ) VDP

DIE WEINE:
Karin Fröhlich, die im Keller inzwischen von Sohn Tim unterstützt wird, hat in 2000 eine Serie von sehr sauberen, geradlinigen Tropfen produziert. Die meisten Weine verfügen über eine reintönige Frucht, die stets von einer feinen Kräuterwürze begleitet wird. Der schwierige Jahrgang macht sich dennoch durch einen gewissen Mangel an Tiefe, sowie bei einigen Weinen mit leicht grünen Aromen bemerkbar. Die stark an einen Eiswein erinnernde Auslese ist mit Abstand der stärkste Wein des Sortiments. Das Gut wurde gerade neu in den VDP aufgenommen.

1999 Spätburgunder QbA Trocken
BOCKENAU   STROMBERG   0,75   € 12,78   % 13,5
AP 77130413100
Rubin-Granat mit deutlicher Aufhellung. Holzwürziger und leicht alkoholischer Duft von eingemachten Zwetschgen und roten Beeren. Recht saftige, holzbetonte Frucht, feinkörniges Tannin, kräftiger Körper, gute Nachhaltigkeit, harmonisch, holzwürziger Nachhall. Bis 2004.
21.08.2001   **81 Punkte**

2000 Grauburgunder QbA Trocken
BOCKENAU   STROMBERG   0,75   € 7,67   % 13   AP 77130412201
Würziger Duft von Nüssen und grünen Bananen. Klare, feinsaftige Frucht, straffe, vielleicht nicht hundertprozentig reife Säure, feinwürzig, besitzt Kraft und gutes Fett, Kräuternoten am Gaumen, ordentlicher Abgang. Bis 2002.
13.08.2001   **80 Punkte**

2000 Riesling QbA Trocken
BOCKENAU   FELSENECK   0,75   € 4,6   % 12   AP 77130411301
Kräuterwürziger Duft von Pfirsichen und grünen Äpfeln. Schlank und zartfruchtig, lebhafte Säure, etwas "aschige" Würze am Gaumen, gute Balance, knapper Nachhall. Bis 2002.
10.08.2001   **78 Punkte**

2000 Riesling QbA Trocken
MONZINGEN   FRÜHLINGSPLÄTZCHEN   0,75   € 4,86   % 12
AP 7713041801
Frischer Apfel-Pfirsichduft mit zarten Zitrusaromen. Klar und zartfruchtig, lebhafte Säure, schlanker, geradliniger Stil, ordentlicher Abgang. Bis 2002.
10.08.2001   **78 Punkte**

2000 Riesling Spätlese Trocken
BOCKENAU   FELSENECK   0,75   € 6,65   % 11,5
AP 77130411001
Kräuterwürziger Pfirsich-Zitrusduft. Betonte Kohlensäure, dahinter zartsaftige Frucht, wieder leicht kräuterwürzig, lebendige Säure, geradlinig, limonenfruchtiger Nachhall. Bis 2002.
15.08.2001   **78 Punkte**

2000 RIESLING QbA HALBTROCKEN

SCHLOSSBÖCKELHEIM FELSENBERG 0,75 € 4,6 % 11
7713041401

Feinwürziger Apfel-Zitrusduft. Spritzige Ansprache, zartsaftige, klare Frucht, lebendige Säure, mineralische Würze am Gaumen, harmonisch und gut zu trinken, fruchtiger Nachhall. Bis 2003.

13.08.2001   79 Punkte

2000 RIESLING QbA

BOCKENAU FELSENECK 0,75 € 4,86 % 9,5 77130411201

Kräuterwürziger Duft von Zitrusfrüchten, grünen Äpfeln und etwas Cassis. Spritzige Ansprache, sehr süße, etwas vordergründige Frucht, lebendige Säure, Kräuteraromen am Gaumen, nicht sehr nachhaltig, ohne Länge. Bis 2003.

14.08.2001   77 Punkte

2000 RIESLING SPÄTLESE

MONZINGEN FRÜHLINGSPLÄTZCHEN 0,75 € 7,67 % 8
77130411801

Zart kräuterwürziger Duft von grünen Äpfeln und weißem Pfirsich. Feinsaftige, klare, süße Frucht mit ausgesprochen lebhafter Säure, auch eine Spur grasiger Aromen, am Gaumen recht verhalten, klarer, aber recht kurzer Abgang. Bis 2003.

24.08.2001   78 Punkte

2000 RIESLING SPÄTLESE

BOCKENAU FELSENECK 0,75 € 7,67 % 8 77130411701

Schlanker und recht rassiger Duft von Weinbergspfirsichen mit deutlichem Stachelbeerarome und ganz leicht grasiger Note. Reintönige, süße Frucht, schlank, mit feiner, lebendiger Säure, geradliniger Stil, sehr schön zu trinken, wieder eine winzige Spur grasig am Gaumen, nicht sehr nachhaltig, knapper Abgang. Bis 2003.

24.08.2001   78 Punkte

2000 RIESLING AUSLESE

BOCKENAU FELSENECK 0,5 € 15,34 % 8,5 77130412101

Leicht kräuterwürziger Duft von Grapefruit, Ananas und etwas Pfirsich. Konzentrierte, saftige und sehr süße Frucht, rassige Säure, mineralisch und kräuterwürzig am Gaumen, starker Eisweincharakter, gute Nachhaltigkeit und Länge. Bis 2010.

14.09.2001   88 Punkte

2000 SPÄTBURGUNDER WEISSHERBST QbA TROCKEN

BOCKENAU STROMBERG 0,75 € 4,86 % 11,5
7713041601

Hellgelb. Verhaltener, feinwürziger Apfelduft. Klare, angenehm würzige Frucht, leicht spritzig, sehr harmonisch, ordentliche Nachhaltigkeit am Gaumen, guter Abgang. Sauber gemacht. Bis 2002.

30.07.2001   79 Punkte

2000 WEISSBURGUNDER QBA TROCKEN
BOCKENAU STROMBERG 0,75 € 6,14 % 12,5
7713041701

Feinwürziger Duft von grünem Gemüse und Äpfeln. Spritzige Ansprache, klare, recht saftige Frucht, feinwürzig, nicht ganz trocken, harmonische Säure, am Gaumen kräuterwürzig und leicht mineralisch, gute Balance, würziger Nachhall. Bis 2002.

13.08.2001   **80 Punkte**

WEINGUT JOH. BAPT. SCHÄFER

55452 BURG LAYEN, BURG LAYEN 8 🏃 JOHANN BAPTIST & SEBASTIAN SCHÄFER 🍷 SEBASTIAN SCHÄFER ☎ 06721-43552 📠 06721-47841
PROBE UND VERKAUF NACH VEREINBARUNG.

Seit 1997 hat Sebastian Schäfer die Verantwortung im Keller des kleinen Familienbetriebs mit 4 Hektar Rebfläche. Hatte das Gut bereits unter Johann Baptist Schäfer einen guten Ruf, scheint dessen Sohn noch einmal eine Qualitätssteigerung herbeiführen zu können.

DIE WEINE:

Bislang wurden nur einfache Qualitätsweine verkostet, die sich zumeist auf ordentlichem bis gutem Niveau befinden. Lediglich der unreif wirkende Riesling fällt da etwas aus dem Rahmen.

2000 QbA CHARDONNAY & WEISSER BURGUNDER

🍾 0,75 € 6,39 % 12,5 AP 776307500901

Verhaltener, frischer Apfelduft. Klare Frucht, geradlinig, lebendige, nicht hundertprozentig reife Säure, lässt den Wein schlanker erscheinen, als er ist, gewisses Fett am Gaumen, kräuterwürzige Note im Hintergrund, ordentlicher Abgang. Bis 2002.

14.08.2001 **78 Punkte**

2000 RIESLING QbA TROCKEN

🏞 DORSHEIM 🍇 GOLDLOCH 🍾 0,75 € 5,52 % 11 AP 776307501101

Dropsiger und etwas grasiger Zitrus-Apfelduft. Schlanke Frucht, wieder etwas grasig, lebhafte Säure, ein wenig blass am Gaumen, ohne Länge. Bis Ende 2001.

10.08.2001 **72 Punkte**

2000 SPÄTBURGUNDER WEISSHERBST QbA

🍾 0,75 € 4,7 % 10 AP 776307500301

Glänzend, fast farblos. Zarter Apfelduft mit einer Spur Kräuter. Klare, zartwürzige Frucht, gute Balance von Süße und Säure, schlanke Art, geradlinig, etwas bonbonhaft am Gaumen, ordentlicher Abgang. Bis 2002.

30.07.2001 **77 Punkte**

2000 WEISSBURGUNDER QbA

🍾 0,75 € 5,52 % 12 AP 776307500201

Klarer Duft von Melonen, grünen Äpfeln und etwas Pfirsich. Runde, saftige Frucht, leicht süß, feine, lebendige Säure, zart kräuterwürzig und auch eine Spur mineralisch im Hintergrund, gute Balance, süßlicher Nachhall. Bis 2002.

13.08.2001 **79 Punkte**

WEINGUT SITZIUS

55545 BAD KREUZNACH, KIRCHBERG 1   BRIGITTE SITZIUS-RAPP   ALFRED SITZIUS   0671-64187   0671-8960750
WEINPROBEN BIS 12 PERSONEN WERKTAGS VON 8.00-20.00
ANMELDUNG SINNVOLL

1999 RIESLING SPÄTLESE HALBTROCKEN
KREUZNACH   PARADIES   0,75   € 3,32   11,5
77102710401

Sehr verhaltener, leicht grasiger Duft von Apfeldrops. Schlanke, zartsüße Frucht, lebendige Säure, einfache, leicht grasige Art, am Gaumen eher blass, knapper Nachhall. Bis Ende 2001.

29.10.2001   72 Punkte

1999 SILVANER SPÄTLESE HALBTROCKEN
KREUZNACH   ROSENBERG   0,75   € 3,32   11,5
77102711200

Verhaltener, zart kräuterwürziger Apfelduft. Zartsaftige Frucht mit einer Spur Restsüße, etwas rustikale Würze, wirkt schon etwas gezehrt, am Gaumen eher blass, leicht schaler Nachhall. Austrinken.

29.10.2001   72 Punkte

2000 HUXELREBE SPÄTLESE
KREUZNACH   ROSENBERG   0,75   € 3,07   10
77102710601

Verwaschene, grasige Apfelnase. Einfache, zartsaftige, süße Frucht, harmonische Säure, leicht rustikale Würze am Gaumen, ordentliche Balance, knapper Nachhall. Bis 2002.

29.10.2001   73 Punkte

2000 RIESLING QbA VIKTOR
0,75   € 3,83   9,5   771112601401

Duft von grünen Äpfeln. Klare, runde Frucht mit moderater Süße, schöne Säure, zart mineralisch am Gaumen, wieder apfelfruchtig, gute Balance, leicht rustikale Note, fruchtiger Abgang. Bis 2002.

20.10.2001   78 Punkte

2000 RIVANER QbA TROCKEN
KREUZNACH   ROSENBERG   0,75   € 2,56   11,5
77102710501

Klarer, kräuterwürziger und mineralischer Apfel-Zitrusduft. Schlanke, zartsaftige Frucht, feine Säure, zart mineralisch am Gaumen, eher einfache Art, knapper Nachhall. Bis 2002.

20.10.2001   76 Punkte

WEINGUT TESCH

55450 LANGENLONSHEIM, NAHEWEINSTR. 99   HARTMUT & DR. MARTIN TESCH   HARTMUT & DR. MARTIN TESCH   06704-93040   06704-930415   INFO@WEINGUT-TESCH.DE   WWW.WEINGUT-TESCH.DE   VDP

Die Familie Tesch betreibt bereits seit 1723 Weinbau in Langenlonsheim. Im Zuge einer Anfang der 80er Jahre begonnenen Umstrukturierung des Betriebes wurde der umfangreiche Lagenbesitz nach und nach gestrafft und auf die besten Weinberge um Langenlonsheim und Laubenheim konzentriert. Dieser Prozess ist nun praktisch abgeschlossen und spätestens seitdem Martin Tesch 1996 endgültig die Verantwortung für die Weinbereitung übernommen hat, befindet sich das Gut stabil auf Erfolgskurs.

Bereits während des Biologiestudiums entdeckte Martin Tesch seine Begeisterung für Fermentationsprozesse aller Art. Forschungsarbeiten im Bereich der Weinbereitung, des Bierbrauens und der Herstellung von Antibiotika machten ihn zu einem Experten für alles, was mit Hefen und Gärung zu tun hat. So ist es nicht verwunderlich, dass Martin Tesch als einer der wenigen Weinmacher in Deutschland den höchst umstrittenen biologischen Säureabbau beim Riesling perfekt beherrscht. Das Ergebnis sind elegante und feinsaftige Weine, denen es in der Regel weder an Rasse, noch an klarer Sortenart mangelt.

Mindestens ebensoviel Wert, wie auf eine reintönige Frucht, legt Martin Tesch auf einen nachvollziehbaren Terroircharakter. Eine penible, umweltschonende und auf bestmögliche Qualität ausgerichtete Weinbergspflege und selektive Lese sind für ihn daher unverzichtbar.

Es gibt nicht viele Erzeuger an der Nahe, die, wie Tesch, jedes Jahr zuverlässig vom einfachsten Gutswein bis zur Goldkapsel-Auslese höchst befriedigende Weine erzeugen. Bis zur Gebietsspitze ist es hier nur noch ein kleiner, wenn auch bedeutender Schritt. Noch versucht man im Keller jedes Risiko zu vermeiden und nimmt dabei in Kauf, dem Wein durch Schönung einen Teil seines Charakters und Potentials zu rauben. Sobald sich Martin Tesch dazu durchringen kann, gerade seine trockenen Spitzenweine in dem völlig unbehandelten, durchgegorenen Zustand, wie ich sie aus dem Fass verkosten durfte (durchweg im Bereich von 90 Punkten), abzufüllen, wird man ihn zu den großen Rieslingerzeugern Deutschlands zählen müssen.

DIE WEINE:
Die Weine der 2000er Serie von Martin Tesch sind durch die Bank sehr sorgfältig gemacht und besitzen den hier üblichen eleganten, feinsaftigen Charakter. Lediglich durch einen leichten Mangel an Tiefe und Länge macht sich der schwierige Jahrgang bei einigen Weinen bemerkbar. Wirklich exzellent geraten sind dieses Jahr die beiden Spätlesen aus dem Karthäuser, sowie die Auslese aus dem Löhrer Berg. Überstrahlt wird das Sortiment jedoch von zwei grandiosen Eisweinen.

2000 Riesling Kabinett Trocken
Laubenheim 🍾 Krone 🍷 0,75 % 11 AP 77381662201
Sehr schöner, reintöniger Apfel-Pfirsichduft mit feiner Mineralik. Sehr klare, feinsaftige Frucht, verspielte Säure, am Gaumen elegante Mineralik, gute Nachhaltigkeit, beste Balance, feinfruchtiger Abgang. Bis 2003.

21.10.2001 **82 Punkte**

2000 Riesling Kabinett Trocken
Langenlonsheim 🍾 Löhrer Berg 🍷 0,75 % 11 AP 77381662101
Fester Apfel-Pfirsichduft mit feiner mineralischer Würze und leichten Honignoten. Klare, schlanke Frucht, sehr trockener Stil, zart kräuterwürzig, recht feine Säure, mineralische Note am Gaumen, relativ fest strukturiert, nicht allzu nachhaltig, ordentlicher Abgang. Bis 2003.

21.10.2001 **79 Punkte**

2000 Riesling Spätlese Trocken
Langenlonsheim 🍾 Königsschild 🍷 0,75 % 11
AP 77381662001
Kräuterwürziger und leicht mineralischer Apfel-Zitrusduft. Geradlinige, klare Frucht mit feiner Säure, leicht kräuterwürzig, auch mineralische Noten am Gaumen, noch hefige Noten, gute Nachhaltigkeit, feinmineralischer Abgang, der etwas länger sein könnte. Bis 2003.

21.10.2001 **81 Punkte**

2000 Riesling Spätlese Trocken
Laubenheim 🍾 Karthäuser 🍷 0,75 % 11 AP 77381662501
Duft von edlen Kräutern, kandierten Äpfeln und Limonen, sowie etwas Weinbergspfirsich mit filigraner mineralischer Würze. Sehr reintönige, elegante Frucht, feingliedrige Säure, schlanker, fast schwereloser Stil, hochfeine Mineralik am Gaumen, filigran und doch nachhaltig am Gaumen, beste Balance, gute Länge. Bis 2003.

21.10.2001 **85 Punkte**

2000 Riesling Spätlese Trocken
Laubenheim 🍾 St.Remigiusberg 🍷 0,75 % 11 AP 77381662301
Feinwürziger Duft von kandierten Zitrusfrüchten und Pfirsichen. Klar und zartsaftig, feingliedrige Säure, mineralische Würze im Hintergrund, hat durchaus Stoff, es fehlt mir etwas an Tiefe, dennoch sehr gut gemacht, klarer, feinmineralischer Nachhall. Bis 2003.

21.10.2001 **81 Punkte**

2000 Riesling Auslese Trocken
Laubenheim 🍾 St.Remigiusberg 🍷 0,75 % 11 AP 77381662401
Recht intensiver Apfel-Pfirsichduft mit zarter Kräuterwürze und an Sahne erinnernden Noten. Klare, zartsaftige Frucht, etwas einfache und oberflächliche Art, recht zurückhaltende Säure, wieder eine Spur Kräuter am Gaumen, auch mineralische Noten, ordentlicher, leicht süßlicher Abgang. Bis 2002.

21.10.2001 **78 Punkte**

2000 Riesling Kabinett Halbtrocken
Langenlonsheim 🍾 Löhrer Berg 🍷 0,75 % 11 AP 77381661501
Schöner, zart kräuterwürziger Apfel-Pfirsichduft. Klare, geradlinige Frucht, zartsüß, lebendige Säure, erfrischende Art, etwas knapper Nachhall. Bis 2003.

20.10.2001 **79 Punkte**

2000 Riesling Spätlese Halbtrocken
Langenlonsheim Königsschild 0,75 % 11
AP 77381661401
Rassiger Duft von grünen Äpfeln, Zitrusfrüchten und etwas Pfirsich mit kräuterwürzigen und mineralischen Noten. Schlanke, geradlinige Frucht, klarer Stil, leicht kräuterwürzig, feine, präsente Säure, am Gaumen zart mineralisch, nicht sehr nachhaltig, knapper Abgang. Bis 2003.
20.10.2001   79 Punkte

2000 Riesling Kabinett
Langenlonsheim Löhrer Berg 0,75 % 11 AP 77381660901
Schöner Apfel-Pfirsichduft. Reintönige, feinsaftige Frucht mit harmonischer Süße, verspielte Säure, leicht mineralisch am Gaumen, gute Nachhaltigkeit, fruchtiger Abgang. Bis 2004.
25.10.2001   83 Punkte

2000 Riesling Spätlese
Laubenheim Karthäuser 0,75 % 11 AP 77381660801
Feinmineralischer Duft von Äpfeln, Ananas und Pfirsich. Klare, feinsaftige Frucht mit sehr harmonischer Süße, ausgesprochen feine Säure, sehr geradlinig im Stil, setzt ganz auf Leichtigkeit und Eleganz, zart mineralisch, schlanker, feinwürziger Nachhall. Bis 2005.
25.10.2001   86 Punkte

2000 Riesling Auslese Goldkapsel
Langenlonsheim Löhrer Berg 0,375 % 11
AP 77381662901
Duft von eingekochten Pfirsichen und Aprikosen mit Wachsnoten. Feincremige, süße Frucht, zarte Honigwürze, recht moderate Säure, etwas oberflächliche Art, aber sehr sauber gemacht und schön zu trinken, wieder Honig im Abgang. Bis 2006.
26.10.2001   84 Punkte

2000 Riesling Auslese
Langenlonsheim Löhrer Berg 0,75 % 11 AP 77381660101
Sehr reintöniger Duft von Äpfeln, Weinbergspfirsichen und feinsten Kräutern mit zart mineralischer Note. Geradlinige, feinsaftige und süße Frucht, wieder kräuterwürzig, sehr feingliedrige Säure, elegant und verspielt, zart mineralisch im Hintergrund, nachhaltig, beste Balance, zartfruchtiger Nachhall. Bis 2008.
26.10.2001   88 Punkte

2000 Riesling Auslese
Laubenheim Karthäuser 0,75 % 11 AP 77381660201
Duft von eingekochten Pfirsichen, Äpfeln und etwas Wachs. Süße, recht saftige Frucht, feingliedrige Säure, etwas Wachs am Gaumen, zarte Kräuter- und Mineralnoten, sehr süffiger Stil, nicht allzu tief, ordentlicher Abgang. Bis 2005.
26.10.2001   83 Punkte

2000 Riesling Eiswein Goldkapsel

Langenlonsheim • Löhrer Berg
0,375 • 11 • 77381661301

Ganz leicht oxydativer Duft von Wachs, Karamell, Dörrfrüchten und Honig, zunächst relativ verhalten, dann immer eindringlicher werdend, zunehmende Fruchtaromen und würzige Mineralik. Honigwürzige, cremige Frucht, sehr süß, feingliedrige, präsente Säure, sehr nachhaltig am Gaumen, wieder Honig- und Karamellaromen, es fehlt auch hier zunächst die Fruchtigkeit, erst nach Stunden an der Luft zeigen sich feinste Aprikosennoten, blüht unglaublich auf und gewinnt an Komplexität und Tiefe, zunehmende Mineralik, griffiger Stil, vibrierend und rassig, perfekte Balance, große Länge. Ein Traum, den ich im ersten Moment völlig unterschätzte. Erst nach mehreren Tagen offenbarte er seine wahre Größe! Bis 2020.

28.10.2001   **97 Punkte**

2000 Riesling Eiswein

Langenlonsheim • Löhrer Berg
0,375 • 11 • 77381661201

Konzentrierter, rassiger Duft von getrockneten Aprikosen, Pfirsichen und Zitrusfrüchten mit Karamell- und Wachsnoten. Cremige, sehr konzentrierte Frucht, große Süße, Aromen von Karamell und Dörrobst, feingliedrige, rassige Säure, sehr komplex und nachhaltig am Gaumen, Honignoten, aber auch eine herrliche Fruchtigkeit, perfekte Balance, große Länge. Bis 2030.

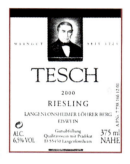

28.10.2001   **96 Punkte**

2000 Weisburgunder Spätlese Trocken

0,75 • 11 • 77381662701

Schöner, zart kräuterwürziger Duft von grünem und weißem Gemüse, Äpfeln und etwas Litschi. Saftige und feinwürzige Frucht, elegante Säure, mineralische Note am Gaumen, mittelkräftig, geradliniger Stil, ordentlicher, zartfruchtiger Abgang. Bis 2003.

26.11.2001   **82 Punkte**

WEINGUT IM ZWÖLBERICH

55450 LANGENLONSHEIM, SCHÜTZENSTR. 14   HARTMUT HEINTZ
HELMUT WOLF   HARTMUT HEINTZ   06704-9200   06704-92040   ZWOELBERICH@T-ONLINE.DE   WWW.ZWOELBERICH.DE
DEMETER

ÖFFNUNGSZEITEN. MO.-FR.: 9.00-19.00,
AM WOCHENENDE NACH VEREINBARUNG.
WEINBLÜTENFEST IM JUNI, WEINLESEFEST IM SEPTEMBER. GÄSTEZIMMER KÖNNEN IN UNMITTELBARER NACHBARSCHAFT VERMITTELT WERDEN.
HOTELWEINPROBEN IN BERLIN, DÜSSELDORF, HAMBURG, KÖLN UND MÜNCHEN.

DIE WEINE:

Die Weine sind teils von recht einfacher Art, teils aber auch sehr sauber und angenehm zu trinken. Zu meinen Favoriten gehören dieses Jahr der Müller-Thurgau aus dem Langenlonsheimer Steinchen und der Auxerrois aus Guldental, dem ich eine weitere positive Entwicklung durchaus zutraue.

1999 RIESLING SPÄTLESE TROCKEN

GULDENTAL   ROSENTEICH   0,75   € 10,17   % 11,5
773805801901

Verhaltener, kräuterwürziger Apfelduft mit leichten Pfirsichnoten. Relativ schlanke Frucht, harmonische Säure, leicht kräuterwürzig am Gaumen, nicht sehr nachhaltig, knapper Abgang. Austrinken.

07.12.2001   **75 Punkte**

2000 QbA TROCKEN FLEUR D'ESPRIT

0,75   € 8,64   % 12,5   773805801701

Mineralisch-würziger Duft von weißem Gemüse, Äpfeln und Limonen. Recht würzige Frucht mit Noten von Kräutern und Mineralien, lebendige Säure, nicht völlig trocken, gute Balance, etwas knapper Nachhall. Bis 2002.

14.08.2001   **79 Punkte**

2000 QbA LIEBLICH PORTUGIESER & DORNFELDER

0,75   € 8,64   % 10   473805801000

Hellrubin mit Wasserrand. Sehr verwaschener Duft von roten Beeren. Blasse, süße Frucht, sehr einfach, einigermaßen süffig, passabler Nachhall. Bis 2002.

01.12.2001   **72 Punkte**

2000 AUXERROIS QbA TROCKEN

GULDENTAL   ROSENTEICH   0,75   € 8,64   % 13
773805800101

Stark kräuterwürziger, mineralischer und etwas gemüsiger Zitrus-Apfelduft mit einer Spur Schwefelwasserstoff. Recht saftige Frucht, kräuterwürzig, betonte Säure, kräftiger Körper, mineralische Struktur, unruhige Art, noch nicht ideal balanciert, guter Abgang. Bis 2003.

08.08.2001   **79 Punkte**

2000 Dornfelder QbA Trocken
0,75 € 8,64 % 12,5 AP 773805801601
Recht dichtes, mattes Granat-Violett mit leichter Aufhellung. Verhaltener, rustikal-würziger Duft von schwarzen Beeren und etwas Alkohol. Relativ saftige Frucht, feinstaubiges Tannin, kräftiger Körper, harmonisch und angenehm zu trinken, gute Nachhaltigkeit, fruchtiger Abgang. Bis 2003.
06.08.2001   79 Punkte

2000 Grauburgunder Kabinett Trocken
Langenlonsheim Steinchen 0,75 € 8,64 % 10,5 AP 773805800201
Würziger, fast etwas rauchiger Duft von weißem Gemüse und Äpfeln. Schlanke, klare Frucht mit lebhafter Säure, leicht kräuterwürzig und mineralisch, wieder eine Spur röstig im Hintergrund, ordentlicher Abgang. Bis 2002.
08.08.2001   78 Punkte

2000 Müller-Thurgau QbA Trocken
Langenlonsheim Steinchen 0,75 € 6,08 % 12,5 AP 773805800601
Würziger Duft von Kräutern, Mineralien und etwas weißem Gemüse mit Noten von Zitrusfrüchten, Äpfeln und Melone. Feinsaftiger und würziger Geschmack, feingliedrige Säure, kräftiger Körper mit gutem Fett, recht nachhaltig am Gaumen, guter, apfelfruchtiger Abgang. Bis 2003.
13.08.2001   81 Punkte

2000 Portugieser QbA Trocken Vitalo
1 € 5,73 % 12 AP 473805800201
Helles Rubin-Granat mit Wasserrand. Verwässerter und leicht schweißiger Duft. Weiche, würzige Frucht, etwas oberflächlich, rustikale Note am Gaumen, ohne Länge. Bis 2002.
20.08.2001   70 Punkte

2000 Portugieser Roséwein QbA Trocken
0,75 € 8,64 % 12,5 AP 773805804600
Orange. Sehr hefige Nase. Überraschend klare, feinsaftige Frucht, schöne Würze, leicht mineralisch, lebendige Säure, geradlinig, guter Abgang. Bis 2002.
30.07.2001   76 Punkte

2000 Riesling QbA Trocken
0,75 € 7,11 % 12 AP 773805800901
Mineralischer Kräuter-Zitrusduft mit zarten Pfirsichnoten. Sehr schlank, mit betonter, nicht ganz reifer Säure, grasige Noten und rustikale Würze am Gaumen, nicht harmonisch, ohne Länge. Bis Ende 2001.
10.08.2001   70 Punkte

2000 Riesling Kabinett Trocken
Langenlonsheim Königsschild 0,75 € 8,64 % 10 AP 773805800501
Kräuterwürziger und ganz leicht grasiger Zitrus-Pfirsichduft. Schlanke, zartsaftige Frucht, etwas oberflächlich, betonte, recht feine Säure, wieder ganz leicht grasig am Gaumen, ohne Länge. Bis Ende 2001.
15.08.2001   73 Punkte

2000 Riesling QbA Halbtrocken
Langenlonsheim   Löhrer Berg   0,75   € 7,62   10,5
773805800801
Mineralisch-würziger Apfelduft. Schlanke, recht einfache Frucht, kaum Süße, lebendige Säure, etwas mostige Art am Gaumen, knapper Nachhall. Bis Ende 2001.

13.08.2001   74 Punkte

2000 Silvaner QbA Trocken
Langenlonsheim   Steinchen   0,75   € 5,06   12
773805800401
Säuerliche und etwas grasige Nase. Spritzige Ansprache, zartsaftige Frucht, florale Note, leicht rustikaler Touch, ordentlicher Abgang. Bis Ende 2001.

14.08.2001   73 Punkte

2000 Spätburgunder QbA Trocken
Langenlonsheim   Steinchen   0,5   13
773805803001
Relativ helles Granat-Braun. Sehr holzbetonter Duft von Zwetschgen und gebackenen roten Beeren. Herbe Holzwürze am Gaumen, lebendige Säure, in den Hintergrund gedrängte Frucht, rustikale, etwas metallische Art, rauchiger Abgang. Bis 2003.

28.11.2001   76 Punkte

2000 Spätburgunder QbA Trocken
0,75   € 9,15   12,5   473805800301
Glänzendes Granat bis Orange mit Wasserrand. Leicht holzwürziger Duft von gekochten roten Beeren. Klare, kühle Frucht, schlank, recht feines Tannin, gut balanciert, ordentlicher bis guter Abgang. Bis 2002.

18.10.2001   78 Punkte

2000 Spätburgunder QbA Trocken
Langenlonsheim   Steinchen   0,75   € 8,64   12
773805800301
Helles Granat mit Wasserrand. Etwas verwaschener, röstwürziger Duft von eingekochten roten und schwarzen Beeren und etwas Gummi. Kühle, zartsaftige Frucht mit dunkler Röstwürze, griffiges Tannin, gewisses Fett am Gaumen, lebendige Säure, leicht rustikale Note, dennoch recht harmonisch und gut zu trinken, rauchiger Abgang, in dem auch das Gummiaroma wiederkommt. Bis 2004.

14.09.2001   78 Punkte

WEITERE ERZEUGERADRESSEN

WEINGUT PAUL ANHEUSER
55545 Bad Kreuznach, Stromberger Str. 15-19   Rudolf Peter Anheuser   Rudolf Anheuser   0671-28748   0671-42571   weingut@anheuser.de   www.anheuser.de

MANFRED UND GERNOT BAMBERGER
55595 Mandel,   -   0671-28447

WEINGUT UND SEKTGUT KARL-KURT BAMBERGER & SOHN
55566 Meddersheim, Römerstr. 10   Familie Bamberger   Heiko Bamberger   06751-2624   06751-2141   kontakt@weingut-bamberger.de   www.weingut-bamberger.de
Öffnungszeiten: Mo-Sa: 8.00-19.00 Uhr, So: nach Vereinbarung.

WEINGUT REINHARD BECK
55566 Meddersheim, Oberer Winkel 1   06751-2776

WEINGUT CÖRPER-REINHARD
55585 Oberhausen, Hauptstr. 17   06755-276   06755-962176

WEINGUT DR. CRUSIUS
55595 Traisen, Hauptstr. 2   Dr. Peter Crusius   Dr. Peter Crusius   0671-33953   0671-28219   weingut-crusius@t-online.de   www.weingut-crusius.de   VDP
Probe und Verkauf täglich nach Vereinbarung.

WEINGUT HELMUT DAUTERMANN
55585 Duchroth, Naheweinstr. 39   06755-331   06755-969400

WEINGUT SCHLOSSMÜHLE DR. HÖFER
55452 Burg Layen, Naheweinstr. 2   Dr. Thomas Höfer   Andreas Engelmann   06721-45000   06721-46946   drhoefer-weingut@t-online.de   www.drhoefer-weingut.de
Öffnungszeiten: Mo.-Fr.: 8.00-17.30 und nach Vereinbarung.
Erlebnisabende im 800 Jahre alten Burgkeller mit verschiedenen kulinarischen Köstlichkeiten für bis zu 80 Personen.

WEINGUT EMRICH-SCHÖNLEBER
55569 Monzingen, Naheweinstr. 10a   Werner Schönleber   Werner Schönleber   Werner Schönleber   06751-2733   06751-4864   weingut@emrich-schoenleber.com   www.emrich-schoenleber.com   VDP
Öffnungszeiten: Mo.-Fr.: 8.00-12.00 und 13.00-18.00 Uhr, Sa.: 9.00-12.00 und 13.00-16.00.

WEINGUT CARL FINKENAUER
55545 Bad Kreuznach, Salinenstr. 60   Familien Bayer, Nicolay, Schulz, Steitz und Trummert-Finkenauer   Hubertus Meitzler   0671-28771   0671-35265   gutshoefe.fva@t-online.de

WEINGUT WALTER FREY
55595 Sommerloch, Hauptstr. 2   06706-555

WEINGUT WILLI GENTHEIMER-KILTZ
55595 Gutenberg, Zum Sportfeld 6   06707-86333

WEINGUT GRAF-BINZEL
55450 Langenlonsheim, Naheweinstr. 164   06704-1325   06704-2890

WEIN- UND SEKTGUT GROSSMANN
67821 OBERNDORF, HAUPTSTR. 9   MANFRED GROSSMANN   MANFRED GROSSMANN
06362-3497   06362-4146
PROBE UND VERKAUF TÄGLICH NACH VORANMELDUNG.

WEINGUT GULDENBACHHOF
55452 WINDESHEIM, GULDENBACHSTR. 2   06707-342

WEINGUT HEHNER-KILTZ
55596 WALDBÖCKELHEIM, HAUPTSTR. 4   GEORG UND HELMUT HEHNER   GEORG HEHNER   GEORG HEHNER   06758-7918   06758-8620   INFO@HEHNER-KILTZ.DE   WWW.HEHNER-KILTZ.DE
ÖFFNUNGSZEITEN: TÄGLICH 8.00-20.00

WEINGUT HELMUT HEXAMER
55566 MEDDERSHEIM, SOBERNHEIMER STR. 3   HARALD HEXAMER   HARALD HEXAMER   06751-2269   06751-94707   WEINGUT-HEXAMER@T-ONLINE.DE   WWW.WEINGUT-HEXAMER.DE
ÖFFNUNGSZEITEN: TÄGLICH 8.00-20.00 UND NACH VEREINBARUNG.

WEINGUT JUNG
55583 EBERNBURG, BURGSTR. 8   06708-2226   06708-4333

WEINGUT REINHOLD KELLER
67822 NIEDERMOSCHEL, HAUPTSTR. 10   06362-8718

WEINGUT KILTZ & STROBL
55569 NUSSBAUM, HAUPTSTR. 17   06751-2553   06751-2553

WEINGUT MICHAEL KLÖREN
55452 LAUBENHEIM, AM STEINKREUZ 17   06704-500

WEINGUT JÜRGEN LERSCH
55450 LANGENLONSHEIM, CRAMERSTR. 34   JÜRGEN & THOMAS LERSCH   JÜRGEN & THOMAS LERSCH   06704-1236   06704-1236
4 DOPPELZIMMER.

WEINGUT LINDENHOF
55452 WINDESHEIM,   MARTIN REIMANN   MARTIN REIMANN   06707-330

WEINGUT ADOLF LÖTZBEYER
67824 FEILBINGERT, KIRCHSTR. 6   ADOLF LÖTZBEYER   ADOLF LÖTZBEYER   06708-2287   06708-4667
ÖFFNUNGSZEITEN: MO-FR: 9.00-17.00 UHR, SA: 9.00-16.00 UHR ODER NACH VEREINBARUNG.

NAHE-WINZER EG
55559 BRETZENHEIM, WINZENHEIMER STR. 30   0671-836300

WEINGUT PETRI-ESSING
55569 MONZINGEN, SOONWALDSTR. 47   06751-2968

WEINGUT RAPP
55583 EBERNBURG, SCHLOSSGARTENSTR. 100   WALTER RAPP   WALTER RAPP   06136-2487   06136-924413   INFO@WEINGUT-RAPP.DE   WWW.WEINGUT-RAPP.DE
WEINPROBE UND VERKAUF: WERKTAGS VON 8.00 BIS 19.00 UHR UND NACH VEREINBARUNG. DAS GÄSTEHAUS WIRD VON WEINLIEBHABERN, FERIENGÄSTEN ODER GOLFERN DES NAHEGELEGENEN GOLFCLUBS NAHETAL GLEICHERMASSEN FREQUENTIERT UND UMFASST 12 ZEITGEMÄSS GÄSTEZIMMER, 4 FERIENAPARTMENTS UND EINE WEINSTUBE MIT BLICK IN DEN WEINGARTEN. DIE WEINSTUBE KANN NACH BEDARF AUCH FÜR WEINPROBEN FÜR GESELLSCHAFTEN GENUTZT WERDEN.

Winzergenossenschaft Rheingrafenburg eG
55566 Meddersheim, Naheweinstr. 63 06751-2667 06751-6101

Weingut Michael Schäfer
55452 Burg Layen, Hauptstr. 15 Alfred & Karl-Heinz Schäfer Alfred & Karl-Heinz Schäfer 06721-43097 06721-42031
Öffnungszeiten: Mo.-Fr.: 8.00-18.00 und nach Vereinbarung.
Ferienwohnung für 4 Personen im historischen Althof des Weinguts.

Weingut Eckhard Schlarb
55566 Meddersheim, Sobernheimer Str. 1 06751-2933 06751-2980

Weingut Schloss Gutenburg
55595 Wallhausen, Traubenstr. 16 06706-438

Weingut Jakob Schneider
55585 Niederhausen, Winzerstr. 15 Jakob Schneider Jakob Schneider 06758-93533 06758-93535 weingut.jakob.schneider@nahenet.de www.schneider-wein.de
Öffnungszeiten: So.-Mo.: 8.00-19.00, um vorherige Anmeldung wird gebeten.

Weingut Bürgermeister Willi Schweinhardt Nachf.
55450 Langenlonsheim, Heddesheimer Str. 1 Wilhelm & Axel Schweinhardt Wilhelm & Axel Schweinhardt Axel Schweinhardt 06704-93100 06704-931050 info@schweinhardt.de www.schweinhardt.de
Öffnungszeiten: Mo.-Fr.: 8.00-12.00 und 13.00-18.00, Sa.: 10.00-12.00, So. nach Vereinbarung.

Weingut Rudolf Sinss
55452 Windesheim, Hauptstr. 18 06707-253 06707-8510 rudolf.sinss@t-online.de

Weingut Wilhelm Sitzius
55450 Langenlonsheim, Naheweinstr. 87 Wilhelm & Sonja Sitzius Wilhelm Sitzius Wilhelm Sitzius 06704-1309 06704-2781

Weingut St. Meinhard
55545 Bad Kreuznach, Kirchstr. 13 0671-43030 0671-43006

Staatsweingut Bad Kreuznach
55545 Bad Kreuznach, Rüdesheimer Str. 68 0671-820251 0671-820294

Weingut Rüdiger Steinert
67824 Feilbingert, Kapellenstr. 16 06708-2292

Weingut Hermann Steitz
67811 Dielkirchen, Alsenzstr. 7 Hermann Steitz Hermann Steitz 06361-1062 06361-8825 office@estee.de www.estee.de
Strausswirtschaft in der Federweissenzeit. Weingut: Mo-Fr 8.00-12.00 Uhr und 16.00-19.00 Uhr; Sa: 10.00-15.00 Uhr oder nach Vereinbarung.

Weingut Reichsgraf von Plettenberg
55545 Bad Kreuznach, Winzenheimer Str. 0671-2251 0671-45226

Weingut Weinmann
55585 Duchroth, Naheweinstr. 70 Wolfgang Weinmann 06755-275 06755-1873 www.weingut-weinmann.de
Täglich Probe und Verkauf.
Gästezimmer und Ferienwohnung stehen kurz vor der Fertigstellung.

WEINGUT WILHELMY
55450 LANGENLONSHEIM, UNTERE GRABENSTR. 29   RALF WILHELMY   RALF WILHELMY
 06704-1550   06704-1502
VERKAUF TÄGLICH VON 8.00-18.00 NACH VEREINBARUNG.

Auslese

Dessertweine

Weingut Tesch
    2000 Riesling Eiswein Goldkapsel, 97 Punkte 134

Weingut Tesch
    2000 Riesling Eiswein, 96 Punkte 134

Schloßgut Diel
    2000 Riesling Auslese Versteigerungswein, 90 Punkte 93

Schloßgut Diel
    2000 Riesling Auslese Goldkapsel, 90 Punkte 93

Weingut Hermann Dönnhoff
    2000 Riesling Auslese, 90 Punkte 97

Weingut Hermann Dönnhoff
    2000 Riesling Auslese, 88 Punkte 97

Gutsverwaltung Niederhausen-Schloßböckelheim
    2000 Riesling Auslese, 88 Punkte 119

Weingut Schäfer-Fröhlich
    2000 Riesling Auslese, 88 Punkte 127

Weingut Tesch
    2000 Riesling Auslese, 88 Punkte 133

Schloßgut Diel
    2000 Riesling Auslese, 87 Punkte 93

Weissweine restsüss ohne Dessertweine

Weingut Mathern
    2000 Riesling Spätlese, 90 Punkte 114

Weingut Hermann Dönnhoff
    2000 Riesling Spätlese, 88 Punkte 96

Weingut Hermann Dönnhoff
    2000 Riesling Spätlese, 88 Punkte 96

Weingut Mathern
    2000 Riesling Spätlese, 88 Punkte 114

Weingut Hermann Dönnhoff
    2000 Riesling Spätlese, 87 Punkte 96

Weingut Göttelmann
    2000 Riesling Spätlese - 2 -, 87 Punkte 102

Weingut Sascha Montigny
    2000 Riesling Spätlese, 87 Punkte 116

Schloßgut Diel
    2000 Riesling Spätlese, 86 Punkte 92

Gutsverwaltung Niederhausen-Schloßböckelheim
    2000 Riesling Spätlese, 86 Punkte 118

Weingut Tesch
    2000 Riesling Spätlese, 86 Punkte 133

Weingut Göttelmann
    2000 Riesling QbA, 85 Punkte 101

Weissweine trocken und halbtrocken

Schloßgut Diel
    2000 Riesling Selection, 89 Punkte 93

Schloßgut Diel
    2000 Riesling Selection, 86 Punkte 92

Weingut Hermann Dönnhoff
    2000 Riesling Spätlese Trocken, 86 Punkte 96

Weingut Tesch
    2000 Riesling Spätlese Trocken, 85 Punkte 132

RHEINHESSEN

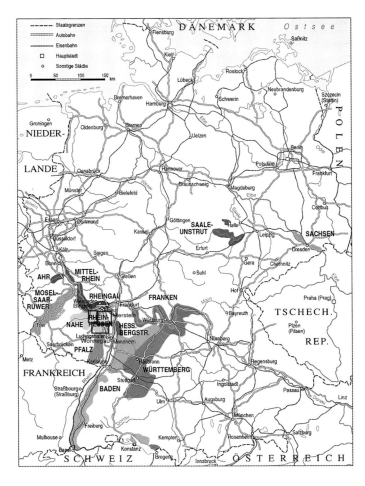

Rheinhessen

Drei Begriffe sind es, die Rheinhessen in der ganzen Welt berühmt gemacht haben – leider. Da ist zunächst die Liebfrauenmilch, eine ursprünglich vom Liebfrauenstift in Worms erzeugte Cuvée von ansprechender Qualität. Der Name verkam jedoch bald zur Markenbezeichnung für billigsten, süßen und

Wirtshausschild in Rheinhessen *DWI/Hartmann*

im besten Fall nichtssagenden Wein, der in die ganze Welt exportiert wird und dort den schlechten Ruf des deutschen Weins an sich zementiert. Die anderen beiden sind die Großlagenbezeichnungen Oppenheimer Krötenbrunnen und Niersteiner Gutes Domtal. Unter diesen wohlklingenden Namen werden auch heute noch riesige Mengen schauerlicher, süßer Weine in Supermärkten um den ganzen Erdball zu Niedrigstpreisen verramscht. Sie profitieren dabei von der Tatsache, dass aus den besten Lagen dieser beiden Orte einige der feinsten Weißweine Deutschlands stammen. Aber nicht nur an der Rheinfront zwischen Oppenheim und Nackenheim entsteht Erstklassiges. Das größte Anbaugebiet Deutschlands als weinbauliche Einheit zu erfassen ist jedoch unmöglich. Zu groß sind die Unterschiede in Klima, Bodenstruktur und Ausrichtung der Lagen.

Neuanlage Weinberg in Rheinhessen *DWI/Hartmann*

RHEINHESSEN

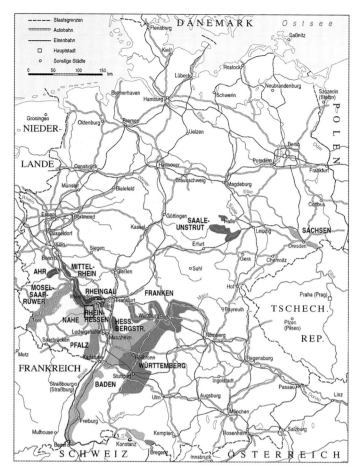

BINGEN

Der Bereich Bingen ist wohl der heute am wenigsten bekannte Teil Rheinhessens. Der nordöstlichste Eckpfeiler des Anbaugebietes ist Bingen selbst mit seiner berühmten Lage Scharlachberg. Hier erzeugte das Weingut Villa Sachsen in der Mitte des 20. Jahrhunderts einige der beeindruckendsten Weine des Anbaugebietes. Nach einer langen Zeit der Mittelmäßigkeit erwarb 1994 eine Investorengruppe um Michael Prinz zu Salm die Weinberge. Der neue Verwalter, Rolf Schregel, bringt das Gut seither langsam, aber sicher wieder in die erste Reihe der rheinhessischen Betriebe.

Trullo   DWI/Hartmann

Folgt man dem Rhein nach Osten, gelangt man nach Ingelheim. Einst als das Rotweinmekka Deutschlands bekannt und gerühmt, hat die uralte Weinbaugemeinde heute einiges von seinem Glanz eingebüßt. Dennoch kommen von hier immer wieder ansprechende Rotweine, vor allem aus den Gütern J. Neus, Weidenbach und Weitzel. Julius Wasem, das einstige Aushängeschild des Ortes, befindet sich zur Zeit offensichtlich in einer Schwächephase.

Ein kleiner Bereich für sich ist die Rheinhessische Schweiz, östlich und südöstlich von Bad Kreuznach. Die Böden enthalten hier im "Ufergebiet" des ehemals mit Wasser gefüllten Mainzer Beckens häufig Muschelkalk und im Untergrund roten und gelben Sandstein. Daneben finden sich Porphyr, Löss, Lehm und sogar Kreide. Das Klima ist dem der unteren und mittleren Nahe sehr ähnlich und die Weine sind jenen aus Bad Kreuznach näher, als anderen Rheinhessischen Gewächsen. Eine ganze Reihe von Betrieben hat sich hier in den letzten Jahren aus der Anonymität herausgearbeitet. Die wichtigsten sind Wagner-Stempel in Siefersheim und Ch. W. Bernhard in Frei-Laubersheim.

Weingut Otto Beiser

55578 Vendersheim, Ausserhalb 1   Otto Beiser   Simon Beiser
06732-8732   06732-5061   www.weingut-beiser.de
Weinverkauf: täglich nach Vereinbarung.
Gutsschänke von März bis Mai und August bis Oktober; Öffnungszeiten: Fr., Sa. ab 18.00, So., Fei. ab 16.00.
Sommerfest am 1. Wochenende im August.

Die Weine:
Otto Beiser gelingen immer wieder sehr respektable Tropfen. Auch in 2000 sind ihm trotz der Jahrgangsprobleme viele saubere und sehr schön zu trinkende Weine geglückt. Hier wird man in kommenden Jahren noch einiges erwarten dürfen.

1999 Dornfelder QbA Trocken Selection
0,75   € 6,39   % 13   AP 432100501800
Mattes Purpur-Granat. Würziger Duft von schwarzen Beeren und Kirschen. Runde, rustikal-würzige Frucht, recht vollmundig, mittelfeines Tannin, knochentrockener Stil, am Gaumen etwas blass, betont rustikal, mäßiger Abgang. Bis 2002.
02.07.2001   **76 Punkte**

1999 Riesling Spätlese Trocken
St. Johann   Geyersberg   0,75   € 3,73   % 11
AP 43210050500
Duft von Zitronen, Apfelschalen und einer Spur Lakritz. Einfache, zartsaftige Frucht, gut eingebundene Säure, am Gaumen wieder etwas Lakritz, wirkt bereits sehr reif, passabler Abgang. Austrinken.
21.08.2001   **74 Punkte**

1999 Spätburgunder QbA Trocken
0,75   € 3,68   % 12   AP 432100501700
Glänzendes, helles Granat mit Wasserrand. Hübscher, holzwürziger Duft von Zwetschgen und roten Beeren. Runde, nicht allzu konzentrierte Frucht, lebendige Säure, gut eingebundene Holzwürze, gewisses Fett, zartrauchige Note im Hintergrund, gute Balance, feinherber Nachhall. Bis 2004.
22.06.2001   **81 Punkte**

1999 Spätburgunder Spätlese Trocken
0,75   € 8,64   % 13,5   AP 432100501900
Glänzendes, helles Granat mit deutlicher Aufhellung. Verhaltener, holzwürziger Duft von roten Beeren und Zwetschgen. Einfache, recht flache Frucht, deutlicher Holzgeschmack, kräftiger Körper, es fehlt jedoch an Dichte und Nachhaltigkeit am Gaumen, ordentliche Balance, knapper, holzbetonter Nachhall. Bis 2003.
22.06.2001   **75 Punkte**

2000 Dornfelder QbA Trocken
0,75   € 3,68   % 13   AP 432100501401
Dichtes Rubin-Granat mit leichter Aufhellung. Kühler, feinwürziger Duft von schwarzen Beeren und Kirschen mit floralen Aromen und etwas Tee. Klare, recht saftige Frucht, seidige Textur mit feinem, zurückhaltendem Tannin, sehr gute Balance, hauchzarte Würze am Gaumen, guter Abgang. Bis 2003.
29.06.2001   **80 Punkte**

2000 Gewürztraminer Kabinett Halbtrocken Selection

0,75   € 3,83   % 10   AP 432100500101

Hübscher Duft von Rosen und Pfirsichen. Klare, recht schlanke Frucht, feinsaftig, sehr harmonische Säure, zarte Würze am Gaumen, etwas knapper Nachhall. Bis 2002.

20.08.2001 79 Punkte

2000 Grauburgunder QbA Trocken

0,75   € 3,58   % 11   AP 432100500301

Verhaltener, frischer Duft von Apfeldrops. Klare, trockene Frucht, zartwürzig, feingliedrige Säure, schlanker, eleganter Stil, sehr harmonisch, zartfruchtiger und leicht würziger Nachhall. Saubere Arbeit. Bis 2002.

29.06.2001 78 Punkte

2000 Portugieser Weissherbst QbA

0,75   € 3,17   % 9   AP 432100500501

Sehr helles Orange. Klarer Apfelduft mit einem Hauch roter Beeren. Schlanke, süße Frucht, reintönig, elegante Säure, sehr harmonisch, süffig, ordentlicher Abgang. Bis 2002.

30.07.2001 79 Punkte

2000 Riesling Kabinett Halbtrocken

Sprendling   Honigberg   1   € 3,37   % 10   AP 432100500801

Jugendlicher Duft von Apfelbonbons. Sehr schlanke, klare Frucht, kaum Süße, lebendige, gut eingebundene Säure, sauber, aber doch eher dünn, knapper Nachhall. Bis 2002.

09.07.2001 75 Punkte

2000 Riesling Spätlese Halbtrocken Selektion

0,75   € 4,19   % 11   AP 432100500201

Sehr verhaltene Apfel-Kräuternase. Einfache, saubere Frucht, kaum Süße, geradliniger Stil, etwas blass am Gaumen, passabler Nachhall. Bis Ende 2001.

09.07.2001 77 Punkte

2000 Spätburgunder Weissherbst QbA Halbtrocken

0,75   € 3,48   % 10,5   AP 432100500701

Glänzendes Zartrosa. Frischer, floraler Duft mit Noten von roten Beeren und etwas Lakritz. Klare, zartsaftige Frucht mit feingliedriger Säure, sehr moderate Süße, schlanker, süffiger Stil, harmonisch, ordentlicher Abgang4. Bis Ende 2001.

26.06.2001 77 Punkte

2000 Weissburgunder Spätlese Trocken

0,75   € 4,29   % 11,5   AP 432100500401

Etwas dropsiger Apfel-Kräuterduft. Weiche, recht einfache Frucht, moderate Säure, vordergründige Art, ohne Länge. Bis Ende 2001.

17.08.2001 76 Punkte

Weingut und Sektgut Ch.W. Bernhard

55546 Frei-Laubersheim, Philipp-Wehr-Str. 31-33   Hartmut Bernhard   Hartmut Bernhard   06709-6233   06709-6160
www.wein-bernhard.de
Öffnungszeiten: Mo-Sa: 8.00-19.00 Uhr und nach Vereinbarung.

Die Bernhards können die Ursprünge des Weinbaus in der Familie bis ins 17. Jahrhundert zurückverfolgen. Bereits Ende des 19. Jahrhunderts begann man hier mit der Flaschenabfüllung. Inzwischen führt der gelernte Weinbau- und Kellertechniker Hartmut Bernhard zusammen mit seiner Frau Petra, die selbst Weinbauingeneurin ist, den Familienbetrieb. In relativ kurzer Zeit haben sich die beiden einen guten Ruf als ausgesprochen zuverlässige Weinproduzenten erworben, wobei sie auf der Arbeit von Hartmut Bernhards Vater aufbauen konnten, der früh die Marktchancen qualitativ hochwertiger Produkte erkannte. Die Weine wachsen hier auf sehr unterschiedlichen Böden: Muschelkalk, Löss, Kreide, Lehm, Sand und Porphyr. Sowohl von den Bodenarten her, als auch in geografischer Hinsicht sind sie am ehesten mit Erzeugnissen von der Nahe verwand, was sich auch im Geschmack deutlich wird. Eine besondere Leidenschaft der Bernhards gehört der Erzeugung erstklassiger Sekte, die im traditionellen Flaschengärverfahren zum Teil aus klassischen Sorten wie Riesling und Spätburgunder, aber auch aus Morio-Muskat und Silvaner produziert werden. In Zukunft möchte man vor allem die Rotweinerzeugung noch perfektionieren; immerhin nehmen rote Sorten 30 Prozent der Rebfläche ein.

1999 Riesling Spätlese Trocken
Hackenheim   Klostergarten   0,75   € 5,37   % 11
47260161800
Frischer, mineralischer und kräuterwürziger Apfel-Zitrusduft. Klare, schlanke Frucht, geradlinig, sehr harmonische Säure, feine Mineralik am Gaumen, leicht kräuterwürzig, sehr gute Balance, zartfruchtiger und wieder leicht kräuterwürziger Nachhall. Bis 2002.

20.09.2001   **81 Punkte**

1999 Riesling Schaumwein Sekt b.A. Brut
0,75   % 12   47260160201
Glänzendes Gelb-Grün mit mittelfeiner Perlage. Sehr frischer, kräuterwürziger Apfel-Pfirsichduft. Klar und fruchtig, feine mineralische Würze, schönes Mousseux, ausgesprochen schön zu trinken, recht saftige Art, reintöniger Nachhall. Bis 2003.

17.10.2001   **83 Punkte**

1999 Riesling Spätlese Halbtrocken
Hackenheim   Kirchberg   0,75   € 5,11   % 10,5
47260161900
Ausgesprochen kräuterwürziger, mineralischer Apfel-Pfirsichduft. Glasklare, feinsaftige Frucht mit moderater Süße, sehr harmonische Säure, mineralisch und kräuterwürzig am Gaumen, geradliniger Stil, durchgezeichnet, schöne Präsenz und Länge. Mach Laune. Bis 2003.

20.09.2001   **86 Punkte**

RHEINHESSEN

1999 Scheurebe Schaumwein a. trad. Fl. Gärung Sekt b.A. Halbtrocken
🍾 0,75 € 8,64 % 12 ℗ 47260160501

Helles Gelb-Grün; lebendige, mittelfeine Perlage. Etwas mineralischer Zitrus-Cassisduft mit Lakritznoten. Kräuterwürzige, süße Frucht, wieder Cassis- und Lakritznoten, lebhaftes Mousseux, eher einfache Art, passabler Abgang. Bis 2002.

30.11.2001   **75 Punkte**

1999 Spätburgunder QbA Trocken
Frei-Laubersheim   Fels 🍾 0,75 % 12,5 ℗ 47260160101

Glänzendes Rubin-Granat mit deutlicher Aufhellung. Säuerlicher Duft von roten Beeren. Eine Spur Kohlensäure im Mund, etwas rustikale Frucht, würzig, mit staubigem Tannin, am Gaumen eher blass, ohne Länge. Bis 2002.

21.08.2001   **72 Punkte**

1999 Weissburgunder Kabinett Halbtrocken
Hackenheim   Kirchberg 🍾 0,75 € 4,04 % 10
℗ 47260162000

Mineralischer und leicht kräuterwürziger Duft mit Spuren von Äpfeln und Limonen. Schlanke, zartsüße Frucht, würzig, geradlinige Säure, süffige Art, gute Balance, ordentlicher Abgang. Bis 2002.

10.08.2001   **79 Punkte**

2000 Weissburgunder Spätlese Halbtrocken
Hackenheim   Kirchberg 🍾 0,75 € 5,06 % 11,5
℗ 47260161001

Würziger, fast etwas rauchiger Apfelduft. Weiche, würzige Frucht, leicht süß, moderate Säure, sehr süffige Art, gut balanciert, fruchtig-würziger Abgang. Bis 2002.

17.08.2001   **78 Punkte**

WEINGUT UND SEKTGUT CH.W. BERNHARD

RHEINHESSEN

WEINGUT HAUCK

55234 BERMERSHEIM VOR DER HÖHE, SONNENHOF ♣ HEINZ-GÜNTER HAUCK ♛ HEINZ-GÜNTER HAUCK ♛ HEINZ-GÜNTER HAUCK ☏ 06731-1272 ✆ 06731-45652 ✉ VINUM@WEINGUT-HAUCK.DE 🖳 WWW.WEINGUT-HAUCK.DE

ÖFFNUNGSZEITEN: MO - SA: 8.00 - 20.00 ODER NACH ABSPRACHE. WEINPROBIERSTUBE FÜR 40 - 50 PERSONEN NACH ABSPRACHE GEÖFFNET, AUF WUNSCH MIT RHEINHESSISCHEN SPEZIALITÄTEN.

Heinz-Günter Hauck bewirtschaftet etwas mehr als 16 Hektar Reben in Bermersheimer, Ensheimer, Albiger und Alzeyer Lagen. Obwohl auch eine ganze Anzahl Neuzüchtungen zu seinem Sortiment gehören, gilt sein besonderes Augenmerk doch den klassischen Sorten Riesling und Grauburgunder, mit denen er immer wieder Prämierungserfolge erzielt. Rund 10 Prozent der Ernte werden versektet.

DIE WEINE:

Die 2000er machen mir entschieden mehr Freude, als die etwas blassen Vorgänger aus 1999. Kaum ein Wein ist hier nicht mindestens sauber und sehr sorgfältig gemacht. Sogar die Literweine sind angenehm zu trinken. Eine respektable Leistung.

1999 SPÄTBURGUNDER QbA TROCKEN

BERMERSHEIM 🍇 HILDEGARDISBERG 🍾 0,75 € 4,6 % 12,5
AP 426001500101

Rubin-Granat mit deutlicher Aufhellung. Verhaltener, würziger Duft von Lack und roten Beeren. Klare, zartsaftige Frucht, nicht völlig trocken, im Hintergrund etwas staubiges Tannin und rustikale Würze, eher leichte, süffige Art, ordentlicher Abgang. Bis 2002.

21.08.2001   78 Punkte

2000 QbA TROCKEN "TRIO"

🍾 0,75 € 6,14 % 12,5 AP 426001603601

Mattes Rubin-Granat mit deutlicher Aufhellung. Kühler, herber Duft von schwarzen und roten Beeren. Klare, geradlinige Frucht mit moderater Holzwürze, lebendige Säure, recht feines Tannin, gutes Fett am Gaumen, sorgfältig gemacht, fruchtig-würziger Abgang. Bis 2004.

02.10.2001   82 Punkte

2000 QbA SILVANER & RIESLING

🍾 1 € 3,07 % 11 AP 426001502601

Verhaltener, kräuterwürziger Apfelduft. Klare, süße Frucht, lebhafte Säure, kräuterwürzig am Gaumen, schlanke Art, spritzig, gute Balance, fruchtiger Nachhall. Bis 2003.

14.08.2001   77 Punkte

2000 CHARDONNAY KABINETT TROCKEN

BERMERSHEIM 🍇 HILDEGARDISBERG 🍾 0,75 € 5 % 12
AP 426001500801

Duft von frischem grünem Gemüse, Zitronen und grünen Äpfeln. Klare, relativ saftige Frucht, leicht würzig, lebendige Säure, nicht völlig trocken, sehr sauber und gut zu trinken, fruchtig am Gaumen, guter Abgang. Bis 2002.

20.08.2001   79 Punkte

RHEINHESSEN

2000 Dornfelder Selection Trocken
Bermersheim Klosterberg 0,75 € 6,14 % 12,5
AP 426001503801
Mattes Rubin-Granat mit leichter Aufhellung. Duft von Kirschen, etwas Tee und Tabak. Recht weiche Frucht mit zurückhaltendem, feinstaubigem Tannin, etwas rustikale Art, eher einfach gemacht, mittelkräftig, ordentlicher Abgang. Bis 2002.

16.10.2001   77 Punkte

2000 Grauburgunder Spätlese Trocken
0,75 € 5 % 12,5 AP 426001501401
Würziger Duft mit Noten von eingekochten gelben Früchten und etwas grünem Gemüse. Relativ saftige, würzige Frucht, wirkt etwas gekocht, harmonische Säure, rund und recht gut zu trinken, ordentlicher Abgang. Bis 2002.

17.08.2001   78 Punkte

2000 Huxelrebe Kabinett
Bermersheim Hildegardisberg 0,75 € 3,53 % 9
AP 426001501601
Kräuterwürziger Duft von grünen Äpfeln, Birnen und etwas Tee. Einfache, süße Frucht, leicht vegetabil, ordentliche Säure, am Gaumen blass, ohne Länge. Bis 2002.

20.10.2001   74 Punkte

2000 Kerner QbA Halbtrocken
Bermersheim Hildegardisberg 1 € 3,07 % 11,5
AP 426001501001
Zurückhaltender, leicht kräuterwürziger Apfelduft. Einfache, etwas limonadige Frucht, leicht süß, feine Säure, süffiger Stil, ordentlicher Abgang. Bis 2002.

19.10.2001   76 Punkte

2000 Portugieser Weissherbst QbA
Ensheim Kachelberg 0,75 € 3,32 % 11 AP 426001502101
Glänzendes Orange-Rosa. Würziger Lakritzduft mit verhaltenen Noten getrockneter Früchte. Einfache, süße Frucht, harmonische Säure, recht süffig, feinstaubige Note am Gaumen, ohne Länge. Bis Ende 2001.

18.09.2001   72 Punkte

2000 Riesling Kabinett Trocken
Ensheim Kachelberg 0,75 € 3,58 % 11,5
AP 426001501701
Verhaltener, würziger Apfelduft. Einfache, kräuterwürzige Frucht, lebendige Säure, leicht rustikale Würze am Gaumen, wenig nachhaltig, passabler Abgang. Bis Ende 2001.

21.08.2001   74 Punkte

2000 Riesling Eiswein
Albig Hundskopf 0,375 € 25 % 10 AP 426001502501
Kräuterwürziger Apfelduft mit Noten von Pfirsichen und Zitronen. Cremige, süße Frucht mit Karamellaromen und einer leicht röstigen Würze, weiche, geschmeidige Art mit feinrassiger Säure, eine Spur Wachs am Gaumen, gute Nachhaltigkeit, süßer, wieder an Karamell erinnernder Abgang. Bis 2010.

21.09.2001   86 Punkte

WEINGUT HAUCK

2000 Rivaner Kabinett Trocken
Bermersheim Klosterberg 0,75 € 3,58 % 11,5
AP 426001503401
Zart kräuterwürziger und mineralischer Apfelduft. Schlanke, trockene Frucht mit mineralischer Würze, feine, lebendige Säure, geradliniger Stil, sehr schön zu trinken, guter Abgang. Bis 2002.

20.09.2001   **79 Punkte**

2000 Rivaner Kabinett Halbtrocken
Ensheim Kachelberg 0,75 € 3,58 % 11 AP 426001500601
Zitrus-Apfelduft. Weiche, süßliche Frucht, moderate Säure, einfach, aber sehr sauber, ordentlicher Abgang. Bis Ende 2001.

17.08.2001   **77 Punkte**

2000 Silvaner QbA Trocken Hildegard
0,75 € 3,83 % 12 AP 426001502301
Kräuterwürziger Apfel-Zitrusduft. Runde, trockene Frucht mit schöner Würze, sehr harmonische Säure, feinsaftig, sehr angenehm zu trinken, mineralischer Nachhall. Bis 2002.

17.08.2001   **81 Punkte**

2000 Spätburgunder QbA Trocken
Bermersheim Hildegardisberg 0,75 € 4,6 % 12,5
AP 426001503701
Glänzendes Rubin-Granat mit deutlicher Aufhellung. Kühler Duft von Tee und roten Beeren. Klare, lebendige und kühle Frucht, feines Tannin, geradliniger Stil, gut zu trinken, zart holzwürzig im Hintergrund, ordentlicher Abgang. Bis 2002.

18.10.2001   **79 Punkte**

2000 Spätburgunder Weissherbst Kabinett Trocken Blanc De Noir
0,75 € 3,99 % 12,5 AP 426001501501
Glänzendes, sattes Gelb. Sehr würziger Duft mit trockenen Gelbfruchtaromen im Hintergrund. Recht saftige, runde Frucht, würzig, moderate Säure, gewisses Fett, auch am Gaumen von würziger Frucht geprägt, harmonisch, guter Abgang. Bis Ende 2001.

30.07.2001   **79 Punkte**

Weingut Merz

55437 Ockenheim, Mainzer Str. 43   Karl Merz   06725-2387
06725-5069   merz-wine-klm@t-online.de   www.merz-wein.de
Fr:17.00-20.00, Sa:10.00-18.00 und nach Vereinbarung.

1999 Gewürztraminer Auslese Halbtrocken
Ockenheim   Laberstall   0,75   € 9,2   % 12
AP 438612901700
Leicht floraler Duft nach gekochten Aprikosen und einer Spur Honig. Zartsüße, leicht würzige Frucht, wirkt reif, fast schon etwas zu reif, moderate Säure, knapper Nachhall. Bis Ende 2001.
24.10.2001   **76 Punkte**

1999 Riesling Kabinett Trocken
Ockenheim   Laberstall   0,75   € 3,71   % 11,5
AP 438612900700
Weicher, leicht floraler und vegetabiler Apfelduft. Einfache, blasse Frucht, recht harmonische Säure, nichtssagend am Gaumen, wirkt leicht gezehrt, kurz. Austrinken.
28.10.2001   **72 Punkte**

1999 Riesling Kabinett Trocken
Ockenheim   1   € 3,32   % 11   AP 438612900900
Verhaltener, leicht vegetabiler Zitrus-Pfirsichduft. Einfache, schlanke Frucht, gut eingebundene Säure, noch zartfruchtig am Gaumen, knapper Nachhall. Austrinken.
28.10.2001   **75 Punkte**

1999 Riesling Spätlese Trocken
Ockenheim   0,75   € 4,09   % 11,5   AP 438612901100
Einfacher, leicht floraler Apfel-Zitrusduft. Schlanke, zartsaftige Frucht, recht feine Säure, zart mineralisch am Gaumen, einfache, aber saubere Art, sollte jedoch bald getrunken werden. Bis Ende 2001.
28.10.2001   **76 Punkte**

1999 Riesling Spätlese
Ockenheim   Hockenmühle   0,75   € 4,58   % 10
AP 438612900400
Verhaltener, kräuterwürziger Zitrusduft. Weiche, sehr einfache Frucht, moderate Süße, recht versteckte Säure, sauber, aber eher blass, knapper Nachhall. Bis Ende 2001.
24.10.2001   **74 Punkte**

1999 Silvaner Kabinett Trocken
Ockenheim   St. Rochuskapelle   1   € 3,04   % 11,5
AP 438612902300
Etwas vegetabiler Apfel-Zitrusduft. Sehr schlanke, einfache Frucht, wieder leicht vegetabil, gut eingebundene Säure, am Gaumen bereits etwas blass, knapper Nachhall. War sicher schon besser, beginnt aber deutlich nachzulassen. Austrinken.
24.10.2001   **73 Punkte**

RHEINHESSEN

2000 Riesling Spätlese Trocken

Ockenheim   Hockenmühle   0,75   € 4,47   11,5
AP 438612900101

Oberflächlicher, etwas bonbonhafter Apfel-Pfirsichduft. Einfache, schlanke Frucht, vordergründig, recht feine Säure, am Gaumen blass, kurz. Bis Ende 2001.

24.10.2001 **72 Punkte**

2000 Spätburgunder QbA Trocken

Ockenheim   0,75   € 4,58   12   AP 428612900601

Sehr helles Rubin-Granat mit Wasserrand. Süßlicher Duft von gekochten roten Beeren. Recht saftige, würzige Frucht, feinkörniges Tannin, relativ lebendige Säure, gewisses Fett am Gaumen, leicht holzwürzig und auch etwas rustikal, zartrauchiger Abgang. Bis 2003.

28.10.2001 **79 Punkte**

RHEINHESSEN

WEINKELLEREI REH KENDERMANN GMBH

55411 BINGEN, AM OCKENHEIMER GRABEN 35 CARL & ANDREA REH
JÜRGEN HOFMANN CARL REH, N. SCHRITZ, H.W. BERKTOLD
06721-9010 06721-901261 INFO@REH-KENDERMANN.DE
WWW.REH-KENDERMANN.DE

1999 QbA TROCKEN DIE VILLA AM FLUSS
0,75 € 3,07 11,5 434289916901
Verhaltener, blumiger Apfel-Pfirsichduft. Spritzige Ansprache, schlanke, etwas bonbonhafte Frucht, sauber, aber recht blass am Gaumen, ordentliche Balance, knapper Nachhall. Bald trinken.

06.07.2001   75 Punkte

1999 GRAUBURGUNDER QbA TROCKEN KENDERMANN SELECTION
0,75 11,5 534289917301
Leicht parfümierter und zugleich schweißiger Duft von Äpfeln und Kräutern. Runde, recht saftige Frucht, leicht würzig, lebendige Säure, leicht vegetabile Note am Gaumen, eine Spur Lakritz, einfache, süffige Art, ordentlicher Abgang. Bis Ende 2001.

02.07.2001   75 Punkte

2000 DORNFELDER CLASSIC WEINHÖFER
0,75 € 4,6 12 426208401001
Granat mit leichter Aufhellung. Säuerliche, rotbeerige Nase. Frischfruchtiger Geschmack von roten Beeren, betonte Säure, relativ feines, zurückhaltendes Tannin, süffiger Stil, gute Balance, fruchtiger Abgang. Bis 2003.

02.07.2001   78 Punkte

2000 GRAUBURGUNDER QbA TROCKEN KENDERMANN SELECTION(PFALZ)
0,75 € 3,07 11,5 534289915101
Grapefruitduft. Einfache, ziemlich blasse Frucht, oberflächlich, harmonische Säure, am Gaumen nichtssagend, kurz. Austrinken.

29.06.2001   70 Punkte

2000 RIESLING QbA TROCKEN KENDERMANN SELECTION(PFALZ)
0,75 € 3,07 12,5 534289914901
Verhaltener, zart kräuterwürziger Apfel-Pfirsichduft. Einfache, zartsaftige Frucht, gut eingebundene Säure, sauber gemacht und recht süffig, ordentlicher Abgang. Bis Ende 2001.

20.08.2001   78 Punkte

2000 RIESLING CLASSIC WEINHÖFER (MOSEL-SAAR-RUWER)
0,75 € 3,58 12,5 334289919601
Verhaltener, leicht kräuterwürziger Duft von Apfeldrops. Schlanke, einfache Frucht, nicht ganz trocken, gut eingebundene Säure, am Gaumen zarte Mineralik, knapper Nachhall. Bis Ende 2001.

20.08.2001   74 Punkte

Erik und Gerhard Riffel

55411 Bingen, Mühlweg 9   Erik u. Gerhard Riffel   Erik Riffel
06721-994690   06721-994691   service@weingut-riffel.de
www.weingut-riffel.de
Öffnungszeiten: Mo. - Fr.: 18.00 - 19.30 Uhr
Sa.: 9.00 - 17.00 Uhr, oder nach telefonische Vereinbarung

Die Weine:
Die Weine sind sehr günstig und in der Regel mindestens ordentlich gemacht. Ein echtes Schnäppchen ist dieses Jahr der halbtrockene Riesling.

1999 Dornfelder QbA Trocken
0,75 € 11,25 % 13   AP 4342244401
Glänzendes Schwarz-Purpur. Holzwürziger Duft von Sauerkirschen und schwarzen Beeren. Recht klare und saftige Frucht, eher kühle Art mit relativ feinkörnigem Tannin, geradliniger Stil, kräftig, nicht allzu nachhaltig am Gaumen, sehr gute Balance, ordentlicher Abgang. Bis 2003.

06.11.2001   81 Punkte

1999 Gewürztraminer Auslese Trocken
Bingen Scharlachberg 0,75 € 7,93 % 14
AP 43422441600
Blumig-parfümierter Duft von Rosen, Limonen und etwas Pfirsich. Klare, feinsaftige Frucht, leicht würzig, florale Geschmacksnoten, feingliedrige Säure, wirkt trotz des kräftigen Körpers keineswegs schwer, oder überladen, eher fehlt es noch etwas an Struktur und Fruchtsubstanz, ein klein wenig seifig am Gaumen, gute Balance, passabler Abgang. Bis 2004.

11.05.2001   78 Punkte

1999 Riesling QbA Trocken
Bingen Bubenstück 0,75 € 3,37 % 11,5 AP 43422441200
Frischer, leicht dropsiger Duft von Zitronen, grünen Äpfeln und etwas Ananas. Klar, schlank und recht süffig, lebendige Säure, etwas mager am Gaumen, gute Balance, ohne Länge. Bis 2002.

11.05.2001   76 Punkte

1999 Riesling Spätlese Trocken
Bingen St.Rochuskapelle 0,75 € 4,04 % 12
AP 43422441100
Zurückhaltender Apfel-Zitrusduft. Klare, zartsaftige Frucht, lebendige Säure, etwas oberflächliche Art, es fehlt an Substanz, dennoch sauber und gut balanciert, ordentlicher Abgang. Bis 2002.

11.05.2001   77 Punkte

1999 Riesling Eiswein
Bingen Scharlachberg 0,375 € 20,2 % 10
AP 43422442600
Säuerliche und leicht grasige Nase von Zitronen und Rettich. Süße, leicht honigwürzige Frucht, eingebundene Säure, eher einfache, oberflächliche Art, Wachsnoten am Gaumen, knapper Nachhall. Bis 2003.

15.05.2001   74 Punkte

1999 Silvaner Spätlese Trocken
Bingen Scharlachberg 0,75 € 4,04 % 12,5
 43422441500
Recht frischer, leicht floraler Melonen-Apfelduft. Schlanke, zartsaftige Frucht, lebendige und doch feine Säure, Zitrusaromen und mineralische Würze am Gaumen, geradliniger Stil, harmonisch, könnte jedoch noch etwas stoffiger sein, ordentlicher Abgang. Bis 2002.

10.05.2001 **78 Punkte**

2000 Dornfelder QbA Trocken
 0,75 € 3,68 % 13   4342244301
Dichtes Purpur mit leichter Aufhellung. Duft von Havannatabak, Sauerkirschen und schwarzen Beeren. Etwas matte, ordentlich saftige Frucht, feinstaubiges Tannin, am Gaumen eher blass, knapper Nachhall. Bis 2002.

06.11.2001 **77 Punkte**

2000 Riesling QbA Trocken
Bingen Bubenstück 0,75 € 3,37 % 11,5   4342244701
Frischer Apfel-Pfirsichduft mit kräuterwürzigen und mineralischen Noten. Sehr klare, schlanke Frucht, geradlinig, lebendige Säure, etwas mineralischer Würze am Gaumen, nicht sehr nachhaltig, knapper Abgang. Bis 2002.

21.10.2001 **78 Punkte**

2000 Riesling QbA Halbtrocken
Bingen Bubenstück 0,75 € 3,37 % 11,5
 4342244801
Frischer Apfel-Pfirsichduft mit feiner mineralischer und Kräuterwürze. Sehr klare, zartsaftige Frucht mit feiner Sülze, lebendige, sehr harmonische Säure, lebendiger, sehr süffiger Stil, zart mineralisch und kräuterwürzig am Gaumen, guter Abgang. Bis 2003.

21.10.2001 **82 Punkte**

2000 Silvaner QbA Trocken
 0,75 € 3,07 % 11,5   43422441401
Leicht floraler und kräuterwürziger Apfelduft. Sehr schlanke Frucht mit feiner Säure, leicht würzig, mineralische Note am Gaumen, recht einfache Art, passabler Abgang. Bis 2002.

20.10.2001 **75 Punkte**

WEINGUT VILLA SACHSEN

55411 BINGEN, MAINZER STR. 184 SCHREGEL/SALM/DIESLER/FRIEDRICHS ROLF SCHREGEL ROLF SCHREGEL 06721-990575 06721-17386 INFO@VILLA-SACHSEN.COM WWW.VILLA-SACHSEN.COM VDP
ÖFFNUNGSZEITEN: TÄGLICH, NACH VEREINBARUNG.

Das herrliche, klassizistische Landhaus am Stadtrand von Bingen wurde 1843 erbaut, jedoch erst kurz vor der Jahrhundertwende begann man mit der Bewirtschaftung von Weinbergen. Bis weit in die zweite Hälfte des 20. Jahrhunderts hinein kamen von hier regelmäßig einige der besten Weine des gesamten Rheintals. In den 70er Jahren begann die Weinqualität jedoch langsam nachzulassen. Sie erlebte ihren Tiefpunkt Ende der 80er Jahre, was schließlich auch zum Verkauf des Anwesens führte.

Inzwischen befinden sich die Weinberge in Händen einer Investorengemeinschaft um Michael Prinz zu Salm-Salm, während die Gebäude nach Japan verkauft wurden. Die Verantwortung in den von der Investorengruppe gepachteten Kellern der Villa wurde Rolf Schregel als betriebsleitenden Gesellschafter übertragen. Zusammen mit Kellermeister Klaus Mindnich versucht er, an ruhmreichere Zeiten anzuknüpfen.

DIE WEINE:
Die 2000er sind in Anbetracht des Jahrgangs eine sehr respektable Leistung. Als einzige ist die Riesling Auslese aus dem Scharlachberg etwas zu sehr von Fäulnis geprägt. Der Rest des Sortiments ist sehr sauber, wenn auch in den unteren Qualitätsstufen zumeist von einer schlanken und herben Art. Wirklich gut gefallen mir dieses Jahr neben dem Weißburgunder die trockenen und restsüßen Spätlesen mit einem ausgezeichneten Scharlachberg an der Spitze.

2000 GRAUBURGUNDER QbA TROCKEN
BINGEN 0,75 € 4,6 12,5 43422960201
Feinwürziger Apfelduft. Recht saftige Frucht, würzig, lebendige, sehr harmonische Säure, feinherbe Note im Hintergrund, ordentliche Nachhaltigkeit, würziger Abgang. Bis 2002.
29.06.2001   77 Punkte

2000 RIESLING QbA TROCKEN
1 € 4,7 12 43422961001
Kräuterwürziger Pfirsich-Zitrusduft. Klare, zartsaftige Frucht, wieder leicht kräuterwürzig, harmonisch eingebundene Säure, recht gut zu trinken, etwas knapper Nachhall. Bis Ende 2001.
20.08.2001   78 Punkte

2000 RIESLING SPÄTLESE TROCKEN
BINGEN 0,75 € 7,67 12,5 43422961401
Kräuterwürziger und leicht mineralischer Apfel-Zitrusduft. Recht saftige, mineralisch-würzige Frucht, sehr präsente Säure, zarte Kräuteraromen am Gaumen, gute Struktur, mineralischer Nachhall. Bis 2003.
21.08.2001   83 Punkte

2000 Riesling Kabinett Halbtrocken
Bingen Scharlachberg 0,75 € 5,62 % 11
AP 43422962101
Leicht verwaschen wirkender Duft von Äpfeln, Kräutern und etwas Pfirsich. Zartsaftige, ein wenig oberflächliche Frucht, harmonische Säure, zartsüß, leicht kräuterwürzig am Gaumen, sauber gemacht, ordentlicher Abgang. Bis Ende 2001.
09.07.2001   77 Punkte

2000 Riesling Spätlese Halbtrocken
Bingen Scharlachberg 0,75 € 7,67 % 12
AP 43422961301
Zart kräuterwürziger Apfel-Pfirsichduft. Saftig-würzige Frucht, leicht süß, sehr harmonische, reife Säure, mineralische Würze am Gaumen, nur eine Spur bitter im Hintergrund, sehr gute Balance, würziger Abgang. Bis 2002.
09.07.2001   80 Punkte

2000 Riesling Spätlese
Bingen Scharlachberg 0,75 € 7,67 % 10
AP 43422960601
Rassiger Pfirsich-Aprikosenduft. Reintönige, saftig-süße Frucht, lebhafte Säure, leicht spritzig, feingliedrige Mineralik im Hintergrund, gute Nachhaltigkeit am Gaumen, sehr schön zu trinken, fruchtiger Abgang. Bis 2005.
24.08.2001   87 Punkte

2000 Riesling Spätlese
Bingen Kirchberg 0,75 € 7,67 % 9 AP 43422960701
Saftiger Duft von Nektarinen und Aprikosen mit deutlicher Wachsnote. Klare, geradlinige und saftige Frucht, sehr schöne, fruchtige Süße, ausgesprochen, feine Säure, sehr schön zu trinken, am Gaumen Noten von Honig und Wachs, recht nachhaltig, gute Länge. Bis 2005.
24.08.2001   84 Punkte

2000 Riesling Auslese
Bingen Scharlachberg 0,75 € 15,34 % 9,5
AP 434229601201
Leicht röstige, wachsbetonte Nase mit Noten von gekochten gelben Früchten. Recht weiche, süße Frucht mit einer Spur mineralischer Würze, zurückhaltende Säure, am Gaumen etwas Honig und wieder Wachsnoten, nicht allzu nachhaltig, eher knapper Abgang. Bis 2004.
14.09.2001   78 Punkte

2000 Silvaner QbA Trocken
Bingen 0,75 € 4,24 % 11,5 AP 43422960401
Etwas dropsiger Apfel-Kräuterduft. Sehr trockener Stil, recht klare Frucht, moderate Säure, florale Noten am Gaumen, im Hintergrund mineralische Spuren, gute Balance, etwas knapper Nachhall. Bis Ende 2001.
17.08.2001   76 Punkte

2000 Weissburgunder QbA Trocken
Bingen 0,75 € 4,6 % 12,5 AP 43422960101
Feinwürziger Apfelduft. Knochentrockene, würzige Frucht, feine Säure, griffige Mineralik am Gaumen, mittelkräftig und mit gutem Fett, relativ nachhaltig, würziger Abgang. Bis 2003.
24.08.2001   82 Punkte

WEINGUT VILLA SACHSEN

WEINGUT SCHICK

55270 Jugenheim, Kreinergasse 1   Rainer Schick   Rainer Schick
06130-256   06130-8211

Öffnungszeiten im Weingut: Mo-Sa: 9.00-12.00 Uhr und 13.00-18.00 Uhr. Hotel-Restaurant Weedenhof (Inh. Michael Knöll): 7 Doppelz., 1 Einzelzimmer, geöffnet: Di-Sa: ab 18.00 Uhr, So: 12.00 Uhr Mittagstisch, Montag Ruhetag.

1999 Siegerrebe Spätlese
Jugenheim   Georgenberg   0,75   € 5,11   % 10
AP 43671194500

Floral-würziger Duft von Mango und gekochtem Pfirsich. Weiche, süße Frucht, recht saftig, zurückhaltende Säure, schmeckt dennoch relativ frisch, florale Würze auch am Gaumen, gute Nachhaltigkeit, sehr gute Balance, fruchtig-würziger Nachhall. Bis 2004.

22.06.2001   82 Punkte

Weingut Steitz

55599 Stein-Bockenheim, Mörsfelderstr. 3 — Familie Steitz
Christian Steitz — 06703-93080 — 06703-930890
mail@weingut-steitz.de — www.weingut-steitz.de
Probe und Verkauf nach Vereinbarung. 10 Gästezimmer.

1999 Dornfelder QbA Trocken - 33 -
0,75 € 4,6 %12,5 AP 43180633300
Dichtes Purpur bis Schwarz. Recht dichter, säuerlicher und leicht schweißiger Duft von Sauerkirschen und schwarzen Beeren. Herbe Frucht mit betonter Säure, mittelfeines, zurückhaltendes Tannin, etwas rustikal am Gaumen, nicht allzu nachhaltig, ordentliche Balance, blasser Nachhall. Bis 2002.

02.07.2001 — 75 Punkte

1999 Dornfelder QbA Trocken No. 1 (1/01)
0,75 € 11,25 %13 AP 43180630101
Mattes Purpur-Granat mit leichter Aufhellung. Angenehm holzwürziger Duft von schwarzen und roten Beeren. Klare, feinsaftige Frucht, trocken, geradlinig, sehr feines Tannin, bestens eingebundene, kühle Holzwürze, gute Nachhaltigkeit am Gaumen, feinfruchtiger Nachhall. Bis 2003.

02.07.2001 — 82 Punkte

1999 Grauburgunder QbA Trocken - 5 -
0,75 € 4,6 %12 AP 43180630501
Verhaltener Duft von unreifen Äpfeln. Klare, leicht würzige Frucht, lebendige Säure, geradliniger Stil, harmonisch, recht nachhaltig am Gaumen, im Hintergrund zart mineralisch, guter Abgang. Bis 2002.

02.07.2001 — 78 Punkte

1999 Portugieser QbA Trocken Steitz Classic
0,75 € 6,14 %12,5 AP 43180633600
Glänzendes Granat bis Rostrot mit deutlicher Aufhellung. Kühl-holzwürziger Duft von Tee und eingekochten Beeren. Klare, wieder kühle Frucht, eingebundene Holzwürze, feinsandiges Tannin, gute Balance, wirkt reif, wenig nachhaltig am Gaumen, etwas blasser Abgang. Bis 2002.

06.08.2001 — 78 Punkte

1999 Riesling Schaumwein Sekt b.A. Extra Brut
0,75 € 4,86 %11,5 AP 43180970101
Helles Gelb mit Grünreflexen; mittelfeine Perlage. Verhaltener, leicht würziger Apfelduft mit säuerlich-grasiger Note. Klare, trockene Frucht, leicht hefig, "weinige" Art, etwas oberflächlich, recht feine Perlage, wenig nachhaltig am Gaumen, ordentlicher Abgang. Bis 2002.

03.07.2001 — 77 Punkte

1999 Riesling QbA Halbtrocken
0,75 %11 AP 43180631800
Verhaltener, leicht würziger Apfelduft mit zarter Lakritznote. Einfache, etwas oberflächliche Frucht, lebendige Säure, moderate Süße, deutlicher Lakritzgeschmack am Gaumen, noch gute Balance, knapper Nachhall. Austrinken.

09.07.2001 — 75 Punkte

1999 Spätburgunder QbA Trocken No. 1

 0,75 € 12,27 % 12,5   AP 43180631101

Reifes Granat mit deutlicher Aufhellung. Süßer Duft von eingemachten roten Beeren, Zwetschgen und rauchigem Eichenholz. Feinsaftige, würzige Frucht, gut eingebundener Eichenholzgeschmack, feinstaubiges Tannin, schöne Pinot-Aromatik am Gaumen, nachhaltig, beste Balance, gute Länge. Bis 2004.

17.05.2001   84 Punkte

1999 Weissburgunder QbA Trocken - 12 -

 0,75 € 5,11 % 13 AP 43180631200

Ein wenig mostiger Duft von grünen Äpfeln, Zitronen und etwas Melone. Weiche, runde Frucht mit harmonischer Säure, leicht rustikale Note, wirkt bereits leicht gezehrt am Gaumen, ohne Länge. Austrinken.

10.08.2001   74 Punkte

2000 Kerner QbA Halbtrocken

 0,75 € 3,83 % 10,5   AP 43180630301

Lebendiger Duft von Zitrus- und Apfeldrops. Schlanke, zartsaftige Frucht mit zarter Süße, sehr feine, verspielte Säure, ausgesprochen süffiger Stil, sehr sauber, beste Balance, klarer Nachhall. Bis 2002.

25.06.2001   79 Punkte

2000 Riesling QbA Trocken - 1 - (Nahe)

 0,75 % 12 AP 73180830101

Klarer, leicht dropsiger Apfel-Zitrusduft. Schlank und zartsaftig, noch eine Spur hefig, ganz leicht grasige Note im Hintergrund, harmonische Säure, ordentliche Nachhaltigkeit am Gaumen, sauberer Nachhall. Dürfte sich ab Herbst noch etwas besser präsentieren. Bis 2002.

15.05.2001   77 Punkte

2000 Riesling QbA Trocken

 Bad Kreuznach Narrenkappe 0,75 % 12 AP 7318063201

Einfacher, etwas mostiger Apfelduft. Vordergründige, nicht ganz reintönige Frucht, wieder mostig, eingebundene Säure, Wachsnoten am Gaumen, blasser Abgang. Bis Ende 2001.

21.10.2001   73 Punkte

2000 Silvaner QbA Trocken

 0,75 € 4,86 % 11,5 AP 43180630801

Zarter Apfelduft. Schlank und zartfruchtig, leicht mineralisch, feinherbe Note am Gaumen, einfache, recht süffige Art, ordentlicher Abgang. Bis 2002.

15.05.2001   76 Punkte

WEINGUT WAGNER-STEMPEL

55599 Siefersheim, Wöllsteiner Str. 10   Familie Wagner   Daniel Wagner   06703-960330   06703-960331
Öffnungszeiten: Mo.-Sa.: 9.00-18.00.Gästehaus, geführt von Lore Wagner.

Das idyllisch gelegene Weingut aus der rheinhessischen Schweiz wird von der Familie Wagner nun in der 6. Generation geführt. Nachdem er praktische Erfahrungen in der Toskana, in Bordeaux und im kalifornischen Carneros gesammelt hatte, übernahm Junior Daniel Wagner 1992 die Regie im Keller. Durch konsequente Ertragsbeschränkung, penible Weinbergsarbeit und eine möglichst behutsame Kellerwirtschaft, hat er das Gut bereits in die zweite Reihe der Rheinhessischen Betriebe gebracht.

Das aus dem 17. Jahrhundert stammende Anwesen mit dem gemütlichen Innenhof, einem wunderschönen Kreuzgewölberaum und geschmackvoll hergerichteten Gästezimmern und Appartements bietet ein äußerst anziehendes Ambiente, um die Weine auch einmal vor Ort zu genießen.

Die Weine:

Auch in 2000 ist Wagner-Stempel eine der besten Adressen für blitzsauber bereitete, feinfruchtige Weine zu sehr günstigen Preisen. Überraschenderweise schnitten die Burgundersorten dieses Jahr noch besser ab als die schlanken und manchmal säurebetonten Rieslinge. Bester Wein des Jahrgangs ist der saftige und feinwürzige Chardonnay.

1999 Spätburgunder QbA Trocken

0,75   € 8,69   13,5   43161420101

Granat mit deutlicher Aufhellung. Duft von eingelegten roten Beeren, süßem Rauch und Eichenholz. Feinsaftige, geradlinige Frucht mit deutlicher Holzwürze, recht feines Tannin, kräftiger Körper, es fehlt ein klein wenig Druck und Tiefe am Gaumen, dennoch gut gemacht, rauchig-fruchtiger Nachhall. Bis 2003.

21.08.2001   82 Punkte

2000 Chardonnay QbA Trocken

0,75   € 6,14   12,5   43161421001

Feinwürziger Duft von weißem Gemüse und Äpfeln. Recht saftige, vollmundige Frucht, nicht ganz trocken, feine Säure, verspielte Würze im Hintergrund, gute Nachhaltigkeit, sehr harmonisch, fruchtig-würziger Nachhall. Bis 2003.

21.08.2001   85 Punkte

2000 Riesling QbA Trocken

0,75   € 4,19   11,5   43161420501

Verhaltener, leicht mineralischer Zitrus-Apfelduft. Schlank und geradlinig, feine, lebendige Säure, mineralisch im Hintergrund, durchgezeichnet, zitrus- und pfirsichfruchtiger Nachhall. Bis 2002.

20.08.2001   79 Punkte

2000 Riesling QbA Trocken
🍾 1   € 3,32   % 11,5   🍇   ℗ 43161420201

Zurückhaltender, mineralischer Apfel-Pfirsichduft. Schlank und zartsaftig, geradliniger Stil, lebendige Säure, mineralisch am Gaumen und im zitrusfruchtigen Nachhall. Bis 2002.

20.08.2001   **79 Punkte**

2000 Riesling Spätlese Trocken
🏞 Siefersheim   🍇 Heerkretz   🍾 0,75   € 5,62   % 11,5
℗ 43161420601

Frischer, jugendlicher Duft von grünen Äpfeln und Weinbergspfirsichen mit zart mineralischer Note. Spritzige Ansprache, zartsaftige und sehr mineralische Frucht, pikante Säure, recht fest strukturiert, noch sehr ungestüm, säurebetonter und mineralischer Nachhall. Braucht etwas Zeit. Bis 2003.

21.08.2001   **80 Punkte**

2000 Riesling Spätlese
🏞 Siefersheim   🍇 Höllberg   🍾 0,75   € 6,39   % 9,5
℗ 43161421201

Weicher, von würziger Mineralik begleiteter Apfel-Pfirsichduft. Klare, recht schlanke Frucht mit feiner Säure, harmonische Restsüße, geradlinig, mineralische Würze am Gaumen, zartfruchtiger, aber nicht sehr langer Abgang. Bis 2004.

24.08.2001   **80 Punkte**

2000 Silvaner QbA Trocken
🍾 0,75   € 3,83   % 12   🍇   ℗ 43161420701

Von feiner Kräuterwürze begleiteter Apfel-Zitrusduft. Klar und recht saftig, feinwürzige Frucht, elegante Säure, beste Balance, fruchtig und sehr süffig, guter Abgang. Bis 2002.

17.08.2001   **80 Punkte**

2000 Weissburgunder QbA Trocken
🍾 0,75   € 4,35   % 12   🍇   ℗ 43161420401

Würziger Apfelduft. Runde, recht saftige Frucht mit feiner Säure, sehr sauber und schön zu trinken, nicht völlig trocken, fruchtiger Nachhall. Bis 2002.

24.08.2001   **81 Punkte**

2000 Weissburgunder QbA Trocken
🏞 Siefersheim   🍇 Höllberg   🍾 0,75   € 6,39   % 13
℗ 43161421301

Zurückhaltender, aber fester Duft von grünen Äpfeln und Mineralien. Recht saftige, runde Frucht mit gutem Fett, feine, harmonische Säure, zartgliedrige Mineralik im Hintergrund, gut strukturiert und recht nachhaltig, fruchtiger Abgang. Bis 2003.

24.08.2001   **83 Punkte**

Weingut Eckhard Weitzel

55218 Ingelheim, Backesgasse 7 Eckhard Weitzel Eckhard Weitzel 06130-447 06130-8438 eweitzel@t-online.de www.biowein-weitzel.de Bundesverband Ökologischer Weinbau, ECOVIN
Besuch: Werktags nach Vereinbarung.

Das kleine Familienweingut aus Ingelheim bewirtschaftet seine 5 Hektar Reben in Groß-Winternheimer Lagen seit 1994 nach streng biologischen Richtlinien. Obwohl das Gut über Besitz in mehreren guten Lagen verfügt, werden lediglich die aus dem relativ steilen, steinigen Bockstein stammenden Weine mit Lagenbezeichnung vermarktet. Der reine Südhang mit seinen Kalkverwitterungsböden bietet ideale Voraussetzungen für die Erzeugung erstklassiger Rot- und Weißweine und erste Erfolge bei verschiedenen Wettbewerben zeigen, dass Eckhard Weitzel sich dieses Potenzials durchaus bewusst ist.

1999 QbA Cuvée Nr. 4 (Portugieser/Cabernet Sauvignon)
 0,75 € 6,39 % 13   AP 43591431400
Glänzendes Rubin-Granat mit Aufhellung am Rand. Holzwürziger Duft von Kirschen, schwarzen und roten Beeren, sowie etwas Minze. Recht saftige Frucht mit gut eingebundener, süßer Eichenholzaromatik, mittelfeines, reifes Tannin, gute Struktur, schöne Fülle, Fruchtigkeit und Würze am Gaumen, recht nachhaltig, ganz leicht rustikale Note im Hintergrund, sehr gute Balance, gute Länge. Bis 2005.

17.05.2001   **83 Punkte**

1999 Portugieser QbA Trocken
Gross-Winternheim 0,75 € 4,35 % 12,5
AP 4359143801
Recht dichtes, mattes Rubin-Granat mit Aufhellung. Sehr schöner, feinwürziger Waldbeerenduft mit bestens eingebundenem Eichenholzaroma. Vollmundige, saftig-würzige Frucht mit gutem Fett, reifes, mittelfeines Tannin, zartröstige Holzwürze, besitzt Kraft und gute Struktur, schöne Präsenz am Gaumen, guter Abgang. Absolut ernstzunehmender Rotwein. Bis 2004.

29.06.2001   **84 Punkte**

1999 Riesling Schaumwein Sekt b.A. Brut
Gross-Winternheim Bockstein 0,75 € 7,67 % 12,5
AP 4359143101
Glänzendes Gelb-Grün; mittelfeines, lebendiges Mousseux. Frischer, zart kräuterwürziger Apfel-Zitrusduft. Klare, recht saftige Frucht, leicht würzig, sehr schöne, gleichmäßige Perlage, mineralisch am Gaumen, im Hintergrund Kräuteraromen, noch leicht hefig, sehr gute Balance, ordentlicher Abgang. Bis 2002.

03.07.2001   **81 Punkte**

RHEINHESSEN

1999 Riesling Schaumwein Sekt b.A. Extra Trocken
Gross-Winternheim Bockstein 0,75 € 7,67 % 12,5
4359143201

Glänzendes Gelb-Grün; mittelfeine, recht lebendige Perlage. Würziger und leicht mineralischer Apfel-Kräuterduft. Klare, recht saftige Frucht, leicht kräuterwürzig, lebendige Perlage, eine Spur vegetabil am Gaumen, recht kräftiger Körper, gewisses Fett, gute Nachhaltigkeit, fruchtiger und kräuterwürziger Abgang. Bis 2002.

03.07.2001   81 Punkte

1999 Spätburgunder Spätlese Trocken
Gross-Winternheim Bockstein 0,75 € 10,99 % 13
43591431300

Glänzendes Granat mit deutlicher Aufhellung. Ganz leicht verwaschen wirkender Duft von roten Beeren und etwas Eichenholz. Abgeklärte, holzwürzige Frucht, feinstaubiges Tannin im Hintergrund, relativ trockener Stil, gute Nachhaltigkeit, harmonisch, rauchiger Abgang. Bis 2003.

22.06.2001   79 Punkte

2000 Grauburgunder Kabinett Trocken
Gross-Winternheim Bockstein 0,75 € 4,6 % 11
4359143301

Flache, rustikal-würzige Nase. Einfache, etwas oberflächliche Frucht, zartsaftig, harmonische Säure, sauber und recht süffig, gute Balance, ordentlicher Abgang. Bis Ende 2001.

29.06.2001   73 Punkte

2000 Riesling Kabinett Trocken
Gross-Winternheim Bockstein 0,75 € 4,6 % 11,5
4359143501

Verhaltener Apfelduft. Schlanke, geradlinige Frucht, harmonische Säure, recht süffig, aber nicht sehr nachhaltig am Gaumen, gute Balance, knapper Abgang. Bis Ende 2001.

22.05.2001   77 Punkte

2000 Silvaner QbA Trocken
Gross-Winternheim 0,1 € 3,07 % 11,5 4359143901

Verhaltener, ganz leicht grasiger Apfelduft. Einfache, schlanke Frucht, moderate Säure, zartwürzig, wirkt bereits leicht gezehrt, ohne Länge. Austrinken.

17.08.2001   74 Punkte

2000 Weissburgunder QbA Trocken
Gross-Winternheim 0,75 € 4,09 % 12 4359143401

Klarer, zart kräuterwürziger Apfel-Melonenduft. Schlanke, zartsaftige Frucht, leicht würzig und mineralisch, sehr harmonische Säure, geradliniger Stil, ordentliche Nachhaltigkeit und Länge. Bis 2002.

18.05.2001   79 Punkte

Weingut Eckhard Weitzel

RHEINHESSEN

Weitere Erzeugeradressen

Weingut Villa Bäder
55599 Eckelsheim, An der Bellerkirche ☎ 06703-1574 📠 06703-4118
✉ jens@villabaeder.de 🌐 www.villabaeder.de

Weingut Hans-Karl Bender
55218 Ingelheim, Stiegelgasse 15 ☎ 06132-2643

Winzergenossenschaft Bingen eG
55411 Bingen, Römerstr. 28 ☎ 06721-43341

Weingut Günter Breitenbach & Sohn
55546 Frei-Laubersheim, Backhauspforte 3 ☎ 06709-246

Weingut Bungert-Mauer
55437 Ockenheim, Bergstr. 24 ☎ 06725-2616

Weingut Kurt Dautermann
55218 Ingelheim, Unterer Schenkgarten 6 ☎ 06132-1279 📠 06132-431191

Weingut Diehl-Blees
55270 Jugenheim, Hauptstr. 7 ☎ 06130-403 📠 06130-8323

Weingut Eberle-Runkel
55437 Appenheim, Niedergasse 25 ☎ 06725-2810

Weingut Phillip Eckert
55435 Gau-Algesheim, Froschau 10 ☎ 06725-2713

Weingut Ernst Fischer
55411 Bingen, Marienstr. 10 ☎ 06725-2643

Weingut Fuhr-Lenz
55599 Gau-Bickelheim, Wöllsteiner Str. 8 ☎ 06701-7003

Weingut Herbert Hamm
55218 Ingelheim, Bürgermeister-Bauer-Str. 1 ☎ 06132-3524

Weingut Hildegardishof
55234 Bermersheim vor der Höhe, Obergasse 5 ☎ 06731-42999 📠 06731-46518

Weingut Karlshof
55218 Ingelheim, Mühlstr. 61 ☎ 06132-3468 📠 06132-3468

Weingut Kronenberger Hof
55435 Gau-Algesheim, Neugasse 7 ☎ 06725-2933

Weingut Karl Wilhelm Müller
55437 Ockenheim, Bahnhofstr. 43 ☎ 06725-2503 📠 06725-6941

Weingut J. Neus
55218 Ingelheim, Bahnhofstr. 96 🏃 Familie Burchards ☎ 06132-73003
📠 06132-2690 ⭕ VDP

Weingut Niersheimer
55234 Nack, Bechenheimer Str. 34 ☎ 06736-281 📠 06736-8192

RHEINHESSEN

Kommerzienrat P.A. Ohler'sches Weingut
55411 Bingen, Gaustr. 10   Bernhard Becker-Ohler   Bernhard Becker-Ohler   Bernhard Becker-Ohler   06721-14807   06721-14211   VDP
Weinproben und Kellerführung nach telefonischer Absprache.

Weingut Werner Pitthahn
55576 Zotzenheim, Leimengasse 9   06701-568

Weingut St. Quirinushof
55435 Gau-Algesheim, Weingasse 20   06725-3204

Rheinhessen Winzer eG
55599 Gau-Bickelheim, Wöllsteiner Str. 16   06701-9100   06701-91050

Weingut Julius Wasem - Rodensteiner Hof
55218 Ingelheim, Edelgasse 3   Holger und Jochen Wasem   Burkhard Wasem   06132-2220   06132-2448   weingutwasem@aol.com
Öffnungszeiten: Mo-Fr: 7.30-11.30 und 13.00-18.30; Sa: 9.30-12.30 und 14.00-18.00. Sonntag geschlossen.

Weingut Rehn
55234 Erbes-Büdesheim, Untere kirchgasse 15   06731-41309

Weingut Johann Saalwächter III
55218 Ingelheim, Binger Str. 76   06132-2386   06132-76543

Weingut Saalwächter
55218 Ingelheim, Binger Str. 18   06132-2328   06132-41912

Weingut Schuster
55578 Gau-Weinheim, Böllberg 10   06732-2351

Weingut Helmut Weber
55435 Gau-Algesheim, Herbornstr. 26   06725-2263

Weingut E. Weidenbach
55218 Ingelheim, Bahnhofstr. 86   Rainer Weidenbach   Rainer Weidenbach   06132-2173   06132-41418
Öffnungszeiten: nach Voranmeldung von 9.00-12.30 und 14.00-18.30 Uhr. Samstag: 9.00-15.00 Uhr.

Weingut Karl-Heinz Wildner
55234 Nack, Pappelallee 3   06736-749

Winzergenossenschaft eG
55578 Vendersheim,   06732-2409

Weingut Wolf & Sohn
55599 Eckelsheim, Brunnengasse 2   06703-1346

Weingut Franz & Peter Zimmermann
55286 Sulzheim, Hauptstr. 4   Franz Zimmermann   Peter Zimmermann   06732-1340   06732-963957   weingut.peterzimmermann@t-online.de
Öffnungszeiten: Mo.-Sa.: 8.00-13.00 und nach Vereinbarung.
Verkauf: Peter & Monika Zimmermann.
Weinproben nach Absprache auch beim Kunden möglich.

RHEINHESSEN

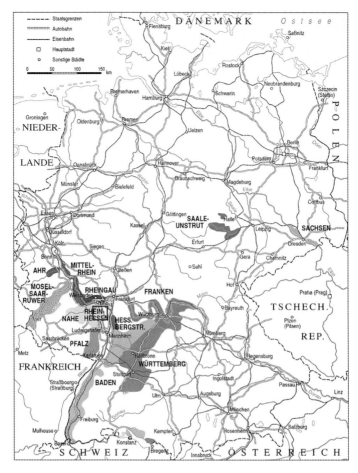

NIERSTEIN

172 BEREICH

NIERSTEIN

Der Bereich Nierstein reicht im Norden bis zur bereits 38 v. Chr. gegründete Römerstadt Mainz. So beeindruckend die Stadt ist, so mäßig sind die meisten hier erzeugten Weine. Allein das Weingut der Stadt erzeugt aus dem Mainzer St. Alban einige ansprechende Tropen.

Deutsches Weinbaumuseum, Oppenheim   *DWI/Hartmann*

Zentrum des Gebietes ist jedoch die sogenannte "Rheinfront" von Nackenheim bis Schwabsburg. Hier erstrecken sich am berühmten Roten Hang die eindrucksvollsten Steillagen Rheinhessens. Der verwitterte rote Schiefer, von dem der Hang seinen Namen hat, verleiht den Weinen vor allem eine feste mineralische Struktur, sowie eine ungemein saftige und seidige Säure. Diese beiden Charaktereigenschaften prädestinieren diese Lagen zur Erzeugung erstklassiger trockener Rieslinge und der Ruf der meisten hier ansässigen Spitzenbetriebe gründet auf diesen Weinen. Die einzige bedeutende Ausnahme ist das Weingut Gunderloch in Nackenheim. Obwohl hier aus dem Nackenheimer Rothenberg auch trockene Spitzenweine erzeugt werden, sind es doch mehr die edelsüßen Gewächse, die weltweit für Aufsehen sorgen.

Südlich an den Rothenberg schließt das Niersteiner Pettental an. Zusammen bilden die beiden den steilsten Teil des Roten Hangs. Fast gänzlich nach Osten ausgerichtet, profitieren beide von der direkten Lage am Rhein. Der wärmespendende Einfluss des Rheins spiegelt sich in den voluminösen, saftigen Weinen der beiden Lagen wider.

Die wohl privilegierteste Weinbergsparzelle der Rheinfront ist der im Alleinbesitz von Heyl zu Herrnsheim befindliche Niersteiner Brudersberg. Bedingt durch einen kleinen Einschnitt im Hang, zwischen Pettental und Hipping, ist es die einzige Lage, die bei rein südlicher Ausrichtung dennoch von der Nähe zum Rhein profitiert. Aufgrund der erst Mitte der 80er Jahre abgeschlossenen Flurbereinigung, waren die Rebstöcke hier bislang zu jung, um das Potenzial des Brudersbergs gänzlich auszuschöpfen, doch das wird sich in den kommenden Jahren spürbar ändern, zumal die neuen Besitzer des Gutes die Qualitätsphilosophie Peter von Weymarns kompromisslos fortsetzen. Dieser hatte als Mitglied in der Flurbereinigungskommission dafür gesorgt, dass der winzige Brudersberg als eigenständige Lage erhalten blieb und nicht in das Pettental aufging.

Die letzte Spitzenlage direkt über dem Rhein, ist der Niersteiner Hipping und die von ihm eingeschlossene Goldene Luft. Der Hang ist hier nur selten so steil, wie im nördlichen Teil und die Weine fallen in der Regel etwas leichter und nicht ganz so fest strukturiert aus, wie die aus Brudersberg, Pettental, oder Rothenberg.

Bei Nierstein macht der rote Hang einen Knick nach Südwesten in Richtung Schwabsburg. Es folgen der Reihe nach die Spitzenlagen Ölberg, Heiligenbaum und Orbel. Während der Ölberg gleichermaßen für die Erzeugung gehaltvoller edelsüßer, wie ausdrucksstarker trockener Weine geeignet ist, sind die noch weiter vom Rhein entfernten Lagen Heiligenbaum und Orbel mit ihrer rassigen Säure für die Produktion feingliedriger Weine mit natürlicher Restsüße prädestiniert. Neben Heyl sorgen vor allem Alex und Ute Michalski auf St. Antony dafür, dass das Potenzial der Niersteiner Lagen optimal genutzt wird, während eine ganze Anzahl weiterer Betriebe immer noch nicht zuverlässig genug erstklassige Weine erzeugt, um wirklich den Anschluss zu schaffen.

Die Böden der besten Lagen Oppenheims, Herrenberg und vor allem Sackträger, unterscheiden sich völlig von denen des Roten Hangs. Hier bestimmen Löß, Lehm und Mergel das Bild, oft mit Kalkstein unterlegt. Während die deutlich fruchtbareren Böden in sehr nassen Jahren einen Nachteil bedeuten können, stecken diese auf der anderen Seite die hier so oft vorkommende Trockenheit locker weg. So ist der Sackträger den Niersteiner und Nackenheimer Spitzenlagen in den meisten Jahren mindestens ebenbürtig, bei großer Trockenheit sogar noch überlegen. Die Weine weisen zumeist augenscheinlich mehr Kraft und tropische Fruchtigkeit auf, als ihre nördlichen Konkurrenten. In den letzten Jahren wurde das Potenzial der Oppenheimer Weinberge jedoch kaum noch ausgereizt.

Noch etwas weiter südlich folgen die Orte Dienheim, Ludwigshöhe, Uelversheim und Guntersblum, deren Lagen ebenfalls teilweise zum Rhein hin abfallen. Ein großer Teil der Weinberge ist in der Lage Tafelstein zusammengefasst, deren beste Parzellen es in Sachen Qualitätspotenzial ohne Weiteres mit dem Oppenheimer Sackträger aufnehmen können. Die Weingüter Brüder Dr. Becker und Kissinger sind zur Zeit die führenden Betriebe.

Im Hinterland des Bereiches, weitab von den direkten klimatischen Einflüssen des Rheins, wechseln sich Weinbau und andere landwirtschaftliche Nutzflächen ab. Weder Weinberge noch Weine sind spektakulär, doch dem aufmerksamen Beobachter kann nicht entgehen, dass auch hier in den letzten Jahren eine Reihe engagierter Produzenten mit immer besseren weinen zu sehr günstig kalkulierten Preisen auf sich aufmerksam macht. Die zuverlässigsten sind hier zur Zeit Posthof Doll & Göth in Stadecken-Elsheim und vor allem Manz in Weinolsheim.

WEINGUT SANKT ANTONY

55283 NIERSTEIN, WÖRRSTÄDTER STR. 22   MAN AG, MÜNCHEN   ALEX MICHALSKY   KLAUS PETER LEONHARD   06133-5482   06133-59139   ST.ANTONY@T-ONLINE.DE   WWW.ST-ANTONY.COM   VDP
ÖFFNUNGSZEITEN: MO.-DO.: 8.00-12.00 UND 14.00-16.00, FR.: 8.00-12.00 UND NACH VEREINBARUNG.

Das 1920 gegründete Gut wurde erst 1985 auf den heutigen Namen getauft. Dieser erinnert an eine alte Eisenhütte der Firma MAN, in deren Besitz sich der Betrieb befindet.

Seit nunmehr 25 Jahren wird Sankt Antony von Dr. Alex Michalsky gleitet, dessen ruhige, besonnene Ausstrahlung leicht über die Entschlossenheit hinwegtäuschen kann, mit der er sein Ziel verfolgt. Seinem unbeirrten Qualitätsstreben ist es zu verdanken, dass Sankt Antony in den letzten 20 Jahren stets als einer der führenden Produzenten von trockenem Riesling in Deutschland gehandelt wurde. Dabei wurden die fest gewirkten, in ihrer Jugend oft sehr verschlossen wirkenden Weine nicht immer verstanden und die Stellung des Gutes daher immer wieder in Zweifel gezogen. Alex Michalski, der stets ein offenes Ohr für konstruktive Kritik hat, ließ sich jedoch nicht von seinem Weg abbringen und produziert bis heute terroirbetonte und ungeheuer dichte Rieslinge, die Jahre brauchen, um sich ganz zu offenbaren, dann aber Archetypen des großen trockenen Rieslings vom Niersteiner Roten Hang darstellen.

DIE WEINE:

Ein kleines, aber feines Sortiment trockener Rieslinge hat Alex Michalsky dieses Jahr vorgestellt. Alle Weine sind vollkommen reintönig und fest strukturiert, dabei jedoch erheblich mehr vom Terroir als von vordergründiger Frucht geprägt. Besonders den Großen Gewächsen ist eine weitere Steigerung noch zuzutrauen. Kompliment.

2000 RIESLING QbA TROCKEN VOM ROTLIEGENDEN
NIERSTEIN   0,75   € 7,67   % 12   AP 43820841001
Reintöniger, noch sehr jugendlicher Apfel-Pfirsichduft mit feiner Mineralik und Kräuterwürze. Sehr klare, feinsaftige und fest gewirkte Frucht, straffe, bestens eingebundene Säure, am Gaumen feine, aber intensive Mineralik, sehr nachhaltig, beste Balance, lang. Bis 2005.

21.10.2001	86 Punkte

2000 RIESLING QbA TROCKEN
0,75   € 5,88   % 12   AP 43820840901
Reintöniger, von feiner Mineralik und Kräuterwürze begleiteter Apfel-Zitrusduft mit zarten Pfirsichnoten. Schlanke, geradlinige Frucht, fest gewirkt, lebendige Säure, knochentrockener Stil, sehr mineralisch am Gaumen, gute Nachhaltigkeit, mineralischer Abgang. Sollte noch etwas reifen. 2002-2004.

21.10.2001	81 Punkte

2000 Riesling QbA Trocken

Nierstein ❦ Orbel 🍾 0,75 € 9,71 % 12,5 AP 43820841401

Zurückhaltender, mineralischer und kräuterwürziger Duft von Limonen, Weinbergspfirsichen und grünen Äpfeln mit einer Spur Wachs. Klare, geradlinige Frucht, schlanke Art, feinsaftig, sehr schöne, präsente Säure, sehr feste Struktur, mineralisches Fundament, präsent und sehr nachhaltig am Gaumen, noch sehr jung, kräuterwürzig im straffen Nachhall. 2002-2007.

21.10.2001   **85 Punkte**

2000 Riesling QbA Grosss Gewächs

Nierstein ❦ Pettental 🍾 0,75 € 15,34 % 12,5 AP 43820841301

Zurückhaltende, aber dichte Nase von Weinbergspfirsichen und grünen Äpfeln mit eindringlicher mineralischer Würze. Saftige und feinwürzige Frucht, dicht gewirkt, hat Kraft und Struktur, reife, perfekt integrierte Säure, intensive, griffige Mineralik am Gaumen, festes Fundament, sehr nachhaltig, saftiger und mineralischer Nachhall. Bis 2012.

30.11.2001   **90 Punkte**

2000 Riesling QbA Grosss Gewächs

Nierstein ❦ Hipping 🍾 0,75 € 12,78 % 12,5 AP 43820841601

Komplexer, distinguierter Duft von Mineralien, feinsten Kräutern, Weinbergspfirsichen, Zitrusfrüchten und grünen Äpfeln. Feinsaftige Frucht mit eleganter Kräuterwürze, präsente und dabei hochfeine und verspielte Säure, festes mineralisches Fundament, große Struktur und Nachhaltigkeit am Gaumen, noch sehr jung, zeigt nur annähernd, was er kann, beste Balance, sehr langer, kompakter, mineralischer Nachhall. Braucht noch viel Zeit und wird dann sehr wahrscheinlich noch den einen oder anderen Punkt zulegen. 2003-2010.

21.10.2001   **90 Punkte**

Weingut Brüder Dr. Becker

55278 Ludwigshöhe, Mainzer Str. 3 🕴 Lotte Pfeffer-Müller & Hans Müller ⚇ Lotte Pfeffer-Müller & Hans Müller ⚇ Hans Müller ☎ 06249-8430 📠 06249-7639 ✉ lotte.pfeffer@brueder-dr-becker.de 🌐 www.brueder-dr-becker.de ◌ VDP, ECOVIN
Weinprobe & Weinlese am 29./30. September 2001.
Kleine Proben nach Vereinbarung möglich.

Die Ursprünge des Gutes gehen auf Franz Becker zurück, einem Maurermeister, der durch die Renovierung der Katharinenkirche in Oppenheim zu genügend Wohlstand kam, um die ersten Weinberge zu kaufen. Gegründet wurde das Gut um die Jahrhundertwende von Beckers Söhnen Johann und Jakob, die klug genug waren, die damalige Realteilung nicht in Anspruch zu nehmen. Im Folgenden wurde der Betrieb mehrmals an die jeweils erste Tochter weitervererbt. Heute sind Anwesen und Weinberge im Besitz von Lotte Pfeffer-Müller und ihrem Mann Hans Müller, den sie während ihres Studiums in Geisenheim kennen lernte. Bereits Lottes aus Berlin stammender Vater verfocht eine strikte Qualitätspolitik und machte dabei alles ein wenig anders, als die meisten anderen Betriebe an der Rheinfront. So begann man hier bereits 1971 mit der Umstellung auf ökologischen Weinbau. Zusammen mit Peter von Weymarn waren die Pfeffers Pioniere auf diesem Gebiet und gründeten den Verband EcoVin.

Lotte Pfeffer-Müller und Hans Müller übernahmen das Weingut 1991. Seither wurde vor allem der Rebsortenspiegel bereinigt und es stehen heute fast ausschließlich klassische Rebsorten im Vertrag. Eine bedeutende Ausnahme macht hier die Scheurebe, die 20% der Rebfläche einnimmt. Der letzte Dr. Becker unter den Vorbesitzern war ein Freund des Rebzüchters Georg Scheu, der die Sandböden von Ludwigshöhe für eine ideale Unterlage für seine berühmteste Zuchtrebe hielt. Den größten Anteil an der Rebfläche hat jedoch auch hier der Riesling.

Hans Müller erzeugt Weine in einem eher traditionellen Stil. Die Weine überzeugen weniger durch Fruchtigkeit, als durch Struktur und Tiefe. Sie sind daher in der Jugend häufig schwer einzuschätzen und zeigen erst nach zwei bis drei Jahren Flaschenreife, was in ihnen steckt. Sie gehören zu den rheinhessischen Weinen mit dem besten Entwicklungspotenzial.

Die Weine:
Von den angestellten 99ern beeindrucken vor allem jene aus dem Tafelstein mit klarer Frucht, fester Struktur und ganz eigenem Charakter. Die meisten von ihnen verfügen über genügend Substanz für mehrere Jahre Entwicklung, die am Ende vielleicht sogar zu noch etwas höheren Noten führt. Aus dem Jahrgang 2000 wurden bislang nur einfachere Weine angestellt, darunter ein recht guter Weißburgunder.

1999 Riesling Kabinett Trocken
⚱ Dienheim 🍇 Paterhof 🍾 0,75 € 5,37 % 12,5 ✍ 43710181300
Verhaltener, kräuterwürziger und leicht floraler Apfelduft. Klare, feinsaftige Frucht, abgeklärter Stil, harmonische Säure, recht kräftig für einen Kabinett, gewisses Fett am Gaumen, im Hintergrund mineralisch, gute Nachhaltigkeit, ordentlicher Abgang. Bis 2004.

20.09.2001   79 Punkte

RHEINHESSEN

1999 RIESLING SPÄTLESE TROCKEN
DIENHEIM TAFELSTEIN 0,75 € 9,71 13,5
43710182000
Noch verschlossen wirkender, kräuterwürziger und mineralischer Duft von Äpfeln und etwas weißem Pfirsich. Recht dichte, saftige Frucht, sehr harmonische Säure, viel Kraft und Fett am Gaumen, feste mineralische Struktur, im besten Sinne altmodischer, abgeklärter Stil, nachhaltig, druckvoller Abgang. Bis 2005.
20.09.2001   86 Punkte

1999 RIESLING SPÄTLESE
DIENHEIM TAFELSTEIN 0,75 € 8,69 12
43710181900
Kräuterwürziger Apfel-Pfirsichduft mit mineralischer Würze. Saftige Frucht mit kerniger mineralischer Würze, schöne Süße und bestens integrierte Säure, recht kräftig, sehr nachhaltig am Gaumen, ausgezeichnete Balance, langer Nachhall mit abgeklärten Fruchtnoten und griffiger Würze. Bis 2005.
20.09.2001   87 Punkte

1999 RIESLING AUSLESE
DIENHEIM TAFELSTEIN 0,5 € 15,34 12
43710181901
Dichte, holz- und rauchwürzige Nase mit Noten von eingekochten Äpfeln und Pfirsichen. Vollmundige, saftige und süße Frucht, lebendige Säure, wieder leicht rauchig, sehr gut eingebundene, zurückhaltende Holzwürze, wirkt noch jung und nicht ideal balanciert, leicht mineralisch am Gaumen, guter Abgang. 2002-2008.
20.09.2001   86 Punkte

1999 SCHEUREBE AUSLESE
DIENHEIM TAFELSTEIN 0,75 11,5 43710181700
Sehr süßer Duft von Lack und Honig, kandierter Grapefruit, sowie etwas Pfirsich und Cassis. Konzentrierte, süße Frucht, würzig, feine, straffe Säure, kräuterwürzige und mineralische Noten am Gaumen, sehr nachhaltig, Cassisaromen, sehr gute Balance und Länge. Bis 2010.
20.09.2001   89 Punkte

2000 GRAUBURGUNDER QBA TROCKEN
0,75 € 6,39 12 43710181201
Sehr zurückhaltender, kräuterwürziger Limonenduft. Saubere, zartwürzige Frucht, harmonische Säure, eher einfache Art, gute Balance, feinherbe Note am Gaumen und im Abgang. Bis Ende 2001.
29.06.2001   75 Punkte

2000 RIESLING KABINETT
DIENHEIM FALKENBERG 0,75 € 5,11 10 43710181401
Kräuterwürziger und leicht floraler Apfel- Zitrusduft. Schlanke, saubere, wenn auch eher einfache Frucht, zartsüß, moderate Säure, mineralische Spuren im Hintergrund, gute Balance, ordentlicher Abgang. Bis 2002.
29.05.2001   77 Punkte

WEINGUT BRÜDER DR. BECKER

2000 Silvaner QbA Trocken
🍾 0,75   € 4,6   % 11,5   AP 43710180801

Verhaltener, würziger Duft mit Noten von Äpfeln und etwas Gemüse. Einfache, etwas blasse Frucht, leicht kräuterwürzig, harmonische Säure, am Gaumen sauber, aber leer, ohne Länge. Bis Ende 2001.

17.08.2001   **74 Punkte**

2000 Weissburgunder QbA Trocken
🍾 0,75   € 5,73   % 11,5   AP 43710180901

Würziger und mineralischer Apfelduft. Zartsaftige, sehr mineralische Frucht, harmonische Säure, griffige Struktur, mittelkräftig, gute Nachhaltigkeit, würziger Abgang. Bis 2003.

24.08.2001   **80 Punkte**

WEINGUT HIESTAND

67583 GUNTERSBLUM, NORDHÖFERSTRASSE 19   ERICH HIESTAND
  ERICH HIESTAND   06249-2266   06249-7835   HIESTAND.WEIN@ T-ONLINE.DE
HOFLADEN SAMSTAG GEÖFFNET 10.00 - 18.00 UHR, SONST NACH TELF. VEREINBARUNG

1999 DORNFELDER QbA TROCKEN
0,75   14,52   12   43603010101
Mattes Violett-Granat. Würziger Duft von eingedickten Zwetschgen und schwarzen Beeren mit leicht rustikalem Touch. Klare, trockene Frucht, zartsaftig, mittelfeines, harmonisches Tannin, einfache Art, am Gaumen wieder etwas rustikal, gute Balance, ordentlicher Abgang. Bis 2002.

02.07.2001   77 Punkte

1999 GEWÜRZTRAMINER SPÄTLESE TROCKEN
GUNTERSBLUM   EISERNE HAND   0,75   13   43603010800
Floral-würziger Duft von eingekochten grünen Beeren, Mandarinen und Pfirsichen. Leicht würzige, knochentrockene Frucht, schöne Säure, kräftiger Körper, viel Fett und leicht spürbarer Alkohol, wirkt ein wenig strapaziert am Gaumen, nicht sehr tief, ordentlicher Abgang. Austrinken.

19.10.2001   75 Punkte

1999 GRAUBURGUNDER SPÄTLESE TROCKEN
GUNTERSBLUM   KREUZKAPELLE   0,75   5,37   13   43603010600
Würziger, leicht mineralischer Apfel- und Heuduft. Runde, würzige Frucht, gewisses Fett, Süßholzgeschmack am Gaumen, wirkt bereits leicht gezehrt, noch gute Balance, knapper Nachhall. Bald trinken.

02.07.2001   74 Punkte

1999 RIESLING SPÄTLESE HALBTROCKEN
GUNTERSBLUM   KREUZKAPELLE   0,75   5,22   12   43603010501
Duft von Limonen, grünen Äpfeln und Kräutern. Straffe, zartsaftige Frucht, leicht spritzig, lakritzwürzig am Gaumen, verhaltene Süße, eher einfache Art, ordentliche Balance, knapper Nachhall. Bis Ende 2001.

09.07.2001   76 Punkte

1999 RIESLING AUSLESE
GUNTERSBLUM   KREUZ   0,5   12,53   12,5   43603010801
Herbe, grasige Kräuternase. Einfache, süße Frucht mit herber Würze, lebendige Säure, spürbarer Alkohol, gewisses Fett am Gaumen, vegetabile Noten im Hintergrund, recht gute Nachhaltigkeit, Lakritz- und Casinoten im Abgang. Bis 2003.

20.09.2001   76 Punkte

2000 SCHWARZRIESLING WEISSHERBST QbA HALBTROCKEN
0,75   4,91   10   436030101101
Säuerlicher, leicht laktischer Duft von roten Beeren. Einfache, schlanke Frucht, zartsüß, lebhafte Säure, ordentlicher Abgang. Bis 2002.

30.11.2001   74 Punkte

RHEINHESSEN

2000 Silvaner Spätlese Trocken
🍾 0,75   € 9,51   % 12,5   AP 436030101401
Verhaltener, nicht hundertprozentig sauberer Apfelduft. Zartsaftige, trockene Frucht, leicht mineralisch, lebendige, recht feingliedrige Säure, zart kräuterwürzig, sehr gute Balance, ordentlicher Abgang. Bis 2002.
17.08.2001   **77 Punkte**

2000 Weissburgunder Kabinett Trocken
Guntersblum   Bornpfad   🍾 0,75   % 11,5   AP 436030101001
Etwas vegetabiler, einfacher Apfelduft. Ordentlich saftige Frucht, leicht vegetabil, am Gaumen etwas blass, knapper Nachhall. Bis 2002.
23.11.2001   **72 Punkte**

2000 Weissburgunder Spätlese Trocken
🍾 0,75   € 10,99   % 13   AP 436030101301
Sehr verhaltener Apfelduft mit Lakritznoten. Klare, aber zurückhaltende Frucht, recht kräftiger Körper, feine Säure, eine Spur Lakritz am Gaumen, recht gute Balance, ordentlicher Abgang. Bis Ende 2001.
17.08.2001   **78 Punkte**

WEINGUT GEHRING

55283 NIERSTEIN, KAROLINGERSTR. 10/14   THEO GEHRING   06133-5470   06133-927489   INFO@WEINGUT-GEHRING.DE   WWW.WEINGUT-GEHRING.DE
WEINVERKAUF NACH VORANMELDUNG. ANSPRECHPARTNER: DIANA GEHRING.

DIE WEINE:
Die 2000er sind überwiegend von einfacher, aber sorgfältiger Machart. Jahrgangsbedingt fehlt es dem meisten Weinen etwas an Substanz und Tiefe. Gut zu trinken sind sie in der Regel dennoch.

2000 CHARDONNAY QbA TROCKEN
NIERSTEIN   ÖLBERG   0,75   € 5,62   12,5   AP 43820742101
Reintöniger, zartwürziger Duft von Kandierten Zitronen, Äpfeln und etwas Melone. Kühle, recht saftige Frucht, feste Säure, mineralische Note am Gaumen, mittelkräftig, gute Balance, von der Säure getragener Abgang. Bis 2003.
21.08.2001   **80 Punkte**

2000 GRAUBURGUNDER QbA TROCKEN SELECTION RHEINHESSEN
NIERSTEIN   BILDSTOCK   0,75   € 9,71   12   AP 43820742001
Verhaltener Zitrus-Bananenduft. Klare, geradlinige Frucht, leicht würzig, sehr harmonische Säure, mineralische Spuren im Hintergrund, gute Nachhaltigkeit, ordentlicher Abgang. Bis 2002.
17.08.2001   **77 Punkte**

2000 RIESLING QbA TROCKEN
NIERSTEIN   PETTENTHAL   0,75   € 6,39   12   AP 43820741601
Zart kräuterwürziger Apfelduft. Zartsaftige, recht schlanke Frucht, elegante Säure, geradliniger Stil, leicht mineralisch im Hintergrund, ordentlicher Abgang. Bis Ende 2001.
20.08.2001   **78 Punkte**

2000 RIESLING QbA TROCKEN
1   € 4,09   12   AP 43820741101
Zartwürziger Apfel-Pfirsichduft. Weiche, trockene Frucht, sehr harmonische Säure, leicht vegetabile Aromen, auch etwas Lakritz am Gaumen, wirkt bereits recht reif, etwas blasser Abgang. Austrinken.
20.08.2001   **76 Punkte**

2000 RIESLING QbA TROCKEN SELECTION RHEINHESSEN
NIERSTEIN   PETTENTAL   0,75   € 9,71   12,5
AP 43820741701
Frischer Duft von Apfel- und Ananasdrops. Zartsaftige Frucht, feine Säure, gewisses Fett, zartwürzig am Gaumen, es fehlt etwas an Tiefe und Nachhaltigkeit, dennoch gut zu trinken, knapper Nachhall. Bis Ende 2001.
20.08.2001   **78 Punkte**

2000 RIESLING QbA TROCKEN
NIERSTEIN   HIPPING   0,75   € 7,16   12,5   AP 4382074601
Würziger Apfel-Lakritzduft. Weiche, saubere, aber ziemlich oberflächliche Frucht, moderate Säure, am Gaumen leer, ohne Länge. Austrinken.
20.08.2001   **73 Punkte**

2000 Riesling Kabinett Trocken
Nierstein   Heiligenbaum   0,75   € 5,37   11,5
AP 43820741501
Feinmineralischer Apfel-Pfirsichduft. Schlanke, ein wenig blasse Frucht, recht harmonische Säure, zart mineralisch am Gaumen, ansonsten etwas ausdruckslos, ohne Länge. Bis Ende 2001.

21.08.2001   **76 Punkte**

2000 Riesling QbA Feinherb
0,75   € 4,35   10,5   AP 4382074701
Leicht grasiger und etwas dropsiger Apfel-Zitrusduft. Schlank und zartsaftig, zartsüß, recht elegante Säure, am Gaumen wieder ein wenig grasig, passabler Abgang. Bis 2002.

20.08.2001   **74 Punkte**

2000 Riesling Spätlese -26-
Nierstein   Pettental   0,75   € 6,39   10   AP 4382074801
Sehr schöner Duft von Weinbergspfirsichen, leider nicht absolut reintönig. Klar, süß und feinsaftig im Mund, gut abgestimmte Säure, zart mineralische Würze, leichte Kräuternoten, es fehlt etwas Nachhaltigkeit am Gaumen, ordentlicher Abgang. Bis 2003.

24.08.2001   **78 Punkte**

WEINGUT GEIL

55278 EIMSHEIM, MITTELSTR. 14   THOMAS GEIL   06249-2380
06249-7618
ÖFFNUNGSZEITEN: 8.00 - 17.00.
GEIL`S GUTSSCHÄNKE IM ALTEN KREUZGEWÖLBESTALL VON 1862 FÜR GESCHLOSSENE GESELLSCHAFTEN BIS 70 PERSONEN.

Das bereits 1760 gegründete Weingut kultiviert heute 20 Hektar Reben in verschiedenen Lagen der umliegenden Gemeinde. Reduzierte Erträge und Handlese sollen in Verbindung mit einer schonenden Behandlung im Keller für sortentypische und lagerfähige Weine sorgen. Diese probiert man am besten in der sehr schön hergerichteten Gutsschänke, die in dem 1862 von Johann Philipp Geil, dem Urgroßvater von Thomas Geil entworfenen Kreuzgewölbestall untergebracht ist.

Auf der Preisliste des Gutes findet man noch eine große Anzahl gereifter Weine bis ins Jahr 1986 zurück

DIE WEINE:

Die letzten beiden Jahrgänge fielen nicht gerade überzeugend aus. Auch 2000 hat es wieder eine Reihe von Weinen nicht über die 70-Punkte-Hürde geschafft. Ohne eine Steigerung im nächsten Jahr kann Thomas Geil seinen Platz im Buch nicht halten.

1999 PORTUGIESER QbA TROCKEN

FRAMERSHEIM   ZECHBERG   0,75   € 4,09   % 12,5
43510221600
Mattes Granat mit deutlicher Aufhellung. Leicht verwaschener Duft von eingekochten roten Beeren und Kirschen. Weiche, würzige Frucht, leicht rustikaler Touch, spürbarer Alkohol, noch gute Balance, ordentlicher Abgang. Bis 2002.

29.06.2001   **75 Punkte**

1999 RIESLING BEERENAUSLESE

EIMSHEIM   SONNENHANG   0,5   € 24,54   % 10
43510221300
Sehr verhaltener Zitrus-Apfelduft. Zartsaftige, süße Frucht, elegante Säure, rustikal-bittere Würze am Gaumen, wirkt stielig, nicht sehr nachhaltig, passabler Abgang. Bis 2003.

31.07.2001   **75 Punkte**

1999 SPÄTBURGUNDER AUSLESE TROCKEN

METTENHEIM   GOLDBERG   0,75   € 12,78   % 14
43510221700
Glänzendes Granat bis Braun mit deutlicher Aufhellung. Holzwürziger, etwas alkoholischer Duft von Zwetschgen und roten Beeren. Holzwürzig und sehr alkoholisch, versteckte Frucht, reifes, staubiges Tannin, alkoholischer Abgang. Bis 2003.

21.08.2001   **74 Punkte**

RHEINHESSEN

2000 Gewürztraminer Kabinett
Mettenheim　Michelsberg　0,75　€ 4,6　% 8,5
43510220701

Würziger, nicht hundertprozentig reintöniger Duft von Zitronengras mit zart floraler Note. Recht frische, schlanke Frucht mit harmonischer Süße, lebendige Säure, etwas limonadiger Stil, nicht sehr nachhaltig am Gaumen, blasser Abgang. Bis Ende 2001.

14.09.2001　　　　　　　　　　　　　　　　　　　　　　**75 Punkte**

2000 Grauburgunder Kabinett Trocken
Eimsheim　0,75　€ 4,76　% 11　43510220801

Griffig-würziger Duft mit verhaltenen Aromen von weißen Früchten. Magere Frucht mit betonter Säure, wirkt etwas grün, blass am Gaumen, kurz. Bis Ende 2001.

29.06.2001　　　　　　　　　　　　　　　　　　　　　　**72 Punkte**

2000 Riesling QbA Trocken
Eimsheim　Sonnenhang　0,75　€ 4,04　% 12
43510220501

Grasiger Zitrusduft. Sehr schlanke, grasige und etwas dumpfe Frucht, lebendige Säure, leicht rustikal am Gaumen, mäßiger Nachhall. Bis Ende 2001.

20.08.2001　　　　　　　　　　　　　　　　　　　　　　**72 Punkte**

Weingut Geil

Weingut Louis Guntrum

55283 Nierstein, Rheinallee 62 　Hanns Joachim Louis, & Louis Konstantin Guntrum　Gerhard Müller　Thomas Woytek　06133-97170　06133-971717　weingut-louis-guntrum@t-online.de　www.guntrum.de
Öffnungszeiten: Mo - Do: 7.00 - 16.30; Freitag: 7.00 - 12.00. Ausserhalb dieser Zeiten, auch am Wochenende, jederzeit nach telef. Vereinbarung möglich.

1999 Schaumwein Sekt b.A. Brut Gutssekt Pinot "Blanc et Noir"
0,75　€ 9,97　11,5　AP 43820833500
Strahlendes Orange-Rosa; recht feines Mousseux. Verhaltener Apfel-Erdbeerduft. Schlank und zartfruchtig, leicht würzig, zurückhaltende Perlage, süffige, harmonische Art, ohne große Tiefe, ordentlicher Abgang. Bis 2002.

03.07.2001　　　　　　　　　　　　　　　　　　　　　79 Punkte

1999 Riesling Spätlese Trocken Guntrum Classic
Oppenheim　Sackträger　0,75　€ 8,05　12
AP 43820832900
Leicht grasiger Apfel-Zitrusduft. Einfache, zartwürzige Frucht mit gut eingebundener Säure, leicht alkoholisch am Gaumen, ansonsten eher ausdruckslos, passabler Abgang. Bis Ende 2001.

20.09.2001　　　　　　　　　　　　　　　　　　　　　71 Punkte

2000 Riesling Kabinett Trocken
Nierstein　Pettenthal　0,75　€ 5,09　11　AP 43820830601
Ein wenig verwaschen wirkender, noch etwas hefiger und leicht mineralischer Zitrusduft. Einfache, sehr schlanke Frucht, gut eingebundene Säure, nicht ganz reif, ordentliche Balance, ohne Länge. Bis Ende 2001.

22.05.2001　　　　　　　　　　　　　　　　　　　　　73 Punkte

2000 Riesling Spätlese Trocken Guntrum Classic
Nierstein　Oelberg　0,75　12　AP 43820831401
Mineralischer Duft von kandierten Zitrusfrüchten und etwas Pfirsich. Relativ schlanke, zartsaftige Frucht, feine Säure, geradliniger Stil, mineralisch, nicht allzu nachhaltig am Gaumen, gute Balance, etwas knapper Nachhall. Bis 2002.

22.05.2001　　　　　　　　　　　　　　　　　　　　　78 Punkte

2000 Scheurebe Auslese
Oppenheim　Herrenberg　0,75　€ 7,59　8
AP 43820830101
Duft von Wachs, etwas Honig und gekochten gelben Früchten. Recht saftige, süße Frucht, kräuterwürzig, abgeklärter Stil, lebendige, gut eingebundene Säure, leicht mineralisch am Gaumen, wieder eine Spur Wachs, recht gute Balance, angenehm zu trinken, zitrusfruchtiger Nachhall. Bis 2005.

14.09.2001　　　　　　　　　　　　　　　　　　　　　82 Punkte

Weingut Dr. Karl W. Heyden

55276 Oppenheim, Wormser Str. 95   Dr. Karl W. Heyden   Familie Heyden   Frank Heyden   06133-926301   06133-926302   heydenwein@t-online.de   www.heydenwein-oppenheim.de
Ansprechpartner: Anita Heyden-Dimont

Dies ist ein vollkommen neu gegründetes Weingut. Um seinem Sohn, der in Geisenheim Weinbau und Getränketechnologie studiert, ein geeignetes Betätigungsfeld zu schaffen, übernahm Dr. Karl W. Heyden 1999 rund 7 Hektar Weinberge in guten und besten Lagen Oppenheims, die aus dem Besitz des Weingutes Friedrich Baumann stammten.

Die Weinbereitung lag bereits im ersten Jahr ganz in den Händen des heute 23-jährigen Frank Heyden. Dessen Maxime ist es, die Möglichkeiten des außergewöhnlichen Terroirs zu nutzen um Spitzenweine zu erzeugen und er hat bereits eine recht klare Vorstellung davon, wie dieses Ziel erreicht werden kann. Bereits sein Debütjahrgang war von bemerkenswerter Qualität und weckt die begründete Hoffnung, dass aus den Oppenheimer Lagen Kreuz, Herrenberg und vor allem dem großartigen Sackträger nach langer Zeit endlich wieder Weine hervorgebracht werden könnten, die dem Ruf ihrer Herkunft gerecht werden.

Die Weine:
Nach einem vielversprechenden Debut im letzten Jahr fallen die Weine diesmal jahrgangsbedingt spürbar schwächer aus. Nichtsdestotrotz sind alle Weine sauber gemacht und besonders die halbtrockene Spätlese macht wirklich Spaß. Alle Weine sollten jung getrunken werden.

1999 Riesling Auslese
Oppenheim   Sackträger   0,75   € 6,65   % 10
438743401100
Verhaltener, kräuterwürziger und mineralischer Apfelduft. Klare, süße Frucht, leicht kräuterwürzig, lebendige, bestens eingebundene Säure, am Gaumen leicht mineralisch, nicht allzu nachhaltig, ordentlicher Abgang. Bis 2003.

20.09.2001   **80 Punkte**

2000 Grauburgunder QbA Trocken
Oppenheim   Sackträger   0,75   € 6,39   % 12,5
438743400901
Duft von gekochten Äpfeln, Kräutern und grünen Bananen mit zarter Holzwürze. Würzige, recht saftige Frucht, etwas Kohlensäure, eichenholzwürzig im Hintergrund, gutes Fett, es fehlt ein wenig an Tiefe, fruchtig-würziger Nachhall. Bis 2002.

17.08.2001   **78 Punkte**

2000 Portugieser QbA Trocken
Oppenheim   Kreuz   0,75   € 3,43   % 12   438743400101
Klares Rubin-Granat mit Wasserrand. Verhaltener, würziger Duft mit rot- und schwarzbeerigen Noten. Runde, recht saftige Frucht, feines Tannin, gewisses Fett, eine Spur rustikal am Gaumen, gut zu trinken, ordentlicher Abgang. Bis 2002.

20.08.2001   **78 Punkte**

2000 Riesling Kabinett Trocken

Oppenheim Kreuz 0,75 € 3,53 % 11 AP 438743401001

Zart kräuterwürziger Apfel-Pfirsichduft. Schlanke, zartsaftige Frucht, lebendige Säure, zartwürzig am Gaumen, ordentlicher Abgang. Bis 2002.

21.08.2001 **78 Punkte**

2000 Riesling Spätlese Trocken

Oppenheim Herrenberg 0,75 € 4,7 % 11
AP 438743400801

Frischer Zitrus-Kräuterduft. Schlank und kräuterwürzig, lebendige Säure, klarer, geradliniger Stil, leicht mineralisch am Gaumen, gute Balance, zartfruchtiger Nachhall. Bis 2002.

21.08.2001 **79 Punkte**

2000 Riesling Kabinett Halbtrocken

Oppenheim Kreuz 0,75 € 3,53 % 10,5 AP 438743400601

Etwas bonbonhafter Duft von Kräutern, Äpfeln, Zitrusfrüchten und Ananas mit zarter Lakritznote. Feinsaftige Frucht mit harmonischer Säure, zarte Süße, kräuterwürzig und mineralisch am Gaumen, gute Balance, passabler Nachhall. Bis 2002.

24.08.2001 **78 Punkte**

2000 Riesling Spätlese Halbtrocken

Oppenheim Herrenberg 0,75 € 4,35 % 10,5
AP 438743400701

Kräuterwürziger Apfel-Grapefruitduft. Feste, feinsaftige Frucht, zartsüß, lebendige Säure, mineralisch am Gaumen, durchgezeichnet, klarer Nachhall. Bis 2003.

24.08.2001 **82 Punkte**

WEINGUT FREIHERR HEYL ZU HERRNSHEIM

55283 NIERSTEIN, LANGGASSE 3 · AHR FAMILIENSTIFTUNG · MICHAEL BURGDORF · BERND KUTSCHICK · 06133-57080 · 06133-570880 · INFO@HEYL-ZU-HERRNSHEIM.DE · WWW.HEYL-ZU-HERRNSHEIM.DE · VDP

Unter Peter und Isa von Weymarn, in deren Besitz sich das Gut seit 1969 befand, gehörte Heyl zu Herrnsheim lange Zeit zu den wegweisenden Betrieben des Landes. Peter von Weymarn war einer der ersten Erzeuger in Deutschland, die eine gutseigene Weinbergsklassifizierung einführten und seither nur noch die Namen der besten Lagen aufs Etikett brachten. Noch zu Zeiten, als umweltschonender Weinbau und erstklassige Weinqualität weithin als unvereinbar galten, wurden hier die Weinberge komplett auf kontrolliert ökologische Bewirtschaftung umgestellt. Diese Maßnahmen in Verbindung mit einem zum großen Teil kompromisslos trockenen und dabei ganz dem Terroir verpflichteten Weinstil führten bei Kollegen wie Verbrauchern zu extrem unterschiedlichen Reaktionen von verständnisloser Ablehnung bis hin zu glühender Verehrung.

Die heutigen Besitzer, die Familie Ahr, steht immer noch in gutem Kontakt zu Peter und Isa von Weymarn und Betriebsleiter Markus Winfried Ahr ist fest entschlossen, den eingeschlagenen Weg kompromisslos fortzusetzen. Bereits die ersten Jahrgänge, die unter der neuen Leitung produziert wurden, beweisen eindrücklich, dass dies nicht nur halbherzige Vorsätze sind.

DIE WEINE:
Mit ihrem 2000er Sortiment hat das junge Team von Heyl zu Herrnsheim gleich seine erste Meisterleistung des neuen Jahrtausends vollbracht. Die Weine beeindrucken größtenteils mit Substanz, klarer Frucht und fester mineralischer Struktur. Dabei fielen trockene und edelsüße Gewächse gleichermaßen überzeugend aus. Hut ab!

2000 RIESLING QbA TROCKEN
NIERSTEIN · 0,75 · € 6 · % 11,5 · AP 438209300601
Fester, sehr mineralischer Apfel-Pfirsichduft. Klare, zartsaftige Frucht, schöne Säure, mineralisch am Gaumen, gut strukturiert, gute Nachhaltigkeit am Gaumen, ordentlicher Abgang. Bis 2003.

21.10.2001   **80 Punkte**

2000 RIESLING SPÄTLESE TROCKEN ROTSCHIEFER
0,75 · € 11,1 · % 12 · AP 438209300901
Fester, mineralischer Apfel-Pfirsichduft mit zarter Cassisnote. Schlanke, zartsaftige und geradlinige Frucht, sehr mineralisch, harmonische, feingliedrige Säure, nachhaltig am Gaumen, sehr gute Balance, mineralischer Abgang. Bis 2003.

24.10.2001   **83 Punkte**

RHEINHESSEN

2000 Riesling Kabinett Feinherb
 Nierstein 0,75 3,78 11 438209301101
Zurückhaltender, mineralisch-würziger Duft von grünen Äpfeln, etwas Pfirsich und Kräutern. Klare, ziemlich schlanke Frucht, feingliedrige Säure, mineralisch am Gaumen, ordentliche Nachhaltigkeit, knapper Abgang. Bis 2002.

24.10.2001 — 78 Punkte

2000 Riesling QbA Grosses Gewächs
 Nierstein Brudersberg 0,75 20 12,5
 438209301701
Knackiger Apfel-Pfirsichduft mit fester mineralischer Würze. Dichte, saftige Frucht, sehr schöne Säure, festes Mineralisches Rückgrat, griffige Würze, präsent und sehr nachhaltig am Gaumen, ausgezeichnete Struktur, langer, fruchtiger und intensiv mineralischer Nachhall. Bis 2006.

21.10.2001 — 89 Punkte

2000 Riesling QbA Grosses Gewächs
 Nierstein Pettental 0,75 19,5 12,5
 438209301201
Kräuterwürziger, ein klein wenig mostiger Duft von Zitrusfrüchten, grünen Äpfeln und Pfirsichen mit Cassisnoten im Hintergrund. Recht saftige, würzige Frucht, feste Säure, auch am Gaumen Cassis und etwas Lakritz, straffe, nachhaltige Mineralik, ausgezeichnete Struktur, sehr lang. Bis 2006.

21.10.2001 — 87 Punkte

2000 Riesling Beerenauslese
 Nierstein Pettental 0,375 32,4 8,5
 438209302101
Kräuterwürziger und mineralischer Duft von Pfirsichen und kandierten Zitrusfrüchten mit floraler Note. Cremig-saftige, sehr süße Frucht, feine, präsente Säure, reintönige, konzentrierte Fruchtigkeit am Gaumen, zarte Honignote, sehr nachhaltig, beste Balance, lang. Bis 2010.

04.11.2001 — 89 Punkte

2000 Riesling Beerenauslese
 Nierstein Brudersberg 0,375 35 9,5 438209302501

Feinwürziger Duft von Dörrobst, Mineralien und Karamell. Reintönige, saftig-süße Frucht, konzentriert und recht kräftig, feinrassige Säure, mineralische Würze im Hintergrund, am Gaumen Honig, Karamell und wieder Dörrobst, sehr nachhaltig, beste Balance, lang. Bis 2015.

04.11.2001 — 92 Punkte

2000 Riesling Trockenbeerenauslese

Nierstein Brudersberg 0,375 € 96 % 8 AP 438209302201

Intensiver, honigwürziger Duft von getrockneten Pfirsichen und Aprikosen mit zarten Kräuter- und Mineralnoten im Hintergrund. Hochkonzentrierte, cremig-süße Frucht, straffe Säure, viel Honig und Dörrobst am Gaumen, dazu Karamell und Zitrusfrüchte, sehr nachhaltig, mineralisches Rückgrat, ausgezeichnete Balance, enorme Länge. Bis 2040.

02.11.2001 93 Punkte

2000 Weissburgunder QbA Trocken Rotschiefer

0,75 € 13 % 13 AP 438209300301

Dicht und sehr mineralisch in der Nase, Aromen von kandierten Äpfeln, etwas Pfirsich und exotischer Frucht. Feinsaftig und ausgesprochen mineralisch auch im Mund, feste Struktur, sehr schöne, feingliedrige Säure, viel Fett am Gaumen, auch noch etwas hefig, nachhaltige, griffige Würze, sehr gute Balance, langer, mineralischer Abgang. Sollte noch etwas reifen. 2002-2005.

19.10.2001 87 Punkte

2000 Weissburgunder QbA Trocken

Nierstein 0,75 € 7,4 % 12 AP 438209300401

Feinwürziger Duft von Äpfeln und eingemachten Zitrusfrüchten mit zarter Pfirsichnote und einer Spur weißem Gemüse. Klare, geradlinige und feinsaftige Frucht, schöne Würze, sehr gute Säure, recht nachhaltig am Gaumen, mineralisch, beste Balance, gute Länge. Bis 2003.

19.10.2001 82 Punkte

RHEINHESSEN

JOHANNISHOF & WEINGUT DER STADT MAINZ

55129 MAINZ, RHEINHESSENSTR. 103   MICHAEL UND HANS WILLI FLEISCHER   MICHAEL & HANS WILLI FLEISCHER   06131-59797   06131-592685   HANSW.FLEISCHER@GMX.DE   WWW.WEINGUT-FLEISCHER.DE
ÖFFNUNGSZEITEN: MO - FR: 14.00 - 18.00; DONNERSTAG: 14.00 - 20.00; SAMSTAG: 10.00 - 17.00
ANSPRECHPARTNER: FRAU MARIA FLEISCHER

DIE WEINE:

Die 2000er sind zwar häufig etwas blass oder zumindest oberflächlich, aber dennoch erkennbar sorgfältig gemacht. Sie sind fast alle gut zu trinken; nur die Holz- und vor allem alkohol-lastigen Rotweine aus Merlot und Cabernet Sauvignon wollen mir so gar nicht schmecken.

1999 GRAUBURGUNDER SPÄTLESE

MAINZ   ST. ALBAN   0,75   € 9,2   13   AP 43750201701
Würziger und leicht mineralischer Duft von Äpfeln und weißem Gemüse mit zartrauchiger Holzwürze im Hintergrund. Feste, recht saftige Frucht mit harmonischer Holzwürze, feine. Lebendige Säure, recht kräftig, gutes Fett am Gaumen, wieder eine Spur mineralisch, nachhaltig, sehr gute Balance, klarer, feinwürziger Nachhall. Bis 2003.

26.10.2001   84 Punkte

1999 RIESLING KABINETT TROCKEN

0,75   € 3,32   12   AP 43750200400
Mineralischer und kräuterwürziger Apfel-Pfirsichduft. Sehr schlanke, etwas grasige Frucht, lebendige Säure, mineralische Note am Gaumen, wirkt bereits leicht gezehrt, knapper Nachhall. Austrinken.

28.10.2001   73 Punkte

2000 CABERNET SAUVIGNON QbA

0,75   € 17,9   15,5   AP 43750202401
Mattes Granat-Rubin mit Aufhellung. Holzwürziger Duft mit Noten von Zwetschgen und schwarzen Beeren, sowie etwas Alkohol. Vollmundiger Geschmack mit sehr viel Holz und leicht grasigen Aromen, recht grobes, trocknendes Tannin, enormer Körper mit spürbarem Alkohol, rauchig am Gaumen, nur mäßige Balance, recht knapper Nachhall. Bis 2003.

29.10.2001   76 Punkte

2000 CHARDONNAY QbA

MAINZ-LAUBENHEIM   EDELMANN   0,75   € 5,11   12
AP 43750202601
Klarer Apfel-Melonenduft. Runde, saftige Frucht, feinwürzig, harmonische Säure, nicht völlig trocken, zart mineralisch am Gaumen, gute Balance, etwas vordergründige Art, gut zu trinken, ordentlicher Abgang. Bis 2002.

19.10.2001   79 Punkte

RHEINHESSEN

2000 Grauburgunder QbA Trocken Selection Rheinhessen
 0,75   € 9,2   % 12,5   AP 43750200201
Süßlicher, etwas mostiger Apfel-Bananenduft. Würzige, recht saftige Frucht, etwas oberflächliche Art, moderate Säure, sehr süffiger Stil, ordentliche Nachhaltigkeit und Länge. Bis 2002.

24.10.2001	78 Punkte

2000 Merlot QbA
 0,75   € 10,23   % 14   AP 43750202501
Granat mit Aufhellung. Viel frisches Eichenholz in der Nase, speckige Noten, keine Frucht. Rauch und Holz auch am Gaumen, kaum Frucht, feste Struktur mit trocknendem Holztannin, nachhaltiges Holzaroma am Gaumen, spürbarer Alkohol, herber Abgang. Bis 2003.

29.10.2001	77 Punkte

2000 Riesling QbA Trocken
 Mainz   St. Alban   0,75   € 5,11   % 11   AP 43750201201
Recht vordergründiger Duft von Wachs, Äpfeln und Pfirsichen. Klare, aber einfache, flache Frucht, harmlose Säure, am Gaumen blass, ohne Länge. Bis Ende 2001.

21.10.2001	74 Punkte

2000 Riesling Kabinett Halbtrocken
 0,75   € 3,32   % 10,5   AP 43750201401
Kräuterwürziger Zitrus-Apfelduft mit deutlicher Lakritznote. Schlanke, zartsüße Frucht, lebendige Säure, gute Balance, Lakritznoten am Gaumen, ansonsten etwas blass, knapper Abgang. Austrinken.

24.10.2001	75 Punkte

2000 Silvaner QbA Trocken Selection Rheinhessen
 0,75   € 9,2   % 12   AP 43750200101
Etwas vordergründiger Duft von eingemachten Zitrusfrüchten, Äpfeln und etwas Pfirsich. Klare, schlanke Frucht, zartsaftig, verhaltene Säure, oberflächliche Art, gut zu trinken, knapper Nachhall. Bis Ende 2001.

20.10.2001	77 Punkte

2000 Silvaner Spätlese
 0,75   € 6,14   % 12   AP 43750200701
Feinwürziger Duft von kandierten Äpfeln, Zitrusfrüchten und Mineralien. Klare Frucht mit mineralischer Würze, gute Säure, recht saftige, wenn auch ein wenig vordergründige Art, fast rauchige Mineralik am Gaumen, gute Balance, würziger Nachhall. Bis 2002.

20.10.2001	80 Punkte

WEINGUT KISSINGER

55278 UELVERSHEIM, RÖMERSTR. 11   JÜRGEN KISSINGER   06249-7969   06249-7989   WEINGUT.KISSINGER@T-ONLINE.DE
PROBE UND VERKAUF NACH VEREINBARUNG.

Die Familie Kissinger betreibt seit rund 100 Jahren Weinbau in Uelversheim. Nur langsam hat sich das Gut während dieser Zeit vom landwirtschaftlichen Gemischtbetrieb zum reinen Weinerzeuger gewandelt. Heute werden hier knapp 12 Hektar Weinberge bewirtschaftet, die sich zu rund 70% in erstklassigen Hanglagen Uelversheims, Dienheims und Oppenheims direkt am Rhein befinden. Die Bodenbeschaffenheit reicht von leichtem Löss in Uelversheim bis hin zu schwerem, tiefgründigem Lösslehm in Oppenheim. Jede Rebsorte – es werden vorwiegend klassische Sorten angebaut – findet so den für sie am besten geeigneten Standort.

Jürgen Kissinger baute seinen ersten Jahrgang 1989 aus. Damals wurde noch ein guter Teil der Weine im Fass verkauft. Gleichzeitig hielt jedoch eine neue Qualitätsphilosophie Einzug im Betrieb der Kissingers, was sich schnell im Sortiment niederschlug: Erzeugte man bislang einfache, zumeist süße Zechweine, wuchs der Anteil der trocken ausgebauten Weine seither auf rund 80 Prozent. Der Erfolg ließ nicht lange auf sich warten und die folgende Vergrößerung der Rebfläche verursachte bald Platzprobleme im Keller. Der 2000er Jahrgang ist der Erste, der im nagelneuen Gutsgebäude außerhalb von Uelversheim ausgebaut wurde.

DIE WEINE:

Wenn auch nicht ganz das Niveau des Vorjahrgangs erreicht wurde, hat Jürgen Kissinger in 2000 eine sehr gleichmäßige und grundsolide Kollektion vorgestellt. Alle Weine sind klar gezeichnet und sehr angenehm zu trinken. Preislich sind sie immer noch unterbewertet.

2000 GRAUBURGUNDER QbA TROCKEN
0,75   € 3,83   11,5   439605101101
Würziger Duft von Melonen und Bananen. Auch im Mund würzig, mit relativ saftiger Frucht und harmonischer Säure, stimmig, gute Nachhaltigkeit am Gaumen, fruchtig-würziger Abgang. Bis 2002.
29.06.2001   **79 Punkte**

2000 RIESLING QbA TROCKEN
0,1   € 3,68   11,5   439605100901
Verhaltener, klarer Apfel-Pfirsichduft. Zartsaftige, schlanke Frucht, leicht würzig, harmonische Säure, ordentlicher Abgang. Bis 2002.
20.08.2001   **78 Punkte**

2000 RIESLING KABINETT TROCKEN
DIENHEIM   TAFELSTEIN   0,75   € 3,83   11,5
439605101301
Zurückhaltender Pfirsich-Apfelduft. Ansprechende, zartsaftige Frucht, lebendig, feine Säure, leicht mineralisch im Hintergrund, trockener Stil, recht gut zu trinken, gute Balance, ordentlicher Abgang. Bis 2002.
22.05.2001   **79 Punkte**

RHEINHESSEN

2000 Riesling Spätlese Trocken
Uelversheim Tafelstein 0,75 € 4,7 % 12
AP 439605101501
Noch leicht hefiger Zitrus-Pfirsichduft. Leicht würzige Apfelfrucht, bestens eingebundene Säure, mineralisch im Hintergrund, gute Balance, würziger Nachhall. Bis 2003.

22.05.2001 — **79 Punkte**

2000 Riesling Kabinett Halbtrocken
Dienheim Kreuz 0,75 € 3,83 % 10,5 AP 439605101601
Kräuterwürziger Zitrusduft. Schlanke, klare Frucht, zartsaftig, leicht süß, lebendige Säure, spritzig, hauchzarte Mineralik am Gaumen, recht gute Balance, knapper Nachhall. Bis 2003.

22.05.2001 — **78 Punkte**

2000 Riesling Spätlese Halbtrocken
Dienheim Tafelstein 0,75 € 4,7 % 11 AP 439605101701
Sehr mineralischer Zitrus-Pfirsichduft. Würzige und recht saftige Frucht mit harmonischer Süße, lebendige Säure, feste Mineralik im Hintergrund, gute Balance, wenn es auch etwas an Tiefe und Nachdruck zu fehlen scheint, noch jung, relativ knapper Nachhall. Bis 2003.

22.05.2001 — **79 Punkte**

2000 Silvaner QbA Trocken
0,1 € 3,17 % 11,5   AP 439605100801
Kräuterwürziger und mineralischer Apfelduft. Klar, trocken und würzig, sehr harmonische Säure, rund und sehr schön zu trinken, im Nachhall wieder Kräuter und Mineralien. Bis 2002.

17.08.2001 — **80 Punkte**

2000 Weissburgunder Kabinett Trocken
Dienheim Schloss 0,75 € 3,83 % 11,5
AP 439605101201
Verhaltener, frischer Zitrus-Apfelduft. Klare, schlanke Frucht, zartsaftig und leicht würzig, recht feine Säure, harmonisch, erfrischende Art, ordentlicher Abgang. Bis 2002.

17.08.2001 — **79 Punkte**

2000 Weissburgunder Spätlese Trocken
Uelversheim Tafelstein 0,75 € 4,96 % 12
AP 439605101401
Verhaltener, würziger Apfelduft. Recht klare, wenn auch etwas oberflächliche Frucht, würzig, harmonische Säure, ein wenig blass am Gaumen, ordentlicher Abgang. Bis Ende 2001.

17.08.2001 — **77 Punkte**

WEINGUT BÜRGERMEISTER CARL KOCH ERBEN

55276 OPPENHEIM, WORMSER STR. 62   CARL-HERMANN STIEH-KOCH
CARL-HERMANN STIEH-KOCH   06133-2326   06133-4132
CARL-KOCH-ERBEN@CK-WEIN.DE   WWW.CK-WEIN.DE

Carl-Hermann Stieh-Koch betreibt den Familienbetrieb in der 6. Generation. Ein gutes Drittel der 12,5 Hektar Rebfläche ist mit Riesling bestockt, der in der Vergangenheit stets gute Ergebnisse brachte. Doch auch Weiß- Grau- und Spätburgunder fallen immer wieder ansprechend aus

2000 CHARDONNAY KABINETT TROCKEN
OPPENHEIM   HERRENBERG   0,75   € 3,83   % 11
438709000201
Verhaltener, leicht würziger Duft von gelben Früchten und etwas Gemüse. Klare, trockene Frucht mit moderater Säure, eher einfache Art, sauber, aber wenig nachhaltig, gute Balance, passabler Abgang. Bis Ende 2001.
20.08.2001   **77 Punkte**

2000 RIESLING KABINETT TROCKEN
OPPENHEIM   KREUZ   0,75   € 3,73   % 11   438709000801
Kräuterwürziger und leicht mineralischer Apfel-Zitrusduft mit grasigem Touch. Schlank, kräuterwürzig und wieder etwas grasig, nicht ganz trocken, lebendige Säure, vegetabiler Nachhall. Bis 2002.
21.08.2001   **75 Punkte**

2000 RIESLING SPÄTLESE TROCKEN
OPPENHEIM   SACKTRÄGER   0,75   € 4,6   % 12,5
438709000301
Recht intensiver Duft von Limonen, Pfirsichen und grünen Aprikosen mit Noten von Wachs, Lack und Kräutern. Einigermaßen saftige Frucht mit deutlichem Wachsaroma, recht harmonische Säure, vordergründige Art, wenig nachhaltig am Gaumen, würziger Abgang. Bis Ende 2001.
21.08.2001   **77 Punkte**

2000 RIESLING KABINETT
OPPENHEIM   KREUZ   0,75   € 3,78   % 10   438709000901
Etwas dumpfe Nase mit Noten von Apfelschalen und Lakritz. Süße Frucht mit gut eingebundener Säure, blass und bereits etwas gezehrt wirkend am Gaumen, ohne Länge. Austrinken.
24.08.2001   **70 Punkte**

2000 RIESLING AUSLESE
OPPENHEIM   SACKTRÄGER   0,75   € 6,39   % 10,5
438709001101
Duft von Orangen, Pfirsichen und Ananas. feinsaftige Frucht mit sehr harmonischer Süße, lebendige, zartgliedrige Säure, sehr schön zu trinken, mineralische Noten im Hintergrund, sehr gute Balance, es fehlt lediglich etwas an Tiefe und Länge. Bis 2005.
14.09.2001   **84 Punkte**

2000 Spätburgunder Weissherbst Kabinett Trocken
Oppenheim Schloss 0,75 € 3,83 % 10 AP 438709000501
Sattes, glänzendes Orange bis Bronze. Leicht gemüsiger Duft mit Noten von roten Beeren. Schlanke, einfache Frucht, nicht ganz reife Säure, passable Balance, ohne Länge. Bis Ende 2001.

30.07.2001   73 **Punkte**

Weingut Manz

55278 Weinolsheim, Lettengasse 6 🏃 Erich Manz 👑 Erich Manz
🍷 Erich & Eric Manz 📠 06249-7981 ☎ 06249-80022
Ansprechpartner: Cornelia Manz. Öffnungszeiten: nach Vereinbarung

Der ehemalige Gemischtbetrieb der Familie Manz besteht schon seit dem 18. Jahrhundert. Bereits in den 60ern wurde hier Wein auf Flaschen gefüllt und vermarktet, doch erst in den letzten Jahren wurde ein breiteres Publikum auf die Weine aufmerksam. Besonders seit Eric Manz nach Lehrjahren bei Klaus Keller in Flörsheim-Dalsheim und Kurt Darting in Bad Dürkheim in den Betrieb eintrat, stieg die Qualität spürbar an. Rieslinge und weiße Burgundersorten fallen hier zumeist mindestens sehr gut aus und stellen echte Schnäppchen dar. In Zukunft soll vor allem an den Rotweinen gefeilt werden.

Die Weine:

Das 2000er Sortiment ist von gleichmäßiger und sehr zuverlässiger Qualität. Alle vorgestellten Weine sind sauber bereitet, klar und geradlinig, wenn auch jahrgangsbedingt eher schlank. Wie schon im letzten Jahr ragt die trockene Riesling Spätlese deutlich heraus.

1999 Dornfelder QbA Trocken

Weinolsheim 🍇 Kehr 🍾 0,75 € 8,95 % 13
AP 43990674600

Schwarz-Purpur. Säuerlicher Duft von schwarzen Beeren mit einer zart röstigen Note. Einigermaßen saftige Frucht, recht feines Tannin, lebendige Säure, recht herber Stil, mittelkräftig, gute balanciert, aber nur mäßig lang. Bis 2003.

02.07.2001   77 Punkte

2000 Chardonnay Spätlese Trocken

Weinolsheim 🍇 Kehr 🍾 0,75 € 6,39 % 13 AP 439906701801

Feinwürziger Duft von weißem Gemüse mit Noten von Zitronen und etwas Melone. Klare, feinsaftige Frucht, angenehm würzig, lebendige, harmonische Säure, durchgezeichnet, wirkt schlanker, als er ist, gute Nachhaltigkeit und Länge. Sehr saubere Arbeit. Bis 2003.

02.07.2001   81 Punkte

2000 Huxelrebe Trockenbeerenauslese

Uelversheim 🍇 Schloss 🍾 0,375 € 11,25 % 8,5
AP 439906702401

Relativ verhaltener, würziger Duft von Honig, Lack, sowie getrockneten Pfirsichen und Aprikosen. Konzentrierte, cremige Frucht, süß und würzig, sehr feine, rassige Säure, Röstaromen am Gaumen, etwas Karamell und Honig, ein wenig diffuse Frucht, recht nachhaltig, gute Länge. Bis 2010.

31.07.2001   86 Punkte

2000 Kerner Spätlese

Weinolsheim 🍇 Kehr 🍾 0,75 € 3,58 % 9,5 AP 439906702501

Duft von Äpfeln und etwas Heu. Süße, feinsaftige Frucht, sehr harmonische, zartgliedrige Säure, süffiger, vielleicht etwas limonadiger Stil, gute Balance, ordentlicher Abgang. Bis 2002.

25.06.2001   76 Punkte

RHEINHESSEN

2000 ORTEGA TROCKENBEERENAUSLESE
WEINOLSHEIM HOCHBERG 0,375 € 10,23 % 9
AP 439908702101

Intensiver Artischockenduft mit Noten von Karamell und angetrockneten gelben Früchten. Sehr würziger Geschmack von Kandiszucker, Karamell und Dörrfrüchten, etwas strenge und rustikale Note im Hintergrund, gute Säure, sehr süß, nachhaltig am Gaumen, nicht ganz reintönig, etwas scharfer Abgang. Bis 2008.

07.12.2001   **76 Punkte**

2000 RIESLING KABINETT TROCKEN
WEINOLSHEIM KEHR 0,75 € 3,32 % 12
AP 439906701201

Leicht mineralischer Zitrus-Apfelduft. Lebendige, saftig-würzige Frucht, verspielte Säure, feine Mineralik im Hintergrund, schlanker, geradliniger Stil, sehr harmonisch, mineralischer Nachhall. Bis 2003.

22.05.2001   **80 Punkte**

2000 RIESLING SPÄTLESE TROCKEN COLLECTION MANZ
OPPENHEIM HERRENBERG 0,75 € 4,86 % 12,5
AP 43990670701

Jugendlicher, frischer Duft von Weinbergspfirsichen mit zarter mineralischer Würze. Reintönige, feinsaftige Frucht, geradlinig, perfekt eingebundene, reife Säure, feinmineralische Würze am Gaumen, nicht völlig trocken, nachhaltig, beste Balance, fruchtiger Nachhall. Bis 2005.

22.05.2001   **84 Punkte**

2000 RIESLING KABINETT HALBTROCKEN
WEINOLSHEIM KEHR 0,75 € 3,32 % 10,5
AP 43990670901

Zurückhaltender, zart kräuterwürziger Zitrus-Pfirsichduft. Schlanke, klare Frucht, zartsaftig und nur mäßig süß, lebendige, harmonische Säure, mineralisch am Gaumen, sehr gute Balance, zartfruchtiger Nachhall. Bis 2003.

22.05.2001   **79 Punkte**

2000 RIESLING KABINETT
WEINOLSHEIM KEHR 0,75 € 3,32 % 8,5
AP 439906702001

Zurückhaltender, zart mineralischer Pfirsich-Apfelduft. Recht saftige Frucht mit sehr gut eingebundener Süße, moderate Säure, zart mineralisch im Hintergrund, reintöniger und sehr süffiger Stil, sehr gute Balance, klarer Nachhall. Bis 2003.

29.05.2001   **79 Punkte**

2000 RIESLING SPÄTLESE
WEINOLSHEIM KEHR 0,75 € 4,35 % 8,5
AP 439906701901

Zart kräuterwürziger Pfirsich-Ananasduft. Feinsaftige Frucht mit harmonischer Süße, feingliedrige Säure, verspielte Art, zart mineralisch am Gaumen, noch jung, guter Abgang. Bis 2004.

29.05.2001   **81 Punkte**

2000 WEISSBURGUNDER QBA TROCKEN

0,75 € 3,83 % 12,5 AP 439906701001

Verhaltener, zart kräuterwürziger Duft von grünen Äpfeln. Klare Frucht, rund und sehr angenehm zu trinken, harmonische, moderate Säure, zartwürzige Note im Hintergrund, einfach, aber sehr sorgfältig gemacht, ordentlicher Abgang. Bis 2002.

18.05.2001 **78 Punkte**

2000 WEISSBURGUNDER SPÄTLESE TROCKEN COLLECTION MANZ

OPPENHEIM HERRENBERG 0,75 € 4,86 % 13 AP 43990670601

Noch leicht hefiger, kräuterwürziger Apfelduft. Reintönige, zartsaftige Frucht, feingliedrige Säure, feinmineralische Würze im Hintergrund, mittelkräftiger Körper mit gutem Fett, recht nachhaltig am Gaumen, sehr gute Balance, zartfruchtiger Nachhall. Bis 2002.

18.05.2001 **79 Punkte**

RHEINHESSEN

STAATLICHE WEINBAUDOMÄNE OPPENHEIM

55276 OPPENHEIM, WORMSER STR. 162 LAND RHEINLAND-PFALZ
OTTO SCHÄTZEL HERR REICHMANN 06133-930305 06133-930323 DOMAENENVERKAUF.SLVA-OP@AGRARINFO.RLP.DE
WWW.DOMAENE-OPPENHEIM.DE VDP
ÖFFNUNGSZEITEN: MO-DO: 9.00-12.00 UHR UND 13.00-16.00 UHR. FR: 9.00-12.00 UHR UND 13.00-18.00 UHR.

2000 GRAUBURGUNDER QbA TROCKEN
0,75 € 5,62 12,5 AP 43871660101
Etwas gemüsiger, feinwürziger Duft von grünen Früchten. Recht stoffige, runde Frucht, Botrytisnoten, gewisses Fett, lebhafte Säure, feinherbe Würze am Gaumen, noch etwas ungestüm, gute Nachhaltigkeit, fruchtig-würziger Abgang. Bis 2002.

29.06.2001 **79 Punkte**

2000 SILVANER QbA TROCKEN RS
0,75 € 4,09 12 AP 43871660701
Verhaltener, leicht grasiger Apfel-Zitrusduft. Einfache, zartsaftige Frucht mit rustikaler Würze, etwas vordergründige Art, harmonische Säure, passabler Abgang. Bis Ende 2001.

17.08.2001 **74 Punkte**

WEINGUT POSTHOF DOLL & GÖTH

55271 STADECKEN-ELSHEIM, KREUZNACHER STR. 2 KARL-THOE & ROLAND DOLL KARL-THEO & ROLAND DOLL 06136-3000 06136-6001 WEINGUT.POSTHOF@DOLL-GOETH.DE WWW.DOLL-GOETH.DE WEIN- & SEKTVERGNÜGEN STAEDECKEN-ELSKEIM

WEINPROBEN UND VERKAUF NACH TELEFONISCHER ABSPRACHE MO - FR: 8.00-18.30; SA: 9.00-17.00

DIE WEINE:

Bereits im letzten Jahr fiel das Gut mit klaren, geradlinigen Weinen positiv auf. Das setzt sich auch 2000 fort. Obwohl manchmal von etwas vordergründiger Art sind alle Weine sehr angenehm zu trinken. Gute Arbeit, die auch noch für sehr wenig Geld zu haben ist.

1999 GEWÜRZTRAMINER SPÄTLESE HALBTROCKEN

STADECK LENCHEN 0,75 € 4,6 % 12
AP 43940724500

Klarer Duft von Birnen und etwas Pfirsich. Lebendige, feinsaftige Frucht mit schöner Säure, geradlinig und sehr reintönig, zart restsüß, sehr schön zu trinken, gute Nachhaltigkeit am Gaumen, Im Hintergrund mineralische Noten, beste Balance, gute Länge. Bis 2003.

19.10.2001   **85 Punkte**

1999 RIESLING SPÄTLESE TROCKEN

GAU-BISCHOFSHEIM KELLERSBERG 0,75 € 5,88 % 12,5
AP 43940721400

Zurückhaltender, kräuterwürziger und mineralischer Apfel-Pfirsichduft. Klare, feinsaftige Frucht, mineralische Würze, recht feingliedrige, präsente Säure, gut strukturiert und relativ nachhaltig am Gaumen, zarte Kräuternoten im Hintergrund, gute Balance, mineralisch-würziger Abgang. Bis 2002.

28.10.2001   **82 Punkte**

1999 ST.-LAURENT QBA TROCKEN

0,75 € 5,37 % 12,5 AP 43940723800

Etwas röstiger Duft von Kirschen und roten Beeren. Einfache, zartsaftige Frucht, moderates Tannin, oberflächliche Art, holzwürzig, knapper Abgang, Bis 2003.

26.11.2001   **75 Punkte**

2000 GRAUBURGUNDER QBA TROCKEN

0,75 € 4,09 % 12 AP 43940720901

Feinwürziger Duft von mehligen Äpfeln. Klare, schlanke Frucht, leicht würzig, lebendige, gut eingebundene Säure, einfache, sehr saubere, süffige Art, ordentlicher Abgang. Bis 2002.

24.10.2001   **78 Punkte**

RHEINHESSEN

2000 HUXELREBE SPÄTLESE
STADECK LENCHEN 0,75 € 5,11 % 10,5
AP 43940721301

Kräuterwürziger, leicht floraler und medizinaler Apfel-Zitrusduft. Recht saftige, süße Frucht, lebhafte Säure, feine Honigwürze im Hintergrund, am Gaumen Noten von Kräutern und Mineralien, recht nachhaltig, fruchtiger und kräuterwürziger Abgang. 2002-2006.

| 20.10.2001 | 83 Punkte |

2000 RIESLING QbA TROCKEN
STADECK LENCHEN 0,75 € 3,58 % 12
AP 43940720801

Griffiger, sehr mineralischer Apfel-Pfirsichduft. Klare, schlanke Frucht, sehr geradlinig, bestens eingebundene. lebendige Säure, mineralische Würze am Gaumen, gute Nachhaltigkeit, mineralischer Abgang. Bis 2003.

| 21.10.2001 | 82 Punkte |

2000 RIESLING QbA TROCKEN
GAU-BISCHOFSHEIM KELLERSBERG 0,75 € 3,83 % 11,5
AP 43940721701

Kräuterwürziger und ziemlich bonbonhafter Apfel-Zitrusduft. Vordergründige, würzige Frucht, lebendige Säure, recht süffige Art, griffige Mineralik am Gaumen, ordentlicher Abgang. Bis 2002.

| 21.10.2001 | 77 Punkte |

2000 RIESLING CLASSIC
0,75 € 4,09 % 12 AP 43940721001

Mineralisch-würziger Apfelduft. Klare, zartsaftige Frucht, feine Säure, etwas oberflächliche Art, nicht ganz trocken, zart mineralisch im Hintergrund, gute Balance, etwas knapper Nachhall. Bis 2002.

| 21.10.2001 | 77 Punkte |

2000 SILVANER QbA TROCKEN RS
0,75 € 4,35 % 12 AP 4394072400

Verhaltene, kräuterwürzige und leicht mineralische Nase. Spritzige Ansprache, schlanke, herb-würzige Frucht, leicht vegetabil am Gaumen, lebendige Säure, blasser Nachhall. Bis 2002.

| 20.10.2001 | 74 Punkte |

2000 SPÄTBURGUNDER WEISSHERBST QbA TROCKEN
0,75 € 3,58 % 11 AP 43940721901

Hellorange. Feinwürziger und mineralischer Duft von Äpfeln und roten Beeren. Geradlinige, saftig-würzige Frucht, lebendige Säure, mineralische Note am Gaumen, schlank, straff gewirkt, sehr gute Balance, würziger Nachhall. Bis 2002.

| 26.10.2001 | 80 Punkte |

Weingut Sander

67582 Mettenheim, In den Weingärten 11 — Gerhard & Stefan Sander — Stefan Sander — 06242-1583 — 06242-6589 — info@weingut-sander.de — www.weingut-sander.de — Naturland

Ältestes nach ökologischen Richtlinien arbeitendes Weingut Deutschlands.
Probe und Verkauf nach Vereinbarung.

Die Weine:
Zum bislang nicht allzu überzeugenden 99er Sortiment haben Gerhard und Stefan Sander in 2001 ein paar sehr schöne Barriqueweine nachgereicht. Besonders gut gefällt mir der fest gewirkte und saftige Spätburgunder.

1999 Chardonnay QbA
0,75 13 43001335500
Von feiner Holzwürze begleiteter Duft nach Butter, Melonen und kandierten Zitrusfrüchten. Klar und recht saftig, nicht völlig trocken, bestens eingebundene Holzwürze, feine Säure, recht nachhaltig am Gaumen, sehr schön zu trinken, ausgezeichnete Balance, fruchtiger und holzwürziger Nachhall. Macht Laune. Bis 2003.

03.05.2001   84 Punkte

1999 Dornfelder QbA Trocken
0,75 12,5 43001335600
Sattes, glänzendes Purpur. Holzwürziger und leicht rauchiger Duft mit Noten von Kirschen und schwarzen Beeren. Geradlinige, recht saftige Frucht, seidige Struktur, zurückhaltendes, feinstaubiges Tannin, mittelkräftig, bestens eingebundenes Eichenholzaroma, am Gaumen recht nachhaltig und wieder leicht rauchig, sehr gute Balance, schön zu trinken, klarer Nachhall. Bis 2003.

09.05.2001   81 Punkte

1999 Spätburgunder QbA Trocken
0,75 12,5 43001335700
Von rauchiger Holzwürze begleiteter Duft von Zwetschgen und angetrockneten roten Beeren. Rund und saftig, schöne Fruchtsüße, recht feines, präsentes Tannin, rauchig-röstige Holzwürze im Hintergrund, mittelkräftig, mit gutem Fett, sehr gute Struktur, sehr nachhaltig am Gaumen, beste Balance, saftiger Nachhall. Bis 2005.

17.05.2001   85 Punkte

RHEINHESSEN

WEINGUT GEORG ALBRECHT SCHNEIDER

55283 NIERSTEIN, WILHELMSTR. 6   ALBRECHT SCHNEIDER   ALBRECHT SCHNEIDER   06133-5655   06133-5415   SCHNEIDER-NIERSTEIN@T-ONLINE.DE

WEINPROBE UND VERKAUF NACH TELEFONISCHER VORANMELDUNG.

Nach einer Winzerlehre im Rheingau musste Albrecht Schneider das rund 200 Jahre alte Gut nach dem frühen Tod seines Vaters bereits mit 18 Jahren übernehmen. Bereits früh begann er mit Qualitätsfördernden Maßnahmen im Weinberg. So war er einer der Ersten an der Rheinfront, der die Rebzeilen begrünte. Auch der Rieslinganteil wurde nach und nach erhöht und beträgt heute rund 50 Prozent der fünfzehneinhalb Hektar Anbaufläche.

Bis Mitte der 90er Jahre war das Qualitätsniveau hier gut, aber etwas schwankend. Seit dem Umzug in ein erheblich größeres Anwesen im Jahr 1996 scheint sich das Niveau nicht nur stabilisiert, sondern auch noch etwas gesteigert zu haben, was sicher auch auf die inzwischen nahezu abgeschlossenen Umstellung auf Edelstahltanks zurückzuführen ist. Überraschend ist, dass Albrecht Schneider neben Riesling auch den Müller Thurgau für zukunftsträchtig hält, währen der Silvaner nur ein Nischenprodukt ist. Das allerdings aus einer alten Anlage mit 40-jährigen Rebstöcken.

DIE WEINE:
Nach der exzellenten Leistung im letzten Jahr muss man nun die Erwartungen wieder etwas zurückschrauben. Den sauber bereiteten 2000ern fehlt es jahrgangsbedingt zumeist etwas an Struktur und Dichte. Sie sollten jung getrunken werden.

2000 RIESLING QbA TROCKEN
0,75   € 4,35   % 12   AP 43822381501
Zart floraler und ganz leicht mostiger Duft von gelbem Obst. Runde, recht saftige, aber auch etwas oberflächliche Frucht, lebendige Säure, leicht mineralisch am Gaumen, süffige Art, ordentlicher Abgang. Bis 2002.

21.10.2001   **78 Punkte**

2000 RIESLING QbA TROCKEN
NIERSTEIN   SPIEGELBERG   1   € 4,29   % 11,5   AP 43822381901
Verhaltener, feinwürziger Apfel-Pfirsichduft. Einfache, vordergründige Frucht, harmonische Säure, leicht würzig, blass am Gaumen, ohne Länge. Bis Ende 2001.

21.10.2001   **75 Punkte**

2000 RIESLING SPÄTLESE TROCKEN
NIERSTEIN   HIPPING   0,75   € 6,39   % 12   AP 43822380401
Ziemlich rassiger, kräuterwürziger und mineralischer Zitrus-Pfirsichduft. Klare, schlanke Frucht, mineralisch und leicht kräuterwürzig, lebendige Säure, nicht sehr nachhaltig am Gaumen, es fehlt an Tiefe, ohne Länge. Bis 2002.

24.10.2001   **78 Punkte**

2000 Riesling Kabinett Halbtrocken
 Nierstein Brückchen 0,75 € 4,6 % 11 AP 43822380601
Duft von mehligen Äpfeln und etwas Pfirsich mit mineralischer Würze. Klare Frucht mit moderater Süße, feine Säure, mineralisch und kräuterwürzig am Gaumen, gute Balance, ordentlicher Abgang. Bis 2002.

24.10.2001 — 80 Punkte

2000 Riesling Spätlese Halbtrocken
 Nierstein Oelberg 0,75 € 6,39 % 11,5 AP 43822380501
Einfacher, kräuterwürziger und leicht floraler Duft. Schlanke, einfache und verwaschene Frucht, leicht süß, eingebundene Säure, am Gaumen recht blass, knapper Nachhall. Bis 2002.

24.10.2001 — 72 Punkte

2000 Riesling Spätlese
 Nierstein Orbel 0,75 € 6,39 % 11 AP 43822381401
Etwas oberflächlicher, kräuterwürziger und mineralischer Pfirsich-Zitrusduft. Klare, feinsaftige und geradlinige Frucht, gute Balance von Süße und Säure, kräuterwürzig am Gaumen, eher vordergründiger Stil, es fehlt an Tiefe und Länge. Bis 2003.

24.10.2001 — 78 Punkte

2000 Riesling Spätlese
 Nierstein Hipping 0,75 € 6,39 % 10,5 AP 43822380101
Reintöniger Apfel-Pfirsichduft. Feinsaftige, geradlinige Frucht, süß, zurückhaltende Säure, sehr gut zu trinken, ordentliche Nachhaltigkeit am Gaumen, feinfruchtiger, etwas knapper Abgang. Bis 2003.

24.10.2001 — 80 Punkte

2000 Rivaner QbA Trocken
 0,75 € 4,5 % 11 AP 43822380801
Jugendlicher, etwas bonbonhafter Apfel- und Birnenduft. Klare, schlanke Frucht mit feiner Säure, zarte Muskatwürze, sehr süffige Art, sauber gemacht, klarer Abgang. Bis 2002.

19.10.2001 — 79 Punkte

2000 Silvaner QbA Trocken RS
 0,75 € 4,6 % 12 AP 43822380201
Etwas mostiger Apfel-Pfirsichduft mit vegetabiler Note. Sehr einfache, vordergründige Frucht, leicht würzig, auch am Gaumen mostige Art, gewisses Fett, knapper Nachhall. Bis Ende 2001.

20.10.2001 — 74 Punkte

RHEINHESSEN

WEINGUT HEINRICH SEEBRICH

55283 NIERSTEIN, SCHMIEDGASSE 3-5 · HEINRICH SEEBRICH · HEINRICH SEEBRICH · JOCHEN SEEBRICH · 06133-60150 · 06133-60165 · WEINGUT.SEEBRICH@T-ONLINE.DE · PRO RIESLING, WEIN VOM ROTEN HANG.

ÖFFNUNGSZEITEN: NACH VEREINBARUNG UND VON 8.00-17.00 AN WERKTAGEN. ANSPRECHPARTNER: FRAU SCHNEIDER. RÄUMLICHKEITEN FÜR 50 PERSONEN FÜR WEINPROBEN, FAMILIEN- ODER VEREINSFEIERN UND FÜR TAGUNGEN.

Der Betrieb wurde 1783 gegründet und ist seitdem in Familienbesitz. Bereits Heinrich Seebrich Senior stellte das Gut in den 50er Jahren komplett auf Weinbau um und füllte einen Großteil der Weine selbst auf Flaschen ab. Seit 1985/86 hat Heinrich Seebrich Junior hier die Zügel in der Hand. Unterstützt von seinem Sohn Jochen arbeitet er daran, den ohnehin guten Ruf des Gutes weiter zu verbessern. Dabei bauen die beiden nicht mehr nur auf klassische Niersteiner Weißweine, die aufgrund des hohen Exportanteils immer noch zu einem Viertel restsüß ausgebaut werden. Schon heute nehmen die Rotweinsorten – allen voran Dornfelder, aber auch Spätburgunder und Portugieser – rund 2 Hektar Rebfläche ein. Dieses Jahr kommen Frühburgunder und Merlot hinzu. Auch mit Barriquefässern wird seit Neuestem im rund 100 Jahre alten Keller experimentiert.

Die diesjährige Kollektion steht jener aus dem Vorjahrgang in nichts nach. Bis auf den recht einfachen, botrytisgeprägten Gewürztraminer überzeugen allen Weine mit klarem Ausdruck und saftiger Frucht. Am besten gefällt mir dieses Jahr die glasklare und elegante Riesling Auslese aus dem Hipping.

DIE WEINE:

Die diesjährige Kollektion steht jener aus dem Vorjahrgang in nichts nach. Bis auf den recht einfachen, botrytisgeprägten Gewürztraminer überzeugen allen Weine mit klarem Ausdruck und saftiger Frucht. Am besten gefällt mir dieses Jahr die glasklare und elegante Riesling Auslese aus dem Hipping.

2000 GEWÜRZTRAMINER SPÄTLESE

NIERSTEIN · OELBERG · 0,75 · € 6,14 · % 9 · 43822610701

Nicht ganz saubere Nase mit viel Wachs, etwas Kamille und wenig Frucht. Zartsaftige, süße Frucht mit lebendiger Säure, blumige Note, recht vordergründige Art, einigermaßen süffig, aber kurz. Bis Ende 2001.

14.09.2001   71 Punkte

2000 RIESLING KABINETT TROCKEN

NIERSTEIN · HEILIGENBAUM · 0,75 · € 4,5 · % 11 · 43822610801

Mineralischer und leicht kräuterwürziger Apfel-Pfirsichduft. Klare, feinsaftige Frucht, recht dicht, lebendige Säure, kräuterwürzig und mineralisch am Gaumen, sehr gute Balance, feinwürziger Nachhall. Bis 2002.

21.08.2001   81 Punkte

RHEINHESSEN

2000 Riesling Auslese Trocken
Nierstein Oelberg 0,75 € 7,93 % 12,5 AP 43822611301
Recht dichte Nase von Äpfeln, Pfirsichen und Aprikosen. Klare, saftige Frucht, leicht kräuterwürzig, lebendige Säure, zart florale Noten am Gaumen, kräftiger Körper, recht gut strukturiert, gewisse Nachhaltigkeit, wieder blumig und kräuterwürzig im Abgang. Bis 2002.

21.08.2001 **82 Punkte**

2000 Riesling Kabinett
Nierstein Oelberg 0,75 € 4,7 % 9 AP 43822610601
Kräuterwürziger und leicht mineralischer Apfel-Pfirsichduft. Ausgesprochen saftige, süße Frucht, reintöniger Stil, lebendige, bestens eingebundene Säure, am Gaumen zart mineralisch, ordentlicher, fruchtiger Nachhall. Bis 2003.

24.08.2001 **80 Punkte**

2000 Riesling Spätlese
Nierstein Hipping 0,75 € 5,88 % 9 AP 43822610401
Kräuterwürziger und mineralischer Zitrus-Pfirsichduft. Recht saftige, süße Frucht mit lebendiger Säure, zart mineralisch am Gaumen, geradliniger Stil, leider etwas kurz. Bis 2003.

24.08.2001 **80 Punkte**

2000 Riesling Auslese
Nierstein Hipping 0,75 € 8,18 % 9 AP 43822611001
Zart kräuterwürziger und mineralischer Apfel-Pfirsichduft. Sehr reintönige, saftige und süße Frucht, schlanker Stil mit feiner Säure, ungemein süffig, fruchtiger Nachhall. Bis 2005.

14.09.2001 **86 Punkte**

WEINGUT HEINRICH SEEBRICH

Weingut Stallmann-Hiestand

55278 Uelversheim, Eisgasse 15 　Werner Hiestand　06249-8463　06249-8614　hiestandclan@t-online.de
Öffnungszeiten: Mo.-Fr.: 8.00-18.00, Sa.: 8.00-18.00 nach Vereinbarung.

Die Weine:
Nach wenig inspirierenden 99ern ist nun auch der 2000er Jahrgang enttäuschend ausgefallen. Ohne eine deutliche Steigerung im nächsten Jahr wird sich das Gut nicht im ausführlichen Teil des Weinführers halten können.

1999 QbA Trocken
0,75　€ 7,41　% 13　　439611103800
Schwarz-Purpur mit minimaler Aufhellung. Holzwürziger, etwas schweißiger Duft von Tee und schwarzen Beeren. Klare, feinsaftige Frucht, recht saftig, feinkörniges Tannin, kühle, rauchige Holzwürze im Hintergrund, recht glatte Art, es fehlt etwas an Tiefe und Nachhaltigkeit, dennoch gut gemacht, ordentlicher Abgang. Bis 2003.

07.11.2001　　79 Punkte

1999 QbA Trocken Trepino
0,75　€ 7,16　% 13,5　　43961113700
Verhalten fruchtiger Duft mit Noten von kandierten Limonen, Ananas und unreifem Pfirsich. Zartsaftige, aber auch herbe und bereits leicht gezehrt wirkende Frucht, gut eingebundene Säure, ziemlich kräftiger Körper mit gutem Fett, noch gut balanciert, knapper Nachhall. Austrinken.

09.05.2001　　75 Punkte

2000 Dornfelder QbA Trocken
0,75　% 13　439611102001
Mattes Rubin mit Aufhellung. Leicht metallischer und holzwürziger Duft von gekochten roten Beeren mit metallischer Note. Sehr einfache Frucht mit vegetabilen Noten, moderates Tannin, gewisses Fett und leicht spürbarer Alkohol, passabler Abgang. bis 2002.

06.11.2001　　73 Punkte

2000 Gewürztraminer QbA Trocken
Dienheim　Tafelstein　0,75　€ 5,88　% 12　439611100801
Etwas verwaschener, floral-würziger Duft von gelben Früchten. Trockene, zartsaftige Frucht, harmonische Säure, florale Spuren am Gaumen, nicht sehr nachhaltig, knapper Abgang. Bis 2002.

20.08.2001　　74 Punkte

2000 Grauburgunder QbA Trocken
0,75　€ 4,09　% 12　439611100901
Einfache, verwaschene und etwas grasige Nase. Recht schlank und wieder grasig, moderate Säure, etwas Lakritz am Gaumen, passabler Abgang. Bis Ende 2001.

17.08.2001　　71 Punkte

RHEINHESSEN

2000 Portugieser QbA Trocken
Guntersblum Kreuzkapelle 0,75 € 3,73 % 12,5
AP 439611101201
Klares, glänzendes Rubin mit deutlicher Aufhellung. Zurückhaltender Duft roter Beeren. Etwas Kohlensäure, herbe Frucht, lebendige Säure, mittelfeines, präsentes Tannin, am Gaumen recht fruchtig, ordentlicher Abgang. Bis 2003.

26.10.2001   **77 Punkte**

2000 Riesling Kabinett Trocken
Dienheim Tafelstein 0,75 € 4,09 % 12 AP 439611100601
Etwas verwaschener und vegetabiler Apfel-Zitrusduft. Trocken und kräuterwürzig, auch leicht mineralisch, lebendige Säure, am Gaumen etwas blass, fast schon etwas gezehrt, knapper Nachhall. Austrinken.

21.08.2001   **73 Punkte**

2000 Spätburgunder QbA Trocken
Dienheim Tafelstein 0,75 € 5,11 % 13 AP 439611102901
Klares Granat-Rubin mit Aufhellung. Säuerlicher Duft von gekochten roten Beeren. Viel Kohlensäure, herbe, holzwürzige Frucht, leicht rauchig, trocknendes Tannin, am Gaumen verwaschen, röstwürziger Abgang. Bis 2002.

28.10.2001   **73 Punkte**

WEINGUT STALLMANN-HIESTAND

RHEINHESSEN

Weingut J. & H.A. Strub

55283 Nierstein, Rheinstr. 42   Walter Strub   Georg Stiller   Walter Strub   06133-5649   06133-5501   strub@t-online.de   www.vinonet.com/strub.htm
Verkostungszeiten: nach telefonischer Anmeldung.

Die Weine:

Nach eher mäßigen 99ern hat Walter Strub eine solide bis sehr gute 2000er Kollektion angestellt. Die Weine sind klar in der Frucht und besitzen für den Jahrgang überraschend gute Substanz. Leider wurden keine trockenen Weine eingereicht.

2000 Riesling Kabinett

Nierstein   1   € 4,24   % 10   AP 43822880101
Einfacher, sauberer Apfel-Zitrusduft. Klare, zartsaftige Frucht mit harmonischer Süße, lebhafte Säure, leicht spritzig, sehr süffig, ordentlicher Abgang. Bis 2002.

24.08.2001   **77 Punkte**

2000 Riesling Kabinett

Nierstein   Brückchen   0,75   € 5,01   % 9,5
AP 43822880301
Zart kräuterwürziger Apfel-Pfirsichduft. Recht elegante, feinsaftige Frucht mit schöner Süße, zart kräuterwürzig, verspielte Säure, recht gute Substanz und Nachhaltigkeit, mineralisch im Hintergrund, beste Balance, fruchtiger Nachhall. Bis 2004.

24.08.2001   **83 Punkte**

2000 Riesling Kabinett

Nierstein   Pettental   0,75   € 5,01   % 10   AP 43822880501
zartwürziger Apfel-Ananasduft. Recht dichte, saftige Frucht mit sehr schöner Süße, zart mineralisch, absolut harmonische Säure, gut strukturiert und recht nachhaltig am Gaumen, eine Spur Lakritz im Hintergrund, sehr gute Balance, apfelfruchtiger und wieder etwas lakritzwürziger Abgang. Bis 2004.

24.08.2001   **82 Punkte**

2000 Riesling Kabinett

Nierstein   Paterberg   0,75   € 5,01   % 9,5   AP 43822880601
Verhaltener, kräuterwürziger Apfelduft. Klare, zartsaftige Frucht mit feiner Süße, lebendige Säure, recht süffige Art, gute Balance, etwas knapper, leicht lakritzwürziger Abgang. Bis 2002.

24.08.2001   **79 Punkte**

2000 Riesling Spätlese

Nierstein   Paterberg   0,75   € 8,59   % 9,5   AP 43822880201
Klarer, mineralischer Apfel-Pfirsichduft. Elegante, feinsaftige Frucht mit guter Süße, lebendige Säure, schlanker, geradliniger Stil, kräuterwürzig und leicht mineralisch am Gaumen, eleganter, fruchtig-würziger Nachhall. Bis 2005.

24.08.2001   **84 Punkte**

RHEINHESSEN

2000 Riesling Spätlese

Nierstein Hipping 0,75 € 8,59 % 10,5 AP 438288401

Weicher Apfel-Pfirsichduft. Recht klare, feinsaftige Frucht mit moderater Süße, sehr gut eingebundene Säure, leicht mineralisch am Gaumen, kompakter Stil, wirkt im Augenblick etwas eindimensional, ordentlicher Abgang. Braucht etwas Zeit. 2002-2004.

24.08.2001   **80 Punkte**

Weitere Erzeugeradressen

Weingut Balbach Erben
55283 Nierstein, Mainzer Str. 64   06133-2341   06133-2341

Weingut Willi Jakob Bär
55270 Ober-Olm, Essenheimer Str. 2   06136-88759

Weingut Friedrich Baumann
55276 Oppenheim, Friedrich-Ebert-Str. 55   06133-2312

Weingut Hedesheimer Hof / Dipl. Ing. Jürgen Beck
55271 Stadecken-Elsheim, Hedesheimer Hof   Betr.-Gem. Jürgen, Gerda & Michael Beck   Jürgen & Michael Beck   06136-2487   06136-924413   weingut@hedesheimer-hof.de   www.hedesheimer-hof.de
Weinverkauf ganzjährig.
Weinausschank geöffnet:
11.12- 16.12.2001
25.01- 03.02.2002
12.03- 17.03.2002
26.04- 05.05.2002

Weingut Wilhelm Betz
55291 Saulheim, Pfarrgasse 6   06732-2465

Weingut Heinrich Braun
55283 Nierstein, Neugasse 9   06133-5139   06133-59877   ◯ VDP

Weingut Burghof Oswald
67583 Guntersblum, Alsheimer Str. 11   06249-2392

Weingut Christophorus-Hof
55129 Mainz, Heuerstr. 13   06131-593154   06131-581162

Weingut Adam Darmstadt & Sohn
55294 Bodenheim, Mainzer Str. 3   06135-2347

Weingut Hof Dätwyl - Hans Albert Dettweiler
67587 Wintersheim, Hauptstr. 11   06733-426   06733-8210

Weingut Dr. Hinkel
55234 Framersheim, Kirchstr. 53   06733-368   06733-1490

Winzergenossenschaft Ebersheim eG
55129 Mainz, Neugasse 5   06136-42988

Weingut Engelhard
67586 Hillesheim, Kleine Untergasse 1   06733-6013   06733-949559

Weingut Anton Escher
55296 Gau-Bischofsheim, Neustr. 14   06135-4040   06135-8484

Weingut Eulermühle
55268 Nieder-Olm, Backhausstr. 7   06136-7879

Weingut Karl-Heinz Frey
67583 Guntersblum, Hauptstr. 81   06249-2234

RHEINHESSEN

WEINGUT GUNDERLOCH
55299 NACKENHEIM, CARL-GUNDERLOCH-PLATZ 1   FRITZ & AGNES HASSELBACH
06135-2341   06135-2431   VDP

WEINGUT HELGENHOF
55278 MOMMENHEIM, GAUSTR. 1   06138-1228   06138-1228

WEINGUT HUFF
55283 NIERSTEIN, HAUPTSTR. 90   06133-58003

WEINGUT GEORG GUSTAV HUFF
55283 NIERSTEIN, WOOGSTR. 1   06133-50514   06133-61395

WEINGUT JULIANENHOF
55283 NIERSTEIN, UTTRICHSTR. 9   JOCHEN SCHMITT   JOCHEN SCHMITT   06133-58121   06133-57451
GÄSTEHAUS.

WEINGUT REINHOLD KERN
55294 BODENHEIM,   06135-3149

WEINGUT FRANZ JOSEF KERZ
55294 BODENHEIM, LANGGASSE 18   MICHAEL KERZ, DIPL. BETRIEBSWIRT (FH)   MICHAEL KERZ   MICHAEL KERZ   06135-2652   06135-8512   KERZ-BODENHEIM@T-ONLINE.DE   WWW.WEINGUT-KERZ.DE
PROBE UND VERKAUF TÄGLICH NACH VEREINBARUNG.
GROSSE EIGENE WEINSTUBE VON MÄRZ BIS NOVEMBER GEÖFFNET MIT WEINGARTEN.

WEINGUT VILLA KERZ
55294 BODENHEIM, ÖLMÜHLSTR. 33   MEINOLF KERZ   MEINOLF KERZ   06135-2312   06135-950042
WEINVERKAUF NACH ANMELDUNG.
WEINPROBEN, KELLERFÜHRUNGEN UND PRIVATE FESTE NACH TELEFONISCHER VEREINBARUNG.

WEINGUT KISSINGER-ROTHERMEL
67583 GUNTERSBLUM, KELLERWEG 100   06249-7364

WEINGUT WILLI KNELL
55234 ALBIG, LANGGASSE 24   06731-6738   06731-41396

WEINGUT REINHARD KNOBLOCH
55234 ALBIG, LANGGASSE 54   06731-6661   06731-45923

WEINGUT KÜCHESHEIMER HOF
55234 FRAMERSHEIM,   06733-517   06733-7226

WEINGUT KÜHLING-GILLOT
55294 BODENHEIM, ÖLMÜHLSTR. 25   GABI UND ROLAND GILLOT   06135-2333   06135-6463   VDP

WEINGUT MELCHIOR JOS. LEBER
55294 BODENHEIM, MAINZER-PFORT-STR. 11   06135-2511

WEINGUT HEINZ LEMB
55129 MAINZ, GRAUELSTR. 8   06131-509116

WEINGUT LINUS HAUB
55294 BODENHEIM, MAINZER STR. 16   06135-2233

WEITERE ERZEUGERADRESSEN

RHEINHESSEN

Weingut Dr. Marbé-Sans
55299 Nackenheim, Forum Vinum — Dr. Dietrich Marbé-Sans — Dr. D. Marbé-Sans — 06135-2360 — 06135-2146 — mail@forum-vinum.de — www.forum-vinum.de
Frühlings-Weinverkauf: letztes Wochenende im Mai. Herbst-Weinverkauf: letztes Wochenende im November

Weingut Martinushof
55294 Bodenheim, Gaustr. — 06135-2350

Weingut Martinushof
55129 Mainz, Rheinhessenstr. 109 — 06131-593689

Weingut Meiser
55239 Gau-Köngernheim, Alzeyer Str. 131 — 06733-508 — 06733-8326

Weingut Menger-Krug
55239 Gau-Odernheim, Am Grünen Weg 15 — Familie Menger-Krug — 06733-1337 — 06733-1700

Weingut Hans-Walter Münzenberger
55270 Zornheim, Lindenplatz 9 — 06136-44573 — 06136-46904

Winzergenossenschaft Nackenheim eG
55299 Nackenheim, — 06135-2486

Weingut Hans Werner Nauth
55129 Mainz, Neugasse 13 — 06136-42291 — 06136-959577

Niersteiner Winzergenossenschaft
55283 Nierstein, Karolingerstr. 6 — 06133-97070 — 06133-60345 — DPW

Weingut Orbelhof
55283 Nierstein-Schwabsburg, Hauptstr. 32 — Johann Reichard Naab — Johann Reichard Naab — 06133-5225 — 06133-5225

Weingut Petry & Friess
55278 Weinolsheim, Gaustr. 14 — 06249-1398 — 06249-670726

Weingut Rösch-Spies
67583 Guntersblum, Gimbsheimer Str. 4-6 — 06249-2444 — 06249-8823

Weingut Kapellenhof - Ökonomierat Schätzel Erben
55278 Selzen, Kapellenstr. 18 — Thomas Schätzel — Thomas Schätzel — Thomas Schätzel — 06737-204 — 06737-8670 — kapellenhof@t-online.de — www.kapellenhof-selzen.de
Weinstube 'Kapellenhof' täglich geöffnet ab 18.00, Sonntag ab 17.00, Tel: 06737/8325.

Weingut Schlamp-Schätzel
55283 Nierstein, Oberdorfstr. 34 — Nanne Schätzel — Hans in der Beek & Kai Schätzel — 06133-5512 — 06133-60159 — weingut.schlamp.schaetzel@t-online.de — www.schlamp-schaetzel.de
Probe und Verkauf von Montag bis Samstag nach Vereinbarung.

Weingut Alois Schmitz
55270 Zornheim, Ebersheimer Str. — 06136-44472 — 06136-43550

Weingut Schmitt Erben
67583 Guntersblum, Bleichstr. 14 — 06249-7089

RHEINHESSEN

Weingut Franz Karl Schmitt
55283 Nierstein, Mainzer Str. 48   Franz Karl Schmitt   06133-5314
06133-50609

Weingut Ortwin Schmitt
67583 Guntersblum, Hauptstr. 45   06249-2330   06249-2363

Weingut Geschwister Schuch
55283 Nierstein, Oberdorfstr. 22   Michael Günther   Gerhard Grümmer
06133-5652   06133-927311   VDP
Öffnungszeiten: täglich 9.00-18.00, am Wochenende nach Voranmeldung. Ansprechpartner: Herr Günther

Weingut SchultheissKnobloch
55234 Albig, Turnergässhen 4   06731-2446

Weingut Dr. Alex Senfter
55283 Nierstein, Wörrstädter Str. 10   Jost Senfter   Jost Senfter   06133-5478   06133-60408   senfterwein@t-online.de

Weingut Reinhold Senfter
55283 Nierstein, Wörrstädter Str. 18   06133-5566   06133-5566

Weingut Sankt-Urbanshof
55283 Nierstein, Glockengasse 10   06133-5502

Weingut V. Eckert
55270 Klein-Winternheim, Hauptstr. 32   06136-8085   06136-85462

Weingut Thomas Weber
55294 Bodenheim, Gaustr. 28   06135-2405

Weingut Eugen Wehrheim
55283 Nierstein, Mühlgasse 30   Klaus Wehrheim   Klaus Wehrheim
06133-58125   06133-57605   info@weingut-eugen-wehrheim.de
www.weingut-eugen-wehrheim.de

Weingut Fritz Windisch
55278 Mommenheim, Gaustr. 54   06138-8085

Winzergenossenschaft eG
55234 Monzernheim,   06242-1450

Winzergenossenschaft eG
55271 Stadecken-Elsheim,   06136-6426

NIERSTEIN

WEITERE ERZEUGERADRESSEN

RHEINHESSEN

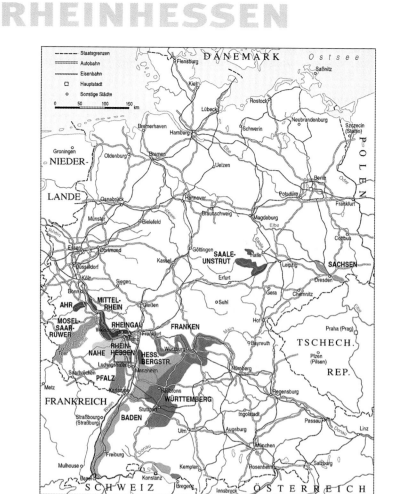

WONNEGAU

WONNEGAU

Der Wonnegau ist eine der wärmsten und trockensten Gegenden Deutschlands. Lange Zeit war man allgemein der Ansicht, das Gebiet mit seinen kalkhaltigen, oft schweren Lehmböden sei nicht zur Erzeugung von Spitzenweinen geeignet. In den 90er Jahren hat Klaus Keller in Flörsheim Dalsheim mit seinem kompromisslosen Streben nach absoluter Qualität und den daraus resultierenden großartigen Weinen aus dem Dalsheimer Hubacker

Hofansicht Alzey Weinheim DWI/Hartmann

und dem Monsheimer Silberberg dieses Gerücht endgültig ins Reich der Märchen verbannt. Die fruchtbaren Böden sind hierbei in dieser so oft von Trockenheit bedrohten Zone vielmehr eine Notwendigkeit, als ein Manko. Auch Wittmann in Westhofen sorgt seit einigen Jahren mit erstklassigen Tropfen aus den Lagen Aulerde und Morstein für Aufsehen. Beide Produzenten gehören inzwischen zur absoluten Spitze in Rheinhessen.

Eine große Anzahl weiterer Betriebe mit in der Regel jungen, ehrgeizigen Winzern suchen Anschluss an die beiden Qualitätsgaranten des Wonnegau und auch wenn hier oft noch einige Hürden genommen werden müssen, scheint die Entwicklung kaum aufzuhalten. Die wichtigsten Verfolger sind Michel-Pfannebecker in Flomborn, Gerhard Gutzler in Gundheim, Hirschhof in Westhofen, sowie Schales und Scherner-Kleinhanß in Flörsheim-Dalsheim.

RHEINHESSEN

BRENNER'SCHES WEINGUT

67595 BECHTHEIM, PFANDTURMSTR. 20   CHRISTIAN BRENNER CHRISTIAN BRENNER   CHRISTIAN BRENNER   06242-894   06242-874
ÖFFNUNGSZEITEN: MO.-FR.: 8.00-11.00 UND 13.00-17.00 UND NACH VEREINBARUNG. VERKAUF: CHRISTIAN & HELGA BRENNER.

DIE WEINE:
Eine ganze Reihe nachgereichter 99er schmecken inzwischen schal und oft bitter. Die zum zweiten Mal angestellten Dessertweine verbesserten sich zum Teil ein wenig, manche enttäuschten aber dafür um so mehr. Recht gut sind die roten Spätburgunder.

Christian Brenners Weinen mangelt es bei sauberer Machart oft etwas an Substanz und Charakter. Dieser Mangel verstärkte sich bei einigen 2000ern noch, sodass sie bereits heute alt und ausgezehrt wirken. Daneben gibt es jedoch auch dieses Jahr einige sehr ansprechende Weine. Beiden Weißen sind dies die beiden Chardonnay und der Graubürgunder, die alle zwar etwas glatt, aber sehr sorgfältig gemacht sind. Am besten gefallen hat mir auch dieses Jahr ein Rotwein.

1999 MÜLLER-THURGAU BEERENAUSLESE
BECHTHEIM   HASENSPRUNG   0,375   € 10,23   8,5
425703400400
Recht frischer Duft von Ananas, Pfirsichen und grünen Äpfeln. Sehr süße, etwas einfache Frucht mit zartbitterer Würze im Hintergrund, feine Säure, am Gaumen fast ein wenig schal, ohne Länge. Bis 2003.
06.08.2001   **77 Punkte**

1999 PORTUGIESER QBA TROCKEN
BECHTHEIM   0,75   € 4,55   12,5   425703402600
Kirschrot mit deutlicher Aufhellung. Würziger, ganz leicht metallischer Duft von Tee und schwarzen Beeren. Einigermaßen saftige Frucht, wieder metallische Noten, zurückhaltendes, recht feines Tannin, rustikaler Touch am Gaumen, knapper Abgang. Bis 2002.
06.08.2001   **75 Punkte**

1999 SPÄTBURGUNDER QBA TROCKEN
BECHTHEIM   GEYERSBERG   0,75   € 6,65   13,5
425703402200
Granat mit Aufhellung. Etwas säuerlicher und alkoholischer Duft von roten Beeren. Klare, feinsaftige Frucht, zartstaubiges Tannin, süffiger Stil, kräftig, mit feiner Holzwürze, geradlinig und sehr sauber gemacht, nicht sehr tief, guter Abgang. Bis 2003.
21.08.2001   **80 Punkte**

1999 SPÄTBURGUNDER QBA ****
0,75   € 7,67   12,5   425703402300
Granat mit Aufhellung. Holzwürziger Duft von roten Beeren und eingemachten Kirschen. Feinsaftige, würzige Frucht, recht geradliniger Stil, leicht staubiges Tannin, am Gaumen fruchtig und würzig, guter Abgang. Bis 2004.
21.08.2001   **82 Punkte**

1999 WEISBURGUNDER SPÄTLESE TROCKEN ★★★

🏠 Bechtheim 🍇 Geyersberg 🍾 0,75 € 5,11 % 13,5
AP 425703402500

Verhaltener Apfel-Zitrusduft mit herber Würze. Klare, feinsaftige Frucht, fest und geradlinig, sehr harmonische Säure, rustikale Würze am Gaumen, recht kräftig, mittlere Länge. Bis 2002.

10.08.2001 **78 Punkte**

1999 WEISBURGUNDER SPÄTLESE TROCKEN

🏠 Bechtheim 🍇 Heilig Kreuz 🍾 0,75 € 4,4 % 13
AP 425703400700

Mineralischer Duft von Äpfeln und etwas weißem Gemüse. Zartsaftige Frucht, straffe, sehr gut eingebundene Säure, geradliniger Stil, etwas rustikale Würze am Gaumen und im Abgang. Bis 2002.

10.08.2001 **78 Punkte**

1999 WEISBURGUNDER BEERENAUSLESE

🏠 Bechtheim 🍇 Heilig Kreuz 🍾 0,375 € 10,23 % 9
AP 42570340030

Bitter-würziger und etwas gemüsiger Apfelduft. Eher einfache, klare Frucht, süß, harmonische Säure, am Gaumen wieder etwas vegetabil und bitter, mäßige Nachhaltigkeit und Länge. Bis 2003.

01.08.2001 **74 Punkte**

2000 QBA TROCKEN ★★★★

🍾 0,75 € 7,16 % 13 AP 425703402001

Granat-Rubin mit Aufhellung. Verhaltener, feinwürziger Duft von roten Beeren und Zwetschgen. Klare, recht saftige Frucht, feinwürzig, reifes, zartsandiges Tannin, am Gaumen zurückhaltende Holzwürze, Zwetschgenfrucht, gute Nachhaltigkeit und Länge. Bis 2004.

31.07.2001 **83 Punkte**

2000 AUXERROIS SPÄTLESE TROCKEN

🍾 0,75 € 4,86 % 12,5 AP 425703400501

Mineralischer und feinfruchtiger Apfelduft. Klare, würzige Frucht, herbe Art, moderate Säure, am Gaumen etwas Gerbstoff, dabei auch mineralische Noten, nicht allzu nachhaltig, knapper Abgang. Bis 2002.

17.10.2001 **77 Punkte**

2000 CHARDONNAY QBA ★★★★

🏠 Bechtheim 🍇 Rosengarten 🍾 0,75 € 8,18 % 13
AP 425703400701

Leicht kräuterwürziger Apfelduft. Klare, geradlinige Frucht mit gut eingebundener Holzwürze, harmonische Säure, etwas eindimensional, aber sauber gearbeitet, hat Kraft, ordentlicher Abgang. Bis 2003.

19.10.2001 **79 Punkte**

2000 CHARDONNAY QBA ★★★

🏠 Bechtheim 🍇 Stein 🍾 0,75 € 5,62 % 13 AP 425703400601

Klarer Apfelduft mit feiner Kräuterwürze. Geradlinige, feste Frucht, leicht würzig, sehr harmonische Säure, zarte Holzwürze im Hintergrund, kräftiger Körper, sehr gut balanciert, ordentlicher bis guter Abgang. Bis 2003.

19.10.2001 **80 Punkte**

RHEINHESSEN

2000 Grauburgunder QbA Trocken Selection
Bechtheim　Stein　0,75　€ 6,65　% 12,5　AP 425703400401
Zartwürziger Duft von Äpfeln und grünen Bananen. Feinsaftige, würzige Frucht, moderate Säure, mittlerer Körper mit gutem Fett, sehr harmonisch, gute Nachhaltigkeit am Gaumen, ordentlicher Abgang. Bis 2003.

24.10.2001　　　　　　　　　　　　　　　　　　　　　**81 Punkte**

2000 Riesling Spätlese
Bechtheim　Rosengarten　0,75　€ 4,6　% 11
AP 425703401201
Verhaltener Duft von Äpfeln, Kräutern und Lakritz. Zartsaftige Frucht mit sehr moderater Süße, lebendige Säure, deutliche Lakritznote am Gaumen, wirkt nicht sehr frisch, im Abgang fast schal. Austrinken.

24.08.2001　　　　　　　　　　　　　　　　　　　　　**71 Punkte**

Weingut Kurt Erbeldinger & Sohn

67595 Bechtheim, Haus Nr. 3 Stefan Erbeldinger Stefan Erbeldinger 06244-4932 06244-7131 erbeldinger-bechtheim@t-online.de www.weingut-erbeldinger.de Pro Riesling, Weinbruderschaft St. Katharinen.
Öffnungszeiten: Mo-Fr: 7.00-18.00 Uhr; Sa:8.00-17.00 Uhr; So:9.00-12.00 Uhr.

Die Weine:
Die 2000er sind von einfacher, aber sauberer Machart, was man auch von den nachgereichten 99er Rotweinen sagen kann. Wirklich gut sind die beiden Sekte.

1999 Portugieser QbA Trocken
Bechtheim 0,75 € 3,68 % 12,5 425706205100
Klares Kirsch-Violett mit leichter Aufhellung. Säuerlicher und etwas künstlich wirkender Duft von roten Beeren. Runde und recht saftige Frucht, moderates Tannin und zurückhaltende Säure, besitzt auch am Gaumen einen leicht künstlichen Touch, dennoch gut zu trinken, relativ kräftiger Körper, vollmundig, harmonisch, ordentlicher Abgang. Bis 2003.

29.06.2001   77 Punkte

1999 Riesling Auslese Halbtrocken
Westhofen Aulerde 0,75 € 5,62 % 12 425706200700
Verhaltener, kräuterwürziger und mineralischer Apfelduft. Klare, aber einfache, süßliche Frucht, harmonische Säure, feinherbe Würze am Gaumen, wenig nachhaltig, knapper Abgang. Bis Ende 2001.

20.09.2001   76 Punkte

1999 Spätburgunder Auslese Trocken
Bechtheim Hasensprung 0,75 € 8,18 % 13,5 425706205300
Mattes Rubin-Granat mit deutlicher Aufhellung. Säuerlicher Duft von roten Beeren und Kirschen mit zartrauchiger Note. Saftige, nicht ganz trockene Frucht, lebendige Säure, kräuterwürzige und ganz leicht grasige Noten, relativ feines Tannin, süßlich und dabei ziemlich säuregeprägt am Gaumen, leicht holzwürzig, kräftig, mäßige Balance, passabler Abgang. Bis 2003.

21.08.2001   78 Punkte

1999 Spätburgunder Schaumwein a. trad. Fl. Gärung Sekt b.A. Halbtrocken
Bechtheim 0,75 € 7,16 % 12 425706207700
Glänzendes, helles Rubin-Granat mit Wasserrand und nicht sehr nachhaltiger Perlage. Recht frischer Duft von roten Beeren. Süße, runde Frucht und recht feines Mousseux, sehr süffig, bonbonhafte, rotbeerige Fruchtigkeit, ordentlicher Abgang. Gar nicht mein Fall, aber doch sehr sauber gemacht. Für die Liebhaber dieses Stils die ideale "Partydroge". Bis 2002.

02.10.2001   80 Punkte

1999 Spätburgunder Weissherbst QbA
Bechtheim 0,75 € 3,58 % 9,5 425706207100
Altgold bis Hellorange. Verwaschene Nase. Einfache, süße Frucht, harmonische Säure, süffig, wenn auch eher nichtssagend, ohne Länge. Bis 2002.

26.06.2001   70 Punkte

RHEINHESSEN

1999 Weissburgunder Schaumwein a. trad. Fl. Gärung Sekt b.A. Brut
Bechtheim 0,75 € 7,67 % 12,5 AP 425706208100

Strahlendes Gelb-Grün; lebendige, mittelfeine bis grobe Perlage, recht anhaltend. Feiner, leicht hefiger Duft von grünen Äpfeln, süß-röstigem Eichenholz und einer Spur Mineralien. Von rauchwürzigem Eichenholzaroma geprägter Geschmack, dahinter auch relativ saftige Frucht, mittelfeines Mousseux, runder, recht fülliger Stil, gute Nachhaltigkeit, Apfelfrucht und Eichenholzwürze im Abgang. Kräftiger Sekt. Bis 2003.

03.07.2001   **82 Punkte**

2000 Kerner Spätlese
Bechtheim 0,75 € 3,68 % 10 AP 425706200401

Ein wenig muffige Nase von Apfelbonbons. Einfache, süße Frucht, recht oberflächlich, moderate Säure, noch gute Balance, passabler Abgang. Bis 2002.

25.06.2001   **73 Punkte**

2000 Riesling Auslese Trocken
Bechtheim Heilig Kreuz 0,75 € 6,14 % 12,5 AP 425706202201

Trockener, leicht würziger Apfelduft. Kräuterwürzige und auch etwas vegetabile Frucht, lebendige Säure, relativ kräftiger Körper, es fehlt jedoch am Gaumen etwas an Nachhaltigkeit und Struktur, dennoch gute Balance, knapper Nachhall. Bis 2002.

21.08.2001   **77 Punkte**

2000 Riesling Classic
Bechtheim 0,75 € 3,83 % 11,5 AP 425706202001

Duft von grünen Äpfeln mit vegetabiler Note. Einfache, süßliche Frucht, eingebundene Säure, süffig, feinherbe Würze im Hintergrund, passabler Nachhall. Bis Ende 2001.

21.06.2001   **76 Punkte**

2000 Weissburgunder Spätlese Trocken
Bechtheim Hasensprung 0,75 € 4,5 % 12,5 AP 425706201301

Verhaltener, etwas dropsiger Apfelduft. Klare, zartsaftige Frucht, moderate Säure, leicht würzig, eher einfache Art, gute Balance, passabler Abgang. Bis Ende 2001.

17.08.2001   **75 Punkte**

WEINGUT ÖKONOMIERAT JOHANN GEIL I. ERBEN

67595 BECHTHEIM, KUHPFORTENSTR. 11 MONIKA & KARL GEIL BIERSCHENK JOHANNES GEIL BIERSCHENK 06242-1546 06242-6935 EMAIL@WEINGUT-GEIL.DE WWW.WEINGUT-GEIL.DE
ÖFFNUNGSZEITEN: MO.-SA.: 8.00-19.00

DIE WEINE:
Die 2000er sind durchweg sauber gemacht aber zumeist entweder weich und leicht verwaschen wirkend oder von einer pikanten Säure durchzogen. Ausnahme hiervon ist der sehr eingängige halbtrockene Gewürztraminer. Nachgereicht wurden einige interessante 99er: vor allem der sehr ernst zu nehmende Cabernet Dorsa und die überzeugende Huxel TBA können überzeugen.

1999 CABERNET DORSA SPÄTLESE TROCKEN
BECHTHEIM HEILIGKREUZ 0,5 € 7 % 13
AP 42570785500

Sehr dunkles Purpur-Violett. Kühler, rauch- und röstwürziger Duft von schwarzen Beeren und Kirschen. Sehr klare und saftige Frucht, zwar vollmundig, aber doch sehr kühl im Stil, sehr feines Tannin, fast seidige Textur, diskrete, dunkel-röstige Holzaromatik am Gaumen, ausgezeichnete Balance, gute Länge. Sehr sorgfältige Arbeit. Bis 2005.

14.09.2001   **86 Punkte**

1999 CHARDONNAY SPÄTLESE TROCKEN
BECHTHEIM GEYERSBERG 0,75 € 10,23 % 14
AP 42570785200

Sehr verhaltener, leicht holzwürziger Duft mit Noten von Zitronen, Melonen und etwas Pfirsich. Zurückhaltende, klare Frucht, leicht würzig, sehr kräftig und alkoholstark, lebendige, gut eingebundene Säure, zart mineralische Note am Gaumen, ordentliche Nachhaltigkeit, gut balanciert, glyzerinbetonter Abgang. Bis 2003.

02.07.2001   **81 Punkte**

RHEINHESSEN

1999 HUXELREBE TROCKENBEERENAUSLESE
BECHTHEIM   HEILIGKREUZ
0,375   € 20,45   11 %
42570783800

Eindringlicher, konzentrierter Duft von kandierten und eingemachten gelben Früchten, mit rassigen Noten von Kräutern und Mineralien. Sehr konzentrierte, süße Frucht mit rassiger Säure, leicht flüchtige Noten, gewisse Schärfe, Kräuter, Honig und Aprikosen am Gaumen, auch eine Spur Lack, nachhaltig am Gaumen, wirkt noch sehr jung, langer, süß-fruchtiger und honigwürziger Abgang. 2002-2020.

25.09.2001   91 Punkte

1999 RIESLING AUSLESE
BECHTHEIM   GEYERSBERG   0,75   € 9,15   10 %
42570782200

Gemüsiger Apfelduft mit feinherber Würze. Weiche, sehr süße Frucht mit eingebundener Säure, sehr einfache, etwas mostige Art, wirkt etwas plump, ordentlicher Abgang. Bis 2003.

20.09.2001   77 Punkte

2000 FRÜHBURGUNDER WEISSHERBST AUSLESE
BECHTHEIM   GEYERSBERG   0,5   € 7,67   10,5 %
42570782301

Etwas verwaschener, süßlicher Apfelduft mit laktischen Noten. Weiche, süße Frucht, moderate Säure, leicht laktisch, karamellwürzig, eher einfache Art ohne nennenswerte Struktur, leicht honigwürzig, ordentlicher Abgang. Bis 2003.

20.09.2001   76 Punkte

2000 GEWÜRZTRAMINER SPÄTLESE HALBTROCKEN
BECHTHEIM   ROSENGARTEN   0,75   € 6,03   12,5 %
42570780201

Kräuterwürziger Pfirsich-Ananasduft mit zart floralen Noten. Saftig-würzige Frucht, leicht süß, relativ kräftiger Körper, lebendige, reife Säure, sehr schön zu trinken, gute Nachhaltigkeit am Gaumen, Sahnekaramell im guten Abgang. Bis 2003.

20.08.2001   82 Punkte

2000 MÜLLER-THURGAU KABINETT HALBTROCKEN VNIKUS
BECHTHEIM   GEYERSBERG   0,75   € 4,86   11 %
42570780101

Leicht mostiger und vegetabiler Apfelduft. Auch im Geschmack mostig, süßlich, moderate Säure, pflanzliche Note am Gaumen, recht kurz. Austrinken.

20.09.2001   73 Punkte

2000 RIESLING KABINETT TROCKEN
BECHTHEIM   HASENSPRUNG   0,75   € 5,11   11,5 %
42570784001

Zart kräuterwürziger Zitrus-Apfelduft. Feinsaftige Frucht mit vegetabilen Noten, lebendige, gut eingebundene Säure, mineralisch am Gaumen, pikanter Stil, etwas knapper Nachhall. Bis Ende 2001.

21.08.2001   77 Punkte

2000 Riesling Spätlese Trocken

Bechtheim Geyersberg 0,75 € 6,03 % 12
AP 42570781501

Verhaltener Duft von Zitrusfrüchten, grünen Äpfeln und etwas Pfirsich. Feinsaftige Frucht mit betonter Säure, nicht völlig trocken, zart mineralische Würze am Gaumen, recht gut strukturiert, etwas pikant im Stil, ordentlicher Abgang. Bis 2002.

21.08.2001 **79 Punkte**

2000 Riesling Kabinett

Bechtheim Hasensprung 0,75 € 5,06 % 9
AP 42570781701

Leicht verwaschener Pfirsich-Ananasduft. Weiche, süße Frucht, moderate Säure, etwas oberflächlich, aber sauber und süffig, ein Hauch Bitterkeit am Gaumen, gute Balance, knapper Nachhall. Bis 2002.

29.05.2001 **77 Punkte**

2000 Spätburgunder Weissherbst Kabinett Trocken Blanche

Bechtheim Hasensprung 0,75 € 5,16 % 11
AP 42570781401

Helles Beige-Gelb. Hefig-würzige Nase. Klarer, trockener, leicht würziger Geschmack, lebendige Säure, sauber und gut balanciert, geradlinig, ordentlicher Abgang. Bis 2002.

26.06.2001 **77 Punkte**

2000 Weissburgunder QbA Trocken

Bechtheim Stein 0,75 € 5,06 % 11,5 AP 42570782201

Kräuterwürziger Apfel-Zitrusduft. Zartsaftige Frucht mit lebendiger Säure, leicht würzig, nicht ganz trocken, ordentlicher Abgang. Bis 2002.

24.08.2001 **78 Punkte**

Weingut Ökonomierat Johann Geil I. Erben

Weingut Göhring

67592 Flörsheim-Dalsheim, Alzeyer Str. 60 Wilfried Göhring
Wilfried & Gerd Göhring 06243-408 06243-6525
info@weingut-goehring.de www.weingut-goehring.de
Öffnungszeiten: Mo-Sa: 8.00-12.00 und 13.00-19.00 Uhr, Sonntag nach Vereinbarung. Übernachtungen werden vermittelt. Romantischer Innenhof - Gewölbekeller, Weinprobe und Betriebsbesichtigung.

Die Weine:
Ein großer Teil der Weine zeigt jahrgangsbedingte Schwächen. Wirklich ansprechend sind der Graubugunder und die beiden Rivaner. Unter den nachgereichten 99ern finden sich einige gut gemachte edelsüße Tropfen.

1999 Schaumwein Sekt b.A. Brut Pinot blanc de noire
Mölsheim Zellerweg am Schwarzen Herrgott 0,75 % 12
42740490101
Strohgelb mit relativ verhaltener Perlage. Sehr verhaltener, herb-würziger Duft. Einfache, recht trockene Frucht, etwas blass, zartwürzig am Gaumen, knapper Nachhall. Bis 2002.

30.11.2001   71 Punkte

1999 Spätlese Halbtrocken Cuvee 2000
0,75 € 4,35 % 14 42740491100
Relativ frischer Duft von Äpfeln und Kräutern. Satte, fast cremige Frucht, süßlich, wirkt aufgrund der niedrigen Säure erheblich plumper, als die Nase vermuten lässt, kräftiger Körper mit spürbarem Alkohol, etwas rustikale Würze im Hintergrund, mäßige Balance, ohne Länge. Nicht aufheben.

09.05.2001   75 Punkte

1999 Albalonga Trockenbeerenauslese
Nieder-Flörsheim Frauenberg 0,375 € 17,9 % 8
42740490300
Schöner Botrytisduft von Wachs, Zitrusfrüchten, Pfirsichen und Äpfeln mit zart rauchiger Note. Konzentriert und cremig, würzige Frucht, ausgesprochen rassige, feingliedrige Säure, packend, Aromen von getrockneten Aprikosen, Honig und Karamell, sehr nachhaltig am Gaumen, lang. Bis 2020.

15.05.2001   89 Punkte

1999 Dornfelder QbA Trocken
0,75 € 5,57 % 13 42740490501
Klares Rubin-Purpur mit leichter Aufhellung. Stark animalischer Duft von schwarzen Beeren und Kirschen. Vollmundige Frucht, recht kräftig, feinsandiges Tannin, ziemlich rustikal am Gaumen, wenig nachhaltig, knapper Abgang. Bis 2002.

17.10.2001   76 Punkte

1999 Huxelrebe Auslese - 6 -
Nieder-Flörsheim Frauenberg 0,75 € 6,14 % 9
42740490600
Süß-saurer Duft von Zitrusfrüchten, Weinessig, etwas Kräutern und einem Hauch Pfirsich. Vollmundige, weiche, sehr süße Frucht, recht gute Säure, etwas vordergründig im Stil, dennoch harmonisch und gut zu trinken, angenehme Würze, ordentlicher Abgang. Bis 2003.

15.05.2001   78 Punkte

RHEINHESSEN

1999 Huxelrebe Auslese
Nieder-Flörsheim Frauenberg 0,75 € 6,14 % 9
AP 42740490200

Mineralischer und kräuterwürziger Apfel-Pfirsichduft mit einer an gekochte Zwiebeln erinnernden Note. Sehr, sehr süße Frucht, kräuterwürzig und leicht mineralisch, in den Hintergrund gedrängte Säure, relativ frische Fruchtigkeit am Gaumen, relativ nachhaltig, süß-fruchtiger Abgang. Bis 2008.

20.09.2001 **85 Punkte**

1999 Riesling QbA
1 € 3,73 % 11,5 AP 42740490301

Blasse, grasige Nase. Vegetabile und auch etwas florale, schlanke Frucht, lebendige Säure, mineralisch am Gaumen, ordentlicher Abgang. Bis Ende 2001.

28.10.2001 **73 Punkte**

2000 Bacchus Kabinett
Dalsheim Sauloch 0,75 € 3,17 % 9,5 AP 42740491101

Bonbonhafter und leicht grasiger Apfel-Zitrusduft. Sehr einfache, süße Frucht, etwas künstliche Art, leicht grasig, am Gaumen blass, kurz. Bis Ende 2001.

24.10.2001 **72 Punkte**

2000 Dornfelder QbA Trocken
0,75 % 11 AP 42740492501

Klares Rubin-Granat mit deutlicher Aufhellung. Verwaschener und etwas muffiger Duft von roten und schwarzen Beeren. Rotbeerige, wieder etwas verwaschen wirkende Frucht, mittelfeines Tannin, spürbarer Alkohol, sehr einfache Art, passabler Abgang. Bis 2003.

26.11.2001 **72 Punkte**

2000 Gewürztraminer QbA Trocken Selection Rheinhessen
0,75 € 8,28 % 13 AP 42740491301

Apfel- Pfirsichduft mit floraler und leicht mineralischer Würze. Klare, aber etwas einfache Frucht, wirkt ein wenig parfümiert, fast seifige Note, dennoch lebendige Säure, sehr kräftiger Körper, deutlicher Alkohol am Gaumen, nicht gut balanciert, knapper Nachhall. Bis 2002.

19.10.2001 **75 Punkte**

2000 Grauburgunder Spätlese Trocken
0,75 € 1278,23 % 13 AP 42740493001

Würziger und mineralischer Apfelduft. Vollmundige, recht saftige Frucht mit herber Würze, nicht völlig trocken, gewisses Fett, recht kräftig, ziemlich fruchtig am Gaumen, vielleicht etwas vordergründig im Stil, ordentlicher Abgang. Bis 2003.

24.10.2001 **80 Punkte**

2000 Huxelrebe Auslese
Nieder-Flörsheim Frauenberg 0,75 € 6,9 % 9
AP 42740492101

Feinwürziger Duft von eingekochten Äpfeln, Stachelbeeren, Birnen und Pfirsichen mit zarter Kräuterwürze. Klar, süß und recht saftig, feine, rassige Säure, ein wenig oberflächlicher, mostiger Stil, am Gaumen Kräuter- und Zitrusaromen, etwas Honig, gute Balance, etwas knapper Nachhall. Bis 2003.

20.10.2001 **79 Punkte**

WEINGUT GÖHRING

RHEINHESSEN

2000 Rivaner QbA Trocken
Nieder-Flörsheim Frauenberg 0,75 € 3,32 % 11
AP 42740491401

Frischer, leicht kräuterwürziger Apfel-Zitrusduft. Klare, schlanke Frucht mit feingliedriger Säure, sehr süffig, eher einfache Art, leicht würzig, ordentlicher Abgang. Bis 2002.

20.09.2001 — 78 Punkte

2000 Rivaner Auslese Trocken
Nieder-Flörsheim Goldberg 0,75 € 8,79 % 14
AP 42740491501

Kräuterwürziger Duft von kandierten Zitrusfrüchten und Äpfeln mit Honignoten. Mächtiger Körper, viel Fett und spürbarer Alkohol, dabei auch saftige Frucht und gute Säure, am Gaumen glyzerinsüß, leicht würzig, feinherbe Note im Abgang. Bis 2003.

19.10.2001 — 81 Punkte

2000 St.-Laurent QbA Trocken
0,5 € 6,49 % 13   AP 42740492701

Rubin-Granat mit Wasserrand. Etwas verwaschener, rauchig-würziger und säuerlicher Duft von roten Beeren. Glyzerinsüße Frucht, zurückhaltendes, leicht staubiges Tannin, sehr kräftiger Körper, dem es etwas an Fruchtdichte fehlt, am Gaumen wieder rauchige Holzwürze, spürbarer Alkohol, ordentlicher Abgang. Bis 2003.

27.09.2001 — 75 Punkte

WEINGUT GÖHRING

Wein- und Sektgut Hemer

67550 Abenheim, Rathausstr. 1 　Andreas & Stefan Hemer　Andreas Hemer　06242-2222　06242-904649
WEINGUT.HEMER@T-ONLINE.DE　WWW.HEMER.NET
Öffnungszeiten: Mo.-Sa.: 9.00-12.00 und 13.00-18.00, So. nach Vereinbarung.

Die Familie Hemer begann bereits 1960 mit der Flaschenweinvermarktung. Zu dieser Zeit betrieb man auf dem Gut zusätzlich noch Spargelanbau und Viehzucht, die erst 1970 bzw. 1971 eingestellt wurden. Heute liegt die Weinbereitung in den Händen von Andreas Hemer, dem jüngsten Spross der Familie, der das seit 1992 dem "kontrolliert umweltschonenden Weinbau Rheinhessen e.V." angehörende Gut mit einer klaren Qualitätsphilosophie weiter voran bringt.

Die Weine:

Die 2000er sind häufig etwas oberflächlich und mostig ausgefallen, aber dennoch zumindest sauber gemacht. Weit überragt wird das Sortiment von der eleganten Scheurebe Spätlese, doch auch der Regent ist sehr ansprechend. Die Preise sind hier ausgesprochen moderat.

1999 Spätlese Trocken Weiss- und Grauburgunder
0,75　€ 9,46　% 13,5　AP 43340621701
Feinwürziger Duft von Äpfeln, Zitrusfrüchten und etwas Eichenholz. Feste Frucht mit leicht speckiger Holzwürze und lebhafter Säure, kräuterwürzige und mineralische Noten im Hintergrund, kräftiger Körper, nicht allzu nachhaltig am Gaumen, Zitrus- und Eichenholzaromen im ordentlichen bis guten Nachhall. 2002-2004.

28.11.2001　　　　　　　　　　　　　　　　　　　　83 Punkte

1999 Dornfelder QbA Trocken
0,75　€ 9,97　% 13　AP 43340621101
Dichtes Purpur-Rubin mit leichter Aufhellung. Von kühler Holzwürze begleiteter Duft von Kirschen und schwarzen Beeren. Klare, saftige Frucht, kühler Stil, sehr feines Tannin, eingebundene Holzwürze, sehr gute Struktur, am Gaumen eine Spur rustikal, ordentlicher bis guter Abgang. Bis 2003.

17.10.2001　　　　　　　　　　　　　　　　　　　　81 Punkte

1999 Gewürztraminer Eiswein
0,375　€ 15,59　% 10　AP 43340622000
Feinwürziger, ganz leicht floraler Duft von Pfirsichen und gelben Zwetschgen. Cremige, süße Frucht, recht saftig, feine Säure, würzig am Gaumen, Aromen von Honig und eingemachten gelben Früchten, gute Nachhaltigkeit, zartherbe Note im etwas blassen Abgang. Bis 2006.

29.10.2001　　　　　　　　　　　　　　　　　　　　81 Punkte

1999 Silvaner QbA Trocken
0,75　€ 3,58　% 12,5　AP 43340622100
Zurückhaltender, kräuterwürziger Apfel-Zitrusduft. Runde, feinsaftige Frucht mit mineralischer Würze, hat durchaus Stoff, gewisses Fett am Gaumen, feingliedrige Säure, jetzt in schöner Trinkreife, ordentliche Nachhaltigkeit und Länge. Bis 2002.

24.10.2001　　　　　　　　　　　　　　　　　　　　80 Punkte

RHEINHESSEN

1999 Spätburgunder QbA Trocken
🍾 0,75 € 5,11 % 12,5 AP 43340624600

Dichtes Kirsch mit leichter Aufhellung. Duft von Rumtopf, eingemachten Kirschen und Gewürzbrot. Recht saftige Frucht, wieder starkes Gewürzbrotaroma, feinsandiges Tannin, leicht rustikale Art, gute Balance, ordentlicher Abgang. Bis 2004.

21.08.2001   **81 Punkte**

2000 Chardonnay QbA Trocken
🍾 0,75 % 11 AP 43340621401

Kräuterwürziger und mineralischer Duft von Apfelmus und etwas Honigmelone. Weiche, recht saftige Frucht, ein wenig mostige Art, zurückhaltende Säure, am Gaumen leicht kräuterwürzig, ordentlicher Abgang. Bis 2003.

07.12.2001   **80 Punkte**

2000 Dornfelder QbA Trocken
🍾 0,75 € 4,35 % 13 AP 43340620801

Dunkles Rubin mit Aufhellung am Rand. Etwas muffige Nase von schwarzen Beeren mit säuerlicher Würze. Einigermaßen saftig und süffig, leicht staubiges Tannin, recht kräftiger Körper, gewisse Fruchtsüße, rustikaler Touch am Gaumen, ordentlicher Abgang. Bis 2003.

14.09.2001   **74 Punkte**

2000 Grauburgunder QbA Trocken
🍾 0,75 € 4,09 % 12,5 AP 43340621601

Würziger Duft von Äpfeln, kandierten Zitrusfrüchten und etwas Pfirsich. Klare, einigermaßen saftige Frucht, feine Säure, rund und gut zu trinken, aber etwas vordergründig, gute Balance, fruchtig-würziger Nachhall. Bis 2002.

17.08.2001   **78 Punkte**

2000 Regent Spätlese Trocken
🍾 0,75 € 7,93 % 13,5 AP 43340620901

Sehr dichtes, mattes Purpur-Schwarz mit leichter Aufhellung am Rand. Würziger Duft von Kirschlikör, schwarzen Oliven, etwas Marzipan und schwarzen Beeren mit rauchiger Eichenholzaromatik. Sehr kühle und trockene, feinsaftige Frucht, feinsandiges Tannin, rauchig im Hintergrund, Aromen von Schwarztee und schwarzen Beeren am Gaumen, recht gute Nachhaltigkeit, rauchiger Nachhall. Bis 2005.

26.10.2001   **82 Punkte**

2000 Riesling QbA Trocken
🍾 1 € 3,58 % 11,5 AP 43340622801

Zurückhaltender Apfel-Pfirsichduft. Sehr schlanke, einfache Frucht, gut eingebundene Säure, sauber gemacht, ein wenig oberflächlich, passabler Abgang. Bis Ende 2001.

20.08.2001   **77 Punkte**

2000 Scheurebe Spätlese
🍾 0,75 € 3,83 % 10 🍇 AP 43340621201

Zartwürziger Duft von Grapefruit, Pfirsich und etwas Cassis. Klare, schlanke Frucht mit harmonischer Süße, geradliniger Stil, feine, lebendige Säure, leicht mineralisch am Gaumen, sehr sorgfältig gemacht, fruchtiger Nachhall. Bis 2006.

14.09.2001   **85 Punkte**

RHEINHESSEN

2000 WEISSBURGUNDER QBA TROCKEN

🍾 0,75 € 4,09 % 12,5 AP 43340621501

Würziger Duft von Eingekochten Äpfeln, etwas Aprikosen und Honig mit mostiger Note und aufkommenden Wachsaromen. Im Mund dann viel Wachs und mostige Frucht, lebhafte Säure, nicht ideal balanciert, am Gaumen eher blass, ohne Länge. Bis Ende 2001.

<u>24.08.2001</u>   **73 Punkte**

Weingut Hirschhof

67593 Westhofen, Seegasse 29 Familie Zimmer Tobias Zimmer
06244-349 06244-57112 hirschhof@t-online.de
Öffnungszeiten: Mo-Fr: 8.00-12.00 und 13.00-18.00 Uhr; Samstag: 9.00-16.00 Uhr. Wir bitten um telefonische Anmeldung.

Der Hirschhof verfügt über stattliche 20 Hektar Rebfläche, die sich auf gute und sehr gute Lagen in Westhofen, Guntersblum und Bechtheim verteilen. Als Mitglied im Bundesverband ökologischer Weinbau verzichtet man hier auf den Einsatz Chemischer Pflanzenschutzmittel und Dünger und sorgt mit der Begrünung der Weinberge für ein funktionierendes Ökosystem. Seit kurzem ist Tobias Zimmer in den elterlichen Betrieb eingestiegen, was der Weinqualität spürbaren Auftrieb verliehen hat.

Die Weine:
Schon im letzten Jahr fiel das Gut mit klaren und feinsaftigen Weinen auf. Der positive Trend setzt sich nun auch mit dem 2000er Jahrgang fort. Bis auf die etwas bittere und blasse Riesling Spätlese ist hier kein Wein nicht mindestens schön zu trinken. Im restsüßen Bereich gibt es gar einige ausgezeichnete Tropfen. Weiter so!

2000 Chardonnay Spätlese Trocken
Westhofen Kirchspiel 0,75 € 5,88 % 12,5
AP 43272461401
Feinwürzige und saftige Nase von reifen Äpfeln und gelben Zwetschgen. Klar, straff und recht saftig, betonte Säure, leicht mineralisch im Hintergrund, noch gute Balance, ordentlicher Abgang. Bis 2002.
02.07.2001 **79 Punkte**

2000 Riesling QbA Trocken
Westhofen Himmeltal 1 € 3,99 % 11,5 AP 43272463801
Verhaltener, leicht vegetabiler Zitrus-Apfelduft. Einfache, runde Frucht, zartsaftig, harmonische Säure, ordentlicher Abgang. Bis Ende 2001.
20.08.2001 **77 Punkte**

2000 Riesling Spätlese Trocken
Westhofen Kirchspiel 0,75 € 5,88 % 12
AP 43272461501
Zurückhaltender, zart würziger Zitrus-Pfirsichduft. Klare, feinsaftige Frucht, ganz leicht kräuterwürzig, harmonische Säure, süffig, aber nicht allzu nachhaltig am Gaumen, ordentlicher Abgang. Bis 2002.
21.08.2001 **80 Punkte**

2000 Riesling Spätlese
Westhofen Kirchspiel 0,75 € 6,39 % 12,5
AP 43272461801
Sehr verhaltene, etwas vegetabile Apfelnase. Grasige, leicht bittere Frucht, zartsüß, gut eingebundene Säure, am Gaumen blass und verwaschen, ohne Länge. Bis Ende 2001.
09.07.2001 **71 Punkte**

2000 RIESLING AUSLESE
WESTHOFEN AULERDE 0,75 € 7,41 % 9,5
AP 43272461701

Klarer Ananas-Pfirsichduft mit leichter Cassisnote. Recht saftige, an Stachelbeeren erinnernde Frucht, süß, feine Säure, sehr klarer und ruhiger Stil, leicht mineralisch am Gaumen, gute Nachhaltigkeit und Länge. Bis 2005.

14.09.2001   86 Punkte

2000 SILVANER EISWEIN
WESTHOFEN KREUZKAPELLE 0,375 € 20,45 % 9
AP 43272463201

Konzentrierter Duft von Karamell, Kandiszucker, Dörraprikosen und etwas Lack. Konzentrierter, süßer Dörrfruchtgeschmack mit lebhafter und doch feingliedriger Säure, Aromen von Karamell und Schweizer Kräuterzucker am Gaumen, gute Nachhaltigkeit, etwas Tee im guten Abgang. Bis 2006.

27.09.2001   88 Punkte

2000 SPÄTBURGUNDER WEISSHERBST SPÄTLESE TROCKEN
WESTHOFEN MORSTEIN 0,75 € 6,14 % 13,5
AP 43272462101

Glänzendes Bernstein-Gold. Herbwürziger Botrytisduft mit leichter Honignote. Auch im Mund von herber Würze geprägt, fast etwas rauchig, dahinter auch Frucht, lebendige Säure, sehr kräftiger Körper, eigenwillig, aber doch recht sauber und gut zu trinken, gute Balance, feinherber Nachhall. Bis 2002.

26.06.2001   78 Punkte

2000 WEISSBURGUNDER KABINETT TROCKEN
WESTHOFEN KIRCHSPIEL 0,75 € 4,76 % 11,5
AP 43272460801

Knackiger, mineralisch-würziger Duft von grünen Äpfeln, reifen Zitrusfrüchten und etwas Pfirsich. Saftige, Frucht, leicht kräuterwürzig, lebendige, bestens eingebundene Säure, mineralische Würze am Gaumen, nicht ganz trockener Stil, sehr harmonisch, fruchtiger und leicht kräuterwürziger Nachhall. Bis 2002.

17.08.2001   82 Punkte

WEINGUT KELLER

67592 FLÖRSHEIM-DALSHEIM, BAHNHOFSTR. 1 🏃 KLAUS KELLER
🏆 KLAUS & KLAUS PETER KELLER ☎ 06243-456 📠 06243-6686
○ VDP

ÖFFNUNGSZEITEN: MO-FR: 8.00-12.00 UND 13.00-18.00 UHR; SA: 8.00-12.00 UND 13.00-16.30 UHR.

Kein anderes Weingut hat in den vergangenen 10 Jahren mehr Aufsehen erregt als das von Hedwig und Klaus Keller in Flörsheim-Dalsheim. Der Grund hierfür liegt nicht nur in den zum Teil überragenden Weinen des Gutes, sondern vor allem in deren Herkunft. Denn Klaus Kellers Weine stammen eben nicht vom berühmten Roten Hang zwischen Nackenheim und Nierstein, der neben dem Oppenheimer Sackträger und vielleicht noch dem Binger Scharlachberg lange Zeit als einzige Quelle erstklassiger Rheinhessenweine galt. Sie wachsen zum größten Teil auf dem Dalsheimer Hubacker, einer Hanglage im Rheinhessischen Hügelland, die sich auf den ersten Blick kaum von den meisten anderen Weinbergen dieses lange Zeit von der Weinwelt mit Geringschätzung betrachteten Gebietes unterscheidet. Dennoch gibt es einige Besonderheiten: die Lage ist bei genauerer Betrachtung etwas steiler als erwartet und profitiert im Wind- und Regenschatten des Donnersberges von einem ausgezeichneten Kleinklima. Dazu kommt der skelettreiche, ausgesprochen kalkhaltige Lösslehmboden, der den Weinen eine feste mineralische Struktur verleiht.

Es wäre jedoch völlig falsch, den Erfolg des Weingutes nur auf die besondere Eignung seiner Weinberge zurückzuführen. Hedwig und Klaus Keller haben, seit sie 1972 mit ihrer Arbeit begannen, unermüdlich an der Perfektionierung der Weinbergs- und Kellerwirtschaft gearbeitet und es gibt in Deutschland keinen Betrieb, in dem die Weinberge mit mehr Hingabe gepflegt werden. Das Erstaunliche daran ist, dass sie an ihrer rigorosen Qualitätspolitik festhielten, obwohl die Fachpresse und damit der überwiegende Teil der Weinszene trotz hoher Auszeichnungen bei Landes- und Bundesweinprämierungen fast 20 Jahre lang keine Notiz von ihnen nahm. Weniger fanatische Weinmacher hätten in dieser Zeit längst das Handtuch geworfen, oder wenigstens eine schleichende Verwässerung der hehren Grundsätze zugelassen.

Erst in den 90er Jahren wurde man ernsthaft auf das Weingut aufmerksam, nachdem einige Weine in der Fachpresse hohe Noten erhielten. Der nun folgende Aufstieg hätte nicht rasanter sein können. Doch obwohl der Betrieb inzwischen zu den absoluten Spitzenbetrieben Deutschlands gezählt wird, hält sich immer noch hartnäckig das Gerücht, Keller-Weine seien fruchtbetonte Schmeichler, die nicht das nötige Rückgrat besäßen, um in Anmut altern zu können. Diese Behauptung ist völliger Unsinn und würde bei einer Probe älterer Weine sofort widerlegt, da selbst die einfachsten Tropfen ohne Weiteres fünf bis zehn Jahre reifen können.

Inzwischen wird Klaus Keller durch seinen Sohn Klaus-Peter tatkräftig unterstützt, der dem Vater in Sachen Leidenschaft und Perfektionismus mindestens ebenbürtig ist, wenn er ihn nicht sogar übertrifft. Bei einem Gang durch den Hubacker hinauf zu dem kleinen Aussichtsturm, den die Kellers vor kurzem wie ein Denkmal der Dankbarkeit an den Boden in ihrem besten

Weinberg errichteten, kommt es einem so vor, als kenne Klaus-Peter Keller bereits jeden einzelnen Rebstock mit Vornamen.

Die Hauptrebsorte ist hier mit rund 40% der Anbaufläche der Riesling. Sowohl im trockenen, als auch im süßen und edelsüßen Bereich gelingen Klaus und Klaus-Peter Keller Weine von Weltklasse. Doch auch aus Weiß- und Grauburgunder werden exzellente trockene Weine erzeugt, während Rieslaner und Huxelrebe die Palette der edelsüßen Tropfen erweitern. Der Spätburgunder steht im Dalsheimer Bürgel, einer Lage mit besonders hohem Kalkanteil, die damit ideale Voraussetzungen für diese kapriziöse Rebsorte bietet. Die Kellers wären die letzten, die dieses Potenzial nicht zu nutzen verstünden.

Die Weine:

Kellers 2000er sind durch die Bank überaus reintönig und herrlich zu trinken. Dabei wirken viele der einfachen Weine vielleicht etwas glatt und auch die Spätlese aus dem Hubacker ist eher gefällig und süffig als beeindruckend. Einen ähnlichen Eindruck hatte ich zunächst vom trockenen G-Max, als ich ihn auf der Präsentation der Großen Gewächse in Nierstein probierte. Der Wein war zweifellos ausgezeichnet, ließ für mich jedoch etwas Charakter vermissen. Bei der Blindverkostung im Herbst offenbarte er dann jedoch sein ganzes Potenzial: Klarheit wandelte sich in Brillanz und die scheinbare Glätte wich einer tiefgründigen, packenden Mineralität. Im Bereich der edelsüßen Spitzenweine können Klaus und Klaus Peter Keller auch dieses Jahr wieder mit einer ganzen Reihe großartiger Tropfen aufwarten. An der Spitze stehen zwei sinnverwirrende Trockenbeerenauslesen von Riesling und Rieslaner denen sogar eine nochmalige Steigerung in den nächsten Jahrzehnten zuzutrauen ist.

2000 Spätlese Weisburgunder & Chadonnay
0,75 11 42750430101

Feinmineralischer Duft von Äpfeln, Zitronen, etwas Melone und grünem Gemüse. Lebendige, saftige Frucht, geradlinig und leicht würzig, recht moderate Säure, mineralische Note am Gaumen, sehr süffige Art, gute Nachhaltigkeit und Länge. Bis 2003.

24.10.2001   **82 Punkte**

2000 Grauburgunder QbA Trocken
0,75 11 42750431301

Feinwürziger, mineralischer Apfelduft mit zarten Pfirsichnoten. Sehr klare, runde Frucht, feine, eher zurückhaltende Säure, leicht würzig und mineralisch am Gaumen, gute Nachhaltigkeit, reife Apfelfrucht im Nachhall. Bis 2003.

24.10.2001   **81 Punkte**

RHEINHESSEN

2000 RIESLANER TROCKENBEEREN-AUSLESE

MONSHEIM · SILBERBERG
0,75 · % 11 · AP 42750433301

Sehr dichte, konzentrierte Nase von eingemachten Aprikosen und Zitrusfrüchten mit Noten von Honig, gelben Zwetschgen, feinsten Kräutern und Mineralien. Hochkonzentrierte, rassige, süße Frucht, herrliche Steinobst-, Zitrus- und Honigaromen, sehr feingliedrige, straffe Säure, cremig am Gaumen, extrem tief und nachhaltig, strahlende Fruchtigkeit, gewinnt an der Luft noch an Komplexität und Rasse, traumhafter Nachhall. Atemberaubend. Bis 2040.

29.10.2001 — **99 Punkte**

2000 RIESLING QbA TROCKEN MAX

DALSHEIM · HUBACKER · 0,75 · % 11
AP 42750431901

Rassiger, sehr reintöniger und betörender Apfel-Pfirsichduft mit Kräuternoten und fester mineralischer Würze. Sehr klare, feinsaftige und geradlinige Frucht, ausgesprochen rassiger Stil mit präsenter Säure, enorme Mineralik am Gaumen, nicht vollkommen trocken, verspielte Würze, viel Kraft, nachhaltig, sehr lang. Braucht Zeit. Bis 2010.

21.10.2001 — **92 Punkte**

2000 RIESLING SPÄTLESE TROCKEN

0,75 · % 11 · AP 42750433901

Sehr jugendlicher Apfel-Pfirsichduft. Klare, geradlinige Frucht, schlank, feingliedrige Säure, noch etwas hefig am Gaumen, mineralische Spuren im Hintergrund, ordentlicher Abgang. Bis 2002.

24.10.2001 — **80 Punkte**

2000 RIESLING QbA VON DER FELS

0,75 · % 11 · AP 42750431101

Reintöniger, sehr mineralischer Apfel-Pfirsichduft. Glasklare, schlanke Frucht, präsente Säure, betont mineralisch am Gaumen, griffig, schön zu trinken, ordentlicher Abgang. Bis 2003.

21.10.2001 — **81 Punkte**

2000 RIESLING SPÄTLESE

DALSHEIM · HUBACKER · 0,75 · € 11,5 · % 7,5 · AP 42750432601

Zurückhaltender, leicht kräuterwürziger und mineralischer Apfel-Pfirsichduft mit ganz leicht vegetabiler Note. Sehr süße, schlanke Frucht, klar, feingliedrige Säure, verspielte Art, feine Kräuterwürze und Mineralik am Gaumen, gute Nachhaltigkeit, apfelfruchtiger, nicht allzu langer Abgang. Bis 2004.

24.10.2001 — **80 Punkte**

2000 Riesling Auslese ***

Dalsheim　Hubacker
0,375　€ 33,23　% 7,5
42750433401

Konzentrierter, rassiger Duft von Zitrusfrüchten, Pfirsichen und Aprikosen. Rassige und saftige Frucht mit herrlicher Süße, knackige Säure, feingliedrige Mineralik im Hintergrund, brillante, reintönige Fruchtigkeit am Gaumen, verspielt und sehr nachhaltig, perfekte Balance, sehr lang. Bis 2010.

05.11.2001　　　　　　　　　　　　　　　　　　**92 Punkte**

2000 Riesling Auslese

Dalsheim　Hubacker　0,75　€ 19,43　% 7,5　42750432801
Sehr verhaltener, mineralischer und leicht vegetabiler Apfel-Pfirsichduft. Klare, saftig-süße Apfelfrucht, feinrassige Säure, mineralisch und zart honigwürzig am Gaumen, gute Nachhaltigkeit, noch jung, zartfruchtiger und leicht kräuterwürziger Nachhall. Im Augenblick schwer zu beurteilen. Legt vermutlich noch zu. 2002-2007.

05.11.2001　　　　　　　　　　　　　　　　　　**84 Punkte**

2000 Riesling Auslese *** - 29 -

Dalsheim　Hubacker
0,375　€ 53,69　% 7,5
42750432901

Herrlich rassiger Duft von kandierten Äpfeln und Zitrusfrüchten, Pfirsichen und Mineralien mit zarter Honignote. Glasklare, saftige und sehr süße Frucht, rassiges Säurespiel, feingliedrige Mineralik am Gaumen, konzentrierte und zugleich strahlende Zitrus- und Pfirsichfruchtigkeit, sehr nachhaltig, straff gewirkt, pikante Säure im großartigen Nachhall. Bis 2015.

05.11.2001　　　　　　　　　　　　　　　　　　**94 Punkte**

2000 Riesling Trockenbeerenauslese Goldkapsel, Versteigerungswein

0,375　% 6,5　42750433101
Sehr konzentrierter, tiefgründiger, zunächst etwas zurückhaltender Duft von kandierten Zitrusfrüchten, Pfirsichen und Aprikosen mit feinster mineralischer Würze, blüht nach einiger Zeit im Glas auf und gewinnt noch an Tiefe und Rasse. Enorm saftige, süße und betörende Frucht, sehr konzentriert, feste, vibrierende Säure, subtiles Spiel von Frucht, Säure und Mineralik, von enormer Brillanz und Nachhaltigkeit am Gaumen, perfekte Balance, große Länge. Bis 2040.

02.11.2001　　　　　　　　　　　　　　　　　　**97 Punkte**

2000 Silvaner QbA Trocken

0,75　% 11　42750431401
Frischer, zart kräuterwürziger und mineralischer Duft von grünen Äpfeln. Sehr klare, geradlinige Frucht, feingliedrige Säure, schlank, mineralische Würze am Gaumen, beste Balance, guter Abgang. Bis 2002.

20.10.2001　　　　　　　　　　　　　　　　　　**80 Punkte**

RHEINHESSEN

Weingut Keth

67591 Offstein, Wormser Str. 35-37 Georg Jakob & Matthias Keth Georg Jakob & Matthias Keth 06243-7522 06243-7751 weingut.keth@gmx.de

1999 Cabernet Sauvignon QbA Trocken
Offstein Engelsberg 0,75 € 11,25 13,5
AP 43100733100

Mattes Rubin mit Aufhellung. Klarer, zartwürziger Duft von roten und schwarzen Beeren. Recht saftige Frucht, mittelfeines Tannin, lebendige, nicht hundertprozentig reife Säure, rustikaler Touch am Gaumen, im Hintergrund leichte Holz- und Rauchwürze, noch gute Balance, ordentlicher Abgang. Bis 2003.

02.07.2001   78 Punkte

2000 Chardonnay QbA Trocken
Offstein Engelsberg 0,75 € 5,88 11,5
AP 43100730401

Rustikal-würziger, leicht säuerlicher Duft mit verhaltenen Zitrus- und Apfelnoten. Spritzige Ansprache, saubere, zartsaftige Frucht, recht elegante Säure, gut gemacht und ziemlich süffig, im Hintergrund wieder die etwas rustikale Würze, leicht mineralisch, erfreulich präsent am Gaumen, feinfruchtiger Nachhall. Sollte weitere zwei, drei Monate liegen und könnte dann noch etwas besser abschneiden. Bis 2002.

15.05.2001   78 Punkte

2000 Grauburgunder QbA Trocken
Eimsheim Römerschanze 0,75 € 5,11 12
AP 43101220201

Verhaltene, feinwürzige Nase. Schlanke Frucht, trocken und zartwürzig, lebendige Säure, sauber gemacht, wenn auch nicht sehr nachhaltig und ohne Länge. Bis Ende 2001.

29.06.2001   77 Punkte

2000 Rivaner QbA Trocken
0,75 € 3,99 11,5 AP 43101220101

Etwas muffige Kräuter-Apfelnase. Klare, feinsaftige Frucht, zart mineralisch, sehr harmonische Säure, sehr sauberer, süffiger Stil, feinwürzig am Gaumen, ordentlicher Abgang. Bis Ende 2001.

30.07.2001   75 Punkte

2000 St.-Laurent QbA Trocken
Offstein Engelsberg 0,75 € 7,16 13,5
AP 43100730901

Rubin-Violett mit leichter Aufhellung. Kühler, leicht würziger Duft von schwarzen Beeren und Kirschen. Recht saftige Frucht, kräftiger Körper, moderates, mittelfeines Tannin, fett, alkoholstark, würzig am Gaumen, gute Nachhaltigkeit, fruchtig-würziger Abgang. Bis 2004.

31.07.2001   82 Punkte

2000 Weissburgunder Spätlese Trocken
Offstein Engelsberg 0,75 € 4,6 12 AP 4310073051

Schmalziger Apfel-Melonenduft. Klare, feinsaftige Frucht, lebendige Säure, spritzig, zart mineralische Würze am Gaumen, gute Struktur, harmonisch, sehr schön zu trinken, fruchtiger Nachhall. Bis 2002.

18.05.2001   78 Punkte

Weingut Kroll

67592 Flörsheim-Dalsheim, Mittelgasse 4-8 Erwin & Dirk Kroll
Erwin & Dirk Kroll 06243-439 06243-6474 weingut-kroll@t-online.de www.weingut-kroll.de

1999 Auslese Halbtrocken Riesling & Huxelrebe
Dalsheim Burg Rodenstein 0,75 € 7,16 % 13
AP 42750570800
Weicher, leicht floraler und nussiger Duft von Sellerie und gekochten Äpfeln. Einfache, süßliche Frucht, recht weich, eingebundene Säure, gemüsige Noten am Gaumen, recht würzig, ordentliche Balance, etwas knapper Nachhall. Bis Ende 2001.
15.05.2001   71 Punkte

1999 Siegerrebe Spätlese Trocken
Dalsheim Sauloch 0,75 € 4,09 % 13 AP 42750571300
Zitrus-Melonenduft mit floralen Noten und einem Hauch Tabak. Einfache, würzige Frucht, trocken, recht kräftiger Körper, harmonische Säure, zartbittere Note am Gaumen, an Spargel erinnerndes Aroma, ordentliche Balance, ohne Länge. Bis 2002.
21.05.2001   76 Punkte

1999 Siegerrebe Auslese
Dalsheim Bürgel 0,75 € 6,65 % 11 AP 42750571000
Blumiger Duft von eingekochten Stachelbeeren, Orangen (mit Schale) und Pfirsichen. Weiche, süße Frucht mit relativ zurückhaltender Säure, feinherbe Würze im Hintergrund, erinnert etwas an Orangenmarmelade, gute Balance, ordentlicher Abgang. Bis 2004.
21.05.2001   79 Punkte

RHEINHESSEN

WEINGUT MICHEL-PFANNEBECKER

55234 FLOMBORN, LANGGASSE 18/19   HEINFRIED & GEROLD PFANNEBECKER   GEROLD PFANNEBECKER   06735-355 & 1363   06735-8365   WGTMI.PFA@T-ONLINE.DE   WWW.MICHEL-PFANNEBECKER.DE
SELECTION RHEINHESSEN, PRO RIESLING.

PROBE UND VERKAUF WERKTAGS BIS 18.00 UHR NACH VEREINBARUNG.

Das Weingut entstand aus einem Zusammenschluss zweier gegenüberliegender Betriebe in der Langgasse in Flomborn. Noch bis 1993 würde hier neben Wein- auch Ackerbau betrieben. Heute ist das Ackerland im Tausch gegen Rebland verpachtet. Seit 1980 bewirtschaften die Gebrüder Heinfried und Gerold Pfannebecker das Gut, dessen knapp 11 Hektar Rebfläche sich auf verschiedene Lagen in Flomborn, Westhofen, Eppelsheim, Ober-Flörsheim und Gundersheim verteilen. Die Böden sind teils sehr steinig und kalkhaltig, verfügen aber über genügend Löss- und Lehmanteil, um hier, im trockensten Landstrich Deutschlands, ausreichend Wasser zur Versorgung der Reben zu speichern.

80 Prozent der Weine werden trocken, oder halbtrocken ausgebaut, wobei besonderer Wert darauf gelegt wird, den klaren Fruchtcharakter der überwiegend klassischen Rebsorten herauszuarbeiten. Zwar befinden sich im recht umfangreichen Rebsortenspiegel noch einige Neuzüchtungen, die jedoch bald dem Riesling weichen sollen.

DIE WEINE:

Die 2000er sind hier manchmal sehr einfach geraten, doch es finden sich darunter auch einige sehr ansprechende Tropfen. Der Chardonnay macht richtig Laune.

1999 CABERNET SAUVIGNON QbA TROCKEN

OBER-FLÖRSHEIM   BLÜCHERPFAD   0,75   € 12,27   13 %
42760550330

Granat mit deutlicher Aufhellung. Von harmonischer Holzwürze begleiteter Duft von Zwetschgen- und Johannisbeermus mit leicht alkoholischer Note. Recht saftige, holzwürzige Frucht, relativ moderates, feinkörniges Tannin, kräftiger Körper, gewisses Fett, dunkle Röstaromen im Hintergrund, nicht allzu nachhaltig, ordentlicher Abgang. Bis 2004.

14.09.2001   **81 Punkte**

1999 SILVANER SPÄTLESE TROCKEN

WESTHOFEN   STEINGRUBE   0,75   € 10,74   13 %
42760552600

Von kühler Holzwürze begleiteter Zitrus-Apfelduft. Klare, weiche und holzwürzige Frucht, recht fett, zurückhaltende Säure, gute Nachhaltigkeit am Gaumen, holzwürziger Abgang, der etwas Druck und Tiefe vermissen lässt. Bis 2003.

24.10.2001   **79 Punkte**

RHEINHESSEN

1999 Spätburgunder QbA Trocken
Gundersheim Höllenbrand 0,75 € 16,36 % 13,5
AP 427605503200
Glänzendes Granat mit deutlicher Aufhellung. Holzwürziger Duft von Zwetschgen, roten Beeren und etwas Lack. Fett und alkoholstark, etwas vordergründige Frucht, leicht rustikale Würze, betonter Alkohol am Gaumen, passabler Abgang. Bis 2003.

21.08.2001   78 Punkte

1999 Spätburgunder Spätlese Trocken
Flomborn Goldberg 0,75 € 13,8 % 13,5
AP 42760553500
Granat mit deutlicher Aufhellung. Verhaltener, holzwürziger Duft von roten Beeren und etwas Alkohol. Holzwürzige Frucht, recht feines Tannin, ein wenig rustikale Art am Gaumen, leicht brotig, nicht sehr konzentriert, recht kräftiger Körper, ordentlicher Abgang. Bis 2003.

21.08.2001   77 Punkte

2000 Chardonnay QbA Trocken
Flomborn Goldberg 0,75 € 6,9 % 13 AP 427605500801
Würziger, leicht mineralischer Apfel-Melonenduft. Recht saftige und feste Frucht, lebendige, harmonisch eingebundene Säure, kräftig und würzig, nicht ganz trocken, gute Nachhaltigkeit am Gaumen, fruchtig-würziger Nachhall. Bis 2003.

21.08.2001   83 Punkte

2000 Riesling QbA Trocken
Flomborn Feuerberg 0,75 € 8,59 % 12
AP 427605500301
Verhaltener, mineralischer Zitrus-Apfelduft. Geradlinige, feinsaftige Frucht, elegante Säure, mineralische Würze am Gaumen, sehr harmonisch, gute Nachhaltigkeit, klarer Abgang. Bis 2002.

20.08.2001   80 Punkte

2000 Riesling Kabinett Halbtrocken
Eppelsheim Felsen 0,75 € 4,29 % 10,5 AP 427605500601
Frischer, leicht mineralischer Apfelduft. Schlanke, zartsaftige Frucht, verhaltene Restsüße, recht feine lebendige Säure, etwas grasig am Gaumen, nicht ganz sauber, blasser Nachhall. Austrinken.

24.08.2001   73 Punkte

2000 Riesling Classic
0,75 € 4,35 % 11,5 AP 427605501501
Etwas mostiger Apfelduft mit Kräuternoten. Einfache, weiche Frucht mit verhaltener Süße, sehr moderate Säure, einfache, süffige Art, ohne Länge. Bis Ende 2001.

20.08.2001   75 Punkte

2000 Silvaner QbA Trocken
Flomborn Feuerberg 0,75 € 4,96 % 13
AP 427605501201
Zurückhaltender, ganz leicht dropsiger Apfelduft. Weiche, einfache Frucht, leicht würzig, moderate Säure, recht kräftig, wirkt jedoch am Gaumen bereits müde, blasser Abgang. Austrinken.

17.08.2001   71 Punkte

Weingut Michel-Pfannebecker

WEINGUT KARLHEINZ MILCH & SOHN

67590 MONSHEIM, RÜSTERMÜHLE KARLHEINZ MILCH UND HEINZ-PETER MILCH KARL-HERMANN MILCH 06243-337 06243-6707 WEINGUT-MILCH@T-ONLINE.DE
PROBE UND VERKAUF NACH VEREINBARUNG. GÄSTEZIMMER.

Das seit 1926 in einer uralten Mühle ansässige Weingut der Familie Milch ging aus einem für dieses Gebiet typischen Gemischtbetrieb mit Acker- und Obstbau hervor. Obwohl bereits nach dem 2. Weltkrieg mit der Flaschenweinvermarktung begonnen wurde, hat man sich hier erst seit Ende der 70er Jahre endgültig auf Weinbau spezialisiert.

Der junge Karl-Hermann Milch bekam nach seiner Winzerlehre erstmals im Jahr 1997 die Chance, einige Weine nach seinen Vorstellungen auszubauen. Heute liegt die ganze Weinbereitung in seiner Verantwortung. Sein oberstes Ziel ist es, klare, sortentypische Weine auf die Flasche zu bringen.

1999 CHARDONNAY SPÄTLESE TROCKEN
MONSHEIM SILBERBERG 0,75 € 7,16 % 14
AP 43030541500

Duft von angetrockneten grünen Äpfeln, Kräutern, Erdnüssen und etwas Gemüse. Herbe, etwas kantige Art, nicht sehr viel Frucht, aber große Mengen Glyzerin, etwas rustikale Note, an unreife Nüsse erinnernde Würze am Gaumen, gewisse Nachhaltigkeit, es fehlt etwas an Tiefe und reintöniger Frucht, ordentlicher Abgang. Bis 2002.

17.10.2001   77 Punkte

1999 SPÄTBURGUNDER SPÄTLESE TROCKEN S
MONSHEIM SILBERBERG 0,75 € 9,2 % 13,5
AP 43030541201

Glänzendes Granat-Braun mit deutlicher Aufhellung. Reiner Holzextrakt in der Nase, nur im Hintergrund etwas getrocknete rote Frucht und Kräuter. Rauchig und betont holzwürzig im Mund, schwer erkennbare Frucht, sehr feines Tannin, recht gute Nachhaltigkeit am Gaumen, im Hintergrund dann wirklich etwas Zwetschgenfrucht, rauchiger Abgang. Bis 2004.

22.06.2001   77 Punkte

1999 SPÄTBURGUNDER SPÄTLESE TROCKEN
MONSHEIM SILBERBERG 0,75 € 7,67 % 13,5
AP 43030541101

Granat-Braun mit deutlicher Aufhellung. Holzbetonter Duft von Kümmel und Brotrinde, im Hintergrund Tee und eine Spur schwarzer Beeren. Reiner Holzgeschmack, etwas Minze, kaum erkennbare Frucht, Holztannin, Holzabgang. Bis 2003.

22.06.2001   75 Punkte

1999 ST.-LAURENT QbA TROCKEN
MONSHEIM ROSENGARTEN 0,75 € 7,67 % 12,5
AP 43030542500

Granat bis Braun mit Aufhellung. Zurückhaltender, kühler Duft von Eichenholz, etwas Rauch und Kirschen. Kühler, holzbetonter Geschmack, leicht parfümierte Art, recht feines Tannin, am Gaumen etwas mager, metallische Spuren, ohne Länge. Bis 2002.

20.08.2001   76 Punkte

RHEINHESSEN

2000 CHARDONNAY QbA TROCKEN
MONSHEIM SILBERBERG 0,75 € 4,35 12,5
43030541501

Vegetabile Nase mit bitterer Würze. Einfache, zartsaftige Frucht, lebendige Säure, gewisses Fett, vegetabile und zartbittere Note am Gaumen, ordentliche Balance, weicher Abgang. Bis 2002.

02.07.2001 **73 Punkte**

2000 GEWÜRZTRAMINER KABINETT
MONSHEIM ROSENGARTEN 0,75 € 3,07 9
43030541401

Verhaltener Duft von Zucchini, exotischen Früchten und Senfgurken. Weiche, einfache Frucht, süß, zurückhaltende Säure, ziemlich dünn, am Gaumen sauber, aber wenig nachhaltig, blasser Abgang. Bis Ende 2001.

14.09.2001 **74 Punkte**

WEINGUT KARLHEINZ MILCH & SOHN

RHEINHESSEN

WEINGUT NEEF-EMMICH

67593 BERMERSHEIM, ALZEYER STR. 15   DIRK EMMICH   06244-905254   06244-905255   INFO@NEEF-EMMICH.DE
BESUCH NACH VEREINBARUNG.

Das Gut ist immer noch ein Landwirtschaftlicher Mischbetrieb mit dem Schwerpunkt Wein. Neben 15 Hektar eigenen Rebflächen bewirtschaftet Dirk Emmich zusätzlich 5 Hektar seiner Schwiegereltern, für die der Wein auch separat abgefüllt wird. Emmichs Ziel ist es, guten Wein zum bezahlbaren Preis zu erzeugen. Gut ist für ihn das, was ihm und seiner Frau selbst schmeckt und die hier in der letzten Zeit entstandenen Weine sprechen zweifellos für den guten Geschmack der Familie.

DIE WEINE:

Dirk Emmich hat eine für den Jahrgang beachtliche Serie vorgestellt. Der größte Teil der Weine ist blitzsauber bereitet und sehr angenehm zu trinken. Mein Favorit ist dieses Jahr die Siegerrebe Spätlese, die so gar nichts mit den lauten und plumpen Weinen zu tun hat, die in der Regel aus dieser Sorte erzeugt werden. Im Auge behalten!

1999 RIESLING SCHAUMWEIN SEKT b.A. BRUT
WESTHOFEN   BERGKLOSTER   0,75   12   42590380101
Glänzendes, helles Gelb-Grün mit sehr lebhafter Perlage. Mineralischer und kräuterwürziger Apfelduft. Trockene, feinwürzige Frucht, wieder sehr lebendig, kräuterwürzig und leicht mineralisch am Gaumen, geradliniger Stil, feinwürziger Nachhall. Bis 2002.

17.10.2001   **81 Punkte**

1999 SIEGERREBE TROCKENBEERENAUSLESE
WESTHOFEN   BERGKLOSTER   0,5   10   42590381800
Sehr blumiger und auch etwas pflanzlicher Duft von Grünen Beeren, Senfgurken und Birnen. Recht saftige, sehr süße Frucht, wieder deutlich floral, feingliedrige Säure, gute Nachhaltigkeit und Länge. Eigenwillig, aber sauber gemacht. Bis 2005.

29.10.2001   **80 Punkte**

2000 DORNFELDER QbA TROCKEN
BERMERSHEIM   HASENLAUF   0,75   13   42590381001
Recht dichtes Purpur mit leichter Aufhellung am Rand. Zurückhaltende, kühle und würzige Nase von Kirschen und schwarzen Beeren. Relativ klare, saftige und vollmundige Frucht, zartstaubiges Tannin, ziemlich kräftiger Körper, geschmeidige Art, sehr gut zu trinken, fruchtiger Nachhall. Bis 2004.

14.09.2001   **79 Punkte**

2000 MÜLLER-THURGAU QbA TROCKEN
WESTHOFEN   BERGKLOSTER   1   11,5   42590381101
Kräuterwürziger Zitrus-Apfelduft. Klare, feinsaftige Frucht, erfrischende Säure, zart mineralisch am Gaumen, ausgesprochen süffiger Stil, beste Balance, kräuterwürziger Nachhall. Bis 2002.

17.08.2001   **80 Punkte**

RHEINHESSEN

2000 Müller-Thurgau Kabinett Halbtrocken
Westhofen Bergkloster 0,75 10 42590380501
Verhaltener Apfel-Zitrusduft. Schlanke, zartsüße Frucht mit feiner Säure, sehr süffig, zart mineralisch, ordentlicher Abgang. Bis 2002.

17.08.2001   78 Punkte

2000 Portugieser Roséwein QbA Halbtrocken
Dalsheim Burg Rodenstein 0,75 10,5 42590380301
Hellorange. Würziger Wachsduft mit hefigen Apfelnoten. Zartfruchtig und nicht ganz trocken, gut eingebundene Säure, wieder etwas Wachs, recht süffig, aber kurz. Bis Ende 2001.

18.09.2001   73 Punkte

2000 Riesling QbA Trocken
Westhofen Bergkloster 0,75 12 42590380901
Mineralischer Apfel-Pfirsichduft. Schlanke, klare Frucht, mineralisch, lebendige Säure, geradlinig und sehr gut balanciert, ordentlicher Abgang. Bis 2002.

20.08.2001   79 Punkte

2000 Riesling QbA Halbtrocken
Westhofen Bergkloster 0,75 10,5 42590380801
Kräuterwürziger und mineralischer Duft von grünen Äpfeln und weißem Pfirsich. Feinsaftige, mineralisch-würzige und zartsüße Frucht, sehr harmonische Säure, Kräuternoten am Gaumen, gute Balance, ordentlicher Abgang. Bis 2002.

20.08.2001   79 Punkte

2000 Siegerrebe Spätlese
Westhofen Bergkloster 0,75 11,5 42590381201
Schöner, etwas floraler Duft von Aprikosen und exotischen Früchten mit zarten Honignoten. Cremige, süße Frucht, sehr feine Säure, klar und recht konzentriert am Gaumen, Aromen von Pfirsichen, Mango und Honig, gute Struktur, nachhaltig, sehr harmonisch, gute Länge. Bis 2005.

17.08.2001   86 Punkte

2000 Silvaner QbA Trocken
Bermersheim Seilgarten 0,75 11 42590380201
Sehr verhaltene, leicht gemüsige Nase. Frische, würzige Frucht, lebendige Säure, Kräuternoten am Gaumen, gute Balance, knapper Nachhall. Bis Ende 2001.

17.08.2001   76 Punkte

2000 Silvaner Eiswein
Bermersheim Seilgarten 0,5 8 42590381901
Viel Wachs und gekochte gelbe Früchte, zart honigwürzig, etwas oberflächliche Art. Klare, kühle Frucht, süß, lebendige, feine Säure, ganz leicht vegetabil am Gaumen, geradliniger Stil, gute Nachhaltigkeit und Länge. Bis 2005.

27.09.2001   82 Punkte

2000 Weissburgunder Kabinett Trocken
Westhofen Bergkloster 0,75 12 42590380701
Verhaltener, feinwürziger Apfelduft. Klare, recht saftige Frucht, schöne Würze, feingliedrige Säure, rund und recht süffig, nicht ganz trocken, leicht mineralisch am Gaumen, feinsaftiger Nachhall. Bis 2002.

17.08.2001   81 Punkte

WEINGUT NEEF-EMMICH

Weinbau Roß

67591 Mölsheim, Kalkofen 4   Friedhelm und Alexander Roß
Alexander Roß   06243-7860   06243-905631
info@weinbau-ross.de   www.weinbau-ross.de

Gästehaus von 1561 (1999 komplett renoviert). Weinprobe jederzeit Absprache.

1999 QbA Trocken Strada
Mölsheim   0,75   € 7,16   13,5   43011010901

Leicht parfümiert wirkender Duft von gelben Früchten und einer Spur Lakritz. Recht saftige Frucht, leicht kräuterwürzig, lebendige, gut eingebundene Säure, kräftiger Körper mit viel Fett, wirkt am Gaumen jedoch bereits leicht gezehrt, passabler, leicht würziger Abgang. Austrinken.

| 28.11.2001 | 75 Punkte |

1999 Riesling Eiswein
Mölsheim   Zellerweg am Schwarzen Herrgott   0,375
€ 30,68   11   43011010900

Frischer, kräuterwürziger und leicht floraler Duft von Pfirsichen, grünen Äpfeln und etwas Cassis mit etwas flüchtiger Säure. Cremige, konzentrierte Pfirsich-Aprikosenfrucht, sehr süß, lebhafte, feste Säure, sehr würzig am Gaumen, wieder Aromen von schwarzen Beeren, auch exotische Fruchte, recht kräftiger Alkohol, dennoch sehr gute Balance, langer, süß-würziger Nachhall. Bis 2020.

| 21.09.2001 | 88 Punkte |

2000 Dornfelder QbA Trocken
Nieder-Flörsheim   Frauenberg   0,75   € 4,09   11,5
43011010501

Glänzendes Rubin-Purpur mit leichter Aufhellung. Frischer, recht süßer Duft von Kirschen, sowie roten und schwarzen Beeren. Rund und fruchtig, recht feines Tannin, sehr süffige, leichte Art, etwas rustikal am Gaumen, fruchtiger Abgang. Bis 2003.

| 16.10.2001 | 79 Punkte |

WEINGUT RUSSBACH

55234 Eppelsheim, Alzeyer Str. 22   Hans uns Bernd Russbach   Bernd Russbach   06735-960302   06735-8412   berndrussbach@arcormail.de   www.rheinhessenwein.de/russbach
Öffnungszeiten: täglich: 9.00-18.00 außer Sonntag oder nach Vereinbarung. Ansprechpartner: Bernd Russbach, Winzermeister. Weinprobierstuben bis max. 20 Personen. Im September Weinbergsrundfahrten mit Weinproben im Weinberg.

2000 Dornfelder QbA Trocken
Gundersheim   Bergkloster   0,75   € 4,6   % 12,5   AP 42710590601
Klares Rubin-Granat mit Aufhellung. Sehr verhaltener, leicht blumiger Duft von roten Beeren. Klare, einigermaßen saftige Frucht, moderates, feinstaubiges Tannin, kaum Säure, süffig, aber wenig nachhaltig, ohne Länge. Bis 2002.

29.06.2001   **76 Punkte**

2000 Dornfelder QbA
Gundersheim   Bergkloster   0,75   € 4,6   % 12   AP 42710590401
Glänzendes Rubin mit leichter Aufhellung. Sehr verhaltene, rotbeerige Nase. Zartsüße, rund und süffige Frucht, sauber, kaum Tannin, gute Balance, zartfruchtiger Nachhall. Bis 2002.

29.06.2001   **77 Punkte**

2000 Huxelrebe Spätlese Trocken
Eppelsheim   Felsen   0,75   € 4,6   % 13,5   AP 42710591301
Leicht floraler Zitrusduft. Herbe Frucht, lebhafte Säure, würzig und leicht mineralisch im Hintergrund, recht kräftiger Körper, nicht allzu nachhaltig am Gaumen, ohne Länge. Bis 2002.

15.05.2001   **73 Punkte**

2000 Portugieser Weissherbst QbA Trocken
Gundersheim   Bergkloster   0,75   € 3,58   % 11,5   AP 42710591401
Helles Rosa-Orange. Sehr verhaltener Duft von Äpfeln und roten Beeren mit rustikaler Note. Klare, schlanke Frucht, harmonisch, am Gaumen blass, wirkt leicht gezehrt, ohne Länge. Austrinken.

30.07.2001   **71 Punkte**

2000 Riesling QbA Trocken
Eppelsheim   Felsen   0,75   € 4,35   % 11,5   AP 42710590901
Frischer, zurückhaltender Apfel-Ananasduft. Einfache, sehr schlanke Frucht, feinherb, lebendige Säure, mager am Gaumen, ohne Länge. Bis Ende 2001.

15.05.2001   **73 Punkte**

RHEINHESSEN

2000 Rivaner Classic
🍾 0,75 € 4,35 % 11,5 AP 42710591101
Klarer, leicht kräuterwürziger Zitrus-Apfelduft. Sauber und geradlinig, zartsaftig, harmonische Säure, Lakritznoten am Gaumen, ordentlicher Abgang. Bis Ende 2001.

30.07.2001   **76 Punkte**

2000 Silvaner QbA Trocken
Eppelsheim Felsen 🍾 0,75 € 4,35 % 11,5 AP 42710591001
Verhaltener, jugendlich-hefiger und ganz leicht mineralischer Apfel-Melonenduft. Klare, schlanke, Frucht, zartsaftig, harmonische Säure, leicht mineralisch im Hintergrund, feinherbe Note am Gaumen, gute Balance, ordentlicher Abgang. Bis 2002.

15.05.2001   **77 Punkte**

WEINGUT WITTMANN

67593 Westhofen, Mainzer Str. 19 — Günter & Philipp Wittmann
Philipp Wittmann — 06244-905036 — 06244-5578
info@wittmannweingut.com — www.wittmannweingut.com
VDP, Naturland
Probe und Verkauf nach Vereinbarung.

Das Weingut Wittmann ist zweifellos einer der absolut besten nach ökologischen Richtlinien arbeitenden Betriebe und produziert Jahr für Jahr überragende Qualitäten. Dies ist um so erstaunlicher, als die Westhofener Lagen bislang auch unter aufgeklärten Weinfreunden praktisch unbekannt waren. Bei näherer Betrachtung ihrer Bodenstrukturen werden die Qualitätsfaktoren dieser Böden jedoch schnell deutlich.

Der Westhofener Morstein ist eine reine Südlage, deren schwerer Tonboden die in diesem trockenen und heißen Gebiet so wichtige Wasserversorgung garantiert. Ein hoher Anteil an verwittertem Kalkstein sorgt für rassige Frucht und mineralische Struktur. Etwa die Hälfte der hier stehenden Rieslingreben haben bereits ein stattliches Alter von 30 Jahren erreicht. Eine auf dem Gut vorgenommene Verkostung des 88er und 89er Riesling trocken aus dem Morstein, bewies eindrucksvoll die Lagerfähigkeit dieser Weine (88 und 89 Punkte) und damit das große Potenzial dieses Weinbergs.

Die Lagen Aulerde und Kirchspiel ähneln sich in ihrer Bodenstruktur aus verwittertem Kalkstein, der stellenweise von Eisenerz rot gefärbt ist, mit einem geringen Lößanteil. Während die Aulerde nach Süd-Südwest ausgerichtet ist, neigt sich das Kirchspiel im wesentlichen nach Südost bis Ost. Beide Lagen bringen charmante, saftige, fruchtbetonte Weine hervor.

Seit Kurzem hat Sohn Philipp die Arbeit im Keller übernommen, während Vater Günter Wittmann sich weiter um die Weinberge kümmert. Die Weine werden im wesentlichen noch in traditionellen Holzfudern ausgebaut, wobei für die besten Rotweine (der Spätburgunder wird hier bereits seit 20 Jahren kultiviert) auch einige Barriquefässer im Keller bereit stehen.

Die Weine:

Die packende Albalonga Beerenauslese krönt eine der komplettesten Kollektionen des Jahrgangs in Deutschland. Zwar sind vor allem die einfacheren Weine schlanker und säurebetonter als sonst, doch auch sie verfügen zumeist über glasklare, feinsaftige Frucht und gute Struktur. Die Liste der trockenen Weine wird angeführt von einem Trio hervorragender Großer Gewächse, von denen sich die Aulerde momentan am besten präsentiert. Doch auch Morstein und Kirchspiel sind sehr beeindruckend und werden mit etwas Reife wohl noch zulegen können. Ebenfalls ausgezeichnet, wenn auch nicht ganz mit der Dichte und Tiefe des Vorjahres ausgestattet, sind die im Eichenholz ausgebauten Chardonnay und Weißburgunder der "S"-Klasse.

RHEINHESSEN

2000 ALBALONGA BEERENAUSLESE

0,75 € 14,83 % 8,5
AP 432723101701

Intensiver Duft von kandierten Zitrusfrüchten, Aprikosen, Rhabarber und Honig mit kräuterwürziger Note. Klare, saftig-süße Frucht, feinste Kräuter- und Honigwürze, enorme, rassige Säure, packend am Gaumen, konzentriert und sehr nachhaltig, noch extrem jung, sehr konzentriert, fordernd und spannungsgeladen, große Länge. 2004-2020.

| 19.10.2001 | 93 Punkte |

2000 CHARDONNAY QbA TROCKEN

0,75 € 8,44 % 13 AP 432723101001

Noch etwas laktischer Duft von eingekochten Äpfeln und Bananen mit gemüsiger Note. Runde, vollmundige Frucht, wieder leicht laktisch, lebendige Säure, zartwürzig im Hintergrund, fett am Gaumen, noch jung, mineralische Würze im Abgang. Noch nicht ideal balanciert. 2002-2003.

| 21.08.2001 | 79 Punkte |

2000 CHARDONNAY QbA TROCKEN "S"

0,75 € 17,9 % 13,5 AP 432723102801

Fein holzwürziger Duft von grünem Gemüse, Bananen und Äpfeln. Vollmundige, saftige Frucht mit schöner Holzwürze, feine, lebendige Säure, sehr reintöniger Stil, kräftiger Körper, viel Schmelz, nachhaltig und recht lang. Bis 2004.

| 21.08.2001 | 87 Punkte |

2000 RIESLING QbA TROCKEN

WESTHOFEN 0,75 € 9,46 % 12 AP 432723101201

Mineralischer Apfel-Pfirsichduft. Recht feste, feinsaftige Frucht mit mineralischer Würze, lebendige Säure, griffige Struktur, recht nachhaltig, guter Abgang. Bis 2003.

| 20.08.2001 | 82 Punkte |

2000 RIESLING QbA TROCKEN GROSSS GEWÄCHS

WESTHOFEN MORSTEIN 0,75 € 19,94 % 13
AP 432723103001

Kräuterwürziger und intensiv mineralischer Duft von Zitronen, grünen Äpfeln und Pfirsichen. Rassige, straff gewirkte Frucht, lebendige Säure, ungeheuer präsente, herb-würzige Mineralik, packend am Gaumen, sehr feste, vibrierende Struktur, kräftig, noch extrem jung, eine Spur Lakritz im Hintergrund, sehr langer, mineralischer Nachhall mit feinsaftiger Frucht und rassiger Säure. 2002-3005.

| 21.10.2001 | 89 Punkte |

RHEINHESSEN

2000 RIESLING QbA TROCKEN GROSSS GEWÄCHS

WESTHOFEN AULERDE 0,75 € 16,4 % 13 AP 432723103201

Komplexer, kräuterwürziger Duft von grünen Beeren, Limonen, grünen Äpfeln und etwas Pfirsich. Sehr saftige, klare und rassige Frucht, präsente Säure, sehr festes mineralisches Rückgrat, ausgesprochen nachhaltig, hervorragende Struktur und Tiefe, beste Balance, sehr langer, komplexer Nachhall. Bis 2008.

21.10.2001 **92 Punkte**

2000 RIESLING QbA TROCKEN

0,75 € 6,08 % 12 AP 432723101101

Zitrus-Pfirsichduft. Feinsaftige Frucht mit laktischen Spuren, harmonische Säure, zart kräuterwürzig und mineralisch am Gaumen, ausgewogen und schön zu trinken, fruchtiger Abgang. Bis 2003.

20.08.2001 **80 Punkte**

2000 RIESLING QbA TROCKEN GROSSS GEWÄCHS

WESTHOFEN KIRCHSPIEL 0,75 € 18,41 % 12,5 AP 432723103101

Rassiger Apfel-Zitrusduft mit fester Mineralik und deutlicher Kräuterwürze. Recht saftige und wieder sehr kräuterwürzige Frucht, lebendige Säure, herbe Mineralik am Gaumen, nachhaltig, noch sehr jung, langer Nachhall. Im Augenblick nicht in Bestform. 2002-2007.

21.10.2001 **88 Punkte**

2000 RIESLING SPÄTLESE

WESTHOFEN MORSTEIN 0,75 € 9,46 % 8,5 AP 432723101301

Feinwürziger Duft von eingemachten Pfirsichen und Äpfeln mit einer Spur Aprikosen. Sehr saftige, süße Frucht, kräuterwürzig und mineralisch, lebendige, feine Säure, zarte Honigwürze im Hintergrund, fest gewirkt und straff durchgezeichnet, sehr nachhaltig am Gaumen, noch jung, gute Länge. Bis 2006.

24.08.2001 **87 Punkte**

2000 RIESLING SPÄTLESE

WESTHOFEN AULERDE 0,75 € 9,15 % 8 AP 432723101401

Zart mineralischer Duft von Äpfeln und Weinbergspfirsichen. Recht elegante, feinsaftige und süße Frucht, lebendige, feine Säure, ausgesprochen geradliniger Stil, elegant, hochfeine Mineralik am Gaumen, sehr nachhaltig, zitrus- und pfirsichfruchtig im recht langen Abgang. Bis 2006.

24.08.2001 **87 Punkte**

RHEINHESSEN

2000 RIESLING AUSLESE
WESTHOFEN   MORSTEIN   0,75   € 10,69   % 9
AP 432723101601
Leicht mineralischer Duft von Pfirsichen, Ananas und Äpfeln. Recht klar und saftig im Mund, süß, mit relativ verhaltener Säure, auch am Gaumen leicht mineralisch, abgeklärter Stil, nicht übermäßig tief und strukturiert, dennoch gute Nachhaltigkeit und Länge. Bis 2008.

20.12.2001   **85 Punkte**

2000 RIESLING AUSLESE
WESTHOFEN   MORSTEIN   0,75   € 10,69   % 9
AP 432723101601
Verhaltener, zart kräuterwürziger Apfel-Pfirsichduft. Weiche, süße und etwas mostige Frucht, moderate Säure, leicht kräuterwürzig und mineralisch am Gaumen, im Hintergrund eine Spur Honig, wirkt ein klein wenig plump, süßer Nachhall. Bis 2004.

14.09.2001   **79 Punkte**

2000 SILVANER QbA TROCKEN
0,75   € 4,91   % 11,5   AP 432723100401
Mineralischer Duft von Äpfeln und etwas Gemüse. Klare, feinsaftige Frucht, trockener Stil, sehr harmonische Säure, mineralische Würze am Gaumen, sehr sorgfältig gemacht, beste Balance, guter Abgang. Bis 2002.

17.08.2001   **80 Punkte**

2000 WEISSBURGUNDER QbA TROCKEN
0,75   € 6,39   % 12   AP 432723100701
Frischer, mineralischer und zartwürziger Apfel- Melonenduft. Frischfruchtiger Auftakt, lebendige, feine Säure, sehr reintöniger Stil, am Gaumen feste Mineralik, recht nachhaltig, zitrusfruchtiger Nachhall. Bis 2003.

24.08.2001   **81 Punkte**

2000 WEISSBURGUNDER QbA TROCKEN "S"
0,75   € 18,41   % 13,5   AP 432723102701
Fein holzwürziger Duft von Melonen und gelben Zwetschgen mit mineralischen Noten. Weiche, saftige Frucht, vollmundig, ausgesprochen harmonische Holzwürze, feine Säure, bei aller Kraft von frischer, lebendiger Art, leicht mineralisch am Gaumen, nachhaltig, sehr gute Balance, fruchtiger und holzwürziger Abgang. Bis 2003.

24.08.2001   **86 Punkte**

RHEINHESSEN

WEITERE ERZEUGERADRESSEN

WEINGUT AHNENHOF
67574 OSTHOFEN, WALTHER-RATHENAU-STR. 33 ☏ 06242-1448 📠 06242-6908

WEINGUT BASTIANSHAUSER HOF
67595 BECHTHEIM, WEST NR. 18 ☏ 06244-4942 📠 06244-5697

WEINGUT BECHTEL & SOHN
67551 WORMS, WORMSER LANDSTR. 48 ☏ 06241-33034 📠 06241-36012

WEINGUT WINFRIED BORN
55232 ALZEY, GUTENBORNERHOF ☏ 06731-41400 📠 06731-98227

WEINGUT JEAN BUSCHER
67595 BECHTHEIM, WORMSER STR. 4 🏃 JEAN MICHAEL BUSCHER 🍷 JOCHEN DRÜCK
☏ 06242-872 📠 06242-875 ✉ WEINGUT@JEAN-BUSCHER.DE 🌐 WWW.JEAN-BUSCHER.DE
ÖFFNUNGSZEITEN: MO.-FR.: 8.00-17.00 UND NACH VEREINBARUNG.

WEINGUT FRIEDER DREISSIGACKER
67595 BECHTHEIM, UNTERE KLINGGASSE 4 ☏ 06242-2425 📠 06242-6381
🌐 WWW.DREISSIGACKER-WEIN.DE

WEINGUT HARTMUT EHRET
67591 MÖLSHEIM, HAUPTSTR. 19 ☏ 06243-7822 📠 06243-7808

WEINGUT STRUBEL
67592 FLÖRSHEIM-DALSHEIM, AM OBERTOR 1 ☏ 06243-460

WEINGUT WERNER FATH
67551 HEPPENHEIM, DORFGRABENSTR. 46 ☏ 06241-37174

WEINGUT HANS-JOACHIM GAUCH
67593 BERMERSHEIM, WORMSER STR. 20 ☏ 06244-4425

WEINGUT K. F. GROEBE
64584 BIEBESHEIM, BAHNHOFSTR. 68 🏃 FRIEDRICH GROEBE 🍷 FRIEDRICH GROEBE
☏ 06258-6721 📠 06258-81602 ✉ WEINGUT.K.F.GROEBE@T-ONLINE.DE
🌐 WWW.WEINGUT-K-F-GROEBE.DE ◯ VDP
PROBE UND VERKAUF NACH VEREINBARUNG.

WEINGUT DESTILLERIE GUTZLER
67599 GUNDHEIM, ROSSGASSE 19 🏃 GERHARD GUTZLER 🍷 GERHARD GUTZLER
☏ 06244-905221 📠 06244-905241 ✉ WEINGUT.GUTZLER@T-ONLINE.DE
🌐 WWW.RHEINHESSENWEIN.DE/GUTZLER
PROBE UND VERKAUF VON MONTAG BIS SAMSTAG NACH VEREINBARUNG.

WEINGUT GERNOT GYSLER
55232 ALZEY, GROSSER SPITZENBERG 8 ☏ 06731-41266 📠 06731-44027

WEINGUT WOLFRAM HAHN
67598 GUNDERSHEIM, WORMSER STR. 1 ☏ 06244-4466 📠 06244-4466
✉ INFO@HAHN-WEIN.DE 🌐 WWW.HAHN-WEIN.DE

WEINGUT ILLIAN-ARND
67595 BECHTHEIM, RHEINSTR. 2 🏃 KARIN & HEINZ-JÜRGEN ARND 🍷 HEINZ-JÜRGEN ARND
☏ 06242-3219 📠 06242-60402

RHEINHESSEN

WEINGUT LECKZAPFEN - GUTSVERWALTUNG OTTO SCHILL
67574 Osthofen, Aussiedlerhof Schill, Am Mühlpfad 10   06242-822   06242-911787

WEINGUT LIEBENAUER HOF
67574 Osthofen, Ludwig-Schwamb-Str.   06242-2356   06242-3690

WEINGUT PETH
67593 Bermersheim, Wormser Str. 24   06244-4417

WEINGUT RAUH
55234 Dintesheim, Hauptstr. 2   06735-329   06735-637

WEINGUT COMO ROSSNER
67595 Bechtheim, Schwanenstr. 3   06242-2242   06242-2242

WEINGUT SCHALES
67592 Flörsheim-Dalsheim, Alzeyer Str. 160   Arno, Kurt & Heinrich Schales   Kurt Schales   06243-7003   06243-5230   weingut.schales@t-online.de   www.schales.de
Öffnungszeiten: Mo.-Fr.: 8.00-12.00 und 13.00-18.00, Sa.: 8.00-12.00 und nach Vereinbarung.

WEINGUT SCHERNER-KLEINHANSS
67592 Flörsheim-Dalsheim, Alzeyer Str. 10   Klaus Scherner   Klaus Scherner   Klaus Scherner   06243-435   06243-5665   scherner.kleinhanss@freenet.de
Kulinarische Weinproben.

WEINGUT OHNACKER-DÖSS
67592 Flörsheim-Dalsheim, Alzeyer Str. 80   06243-333   06243-5762

WEINGUT FLÖRSHEIMER HOF
67592 Flörsheim-Dalsheim, Pfarrgasse 5-7   06243-6021

WEINGUT SCHREIBER-ZINK - ZUR ALTEN SCHMIEDE
67592 Flörsheim-Dalsheim, Vordergasse 13   06243-7622   06243-905757

WEIN- u. SEKTGUT HANS-HELMUT SCHREIBER
67550 Abenheim, Fronstrass 34   06242-2275   06242-60032

WEINGUT SPIESS RIEDERBACHERHOF
67595 Bechtheim, Gaustr. 2   06242-7633   06242-6412

WEINGUT SPONAGEL-WEIL
67593 Westhofen, Am Markt 5   06244-263

WEINGUT ERICH STORZUM
67592 Flörsheim-Dalsheim, Untergasse 28   06243-7603

WEINBAU WENDEL
67551 Worms, Enzinger Str. 36   06247-1536

WINZERGENOSSENSCHAFT WESTHOFEN eG
67593 Westhofen, Am Bogen 18   06244-825   06244-5476

BEZIRKSWINZERGENOSSENSCHAFT WONNEGAU
67590 Monsheim, Aussrhalb 6   06243-7077   06243-7000

WEINGUT ZIEGLER
67592 Flörsheim-Dalsheim, Mittelgasse 13   06243-424   06243-449

Auslese

Dessertweine

Weingut Keller
    2000 Rieslaner Trockenbeerenauslese, 99 Punkte 238

Weingut Keller
    2000 Riesling Trockenbeerenauslese Goldkapsel,
    Versteigerungswein, 97 Punkte 239

Weingut Keller
    2000 Riesling Auslese *** - 29 -, 94 Punkte 239

Weingut Freiherr Heyl zu Herrnsheim
    2000 Riesling Trockenbeerenauslese, 93 Punkte 192

Weingut Wittmann
    2000 Albalonga Beerenauslese, 93 Punkte 252

Weingut Freiherr Heyl zu Herrnsheim
    2000 Riesling Beerenauslese, 92 Punkte 191

Weingut Keller
    2000 Riesling Auslese ***, 92 Punkte 239

Weingut Ökonomierat Johann Geil I. Erben
    1999 Huxelrebe Trockenbeerenauslese, 91 Punkte 226

Weingut Brüder Dr. Becker
    1999 Scheurebe Auslese, 89 Punkte 179

Weingut Freiherr Heyl zu Herrnsheim
    2000 Riesling Beerenauslese, 89 Punkte 191

Weingut Göhring
    1999 Albalonga Trockenbeerenauslese, 89 Punkte 228

Weingut Hirschhof
    2000 Silvaner Eiswein, 88 Punkte 235

Weinbau Roß
    1999 Riesling Eiswein, 88 Punkte 248

Weissweine restsüss ohne Dessertweine

Weingut Villa Sachsen
    2000 Riesling Spätlese, 87 Punkte 161

Weingut Brüder Dr. Becker
    1999 Riesling Spätlese, 87 Punkte 179

Weingut Wittmann
    2000 Riesling Spätlese, 87 Punkte 253

Weingut Wittmann
    2000 Riesling Spätlese, 87 Punkte 253

Weingut Neef-Emmich
    2000 Siegerrebe Spätlese, 86 Punkte 247

Wein- und Sektgut Hemer
    2000 Scheurebe Spätlese, 85 Punkte 232

Weissweine trocken und halbtrocken

Weingut Keller
    2000 Riesling QbA Trocken Max, 92 Punkte 238

Weingut Wittmann
    2000 Riesling QbA Trocken Großes Gewächs, 92 Punkte 253

Weingut Sankt Antony
    2000 Riesling QbA Großes Gewächs, 90 Punkte 177

Weingut Sankt Antony

                            Weissweine trocken und halbtrocken: Seite 259

WEITERE ERZEUGERADRESSEN

RHEINHESSEN

AUSLESE

RHEINHESSEN

    2000 Riesling QbA Großes Gewächs, 90 Punkte 177

Weingut Freiherr Heyl zu Herrnsheim
    2000 Riesling QbA Großes Gewächs, 89 Punkte 191

Weingut Wittmann
    2000 Riesling QbA Trocken Großes Gewächs, 89 Punkte 252

Weingut Wittmann
    2000 Riesling QbA Trocken Großes Gewächs, 88 Punkte 253

Weingut Freiherr Heyl zu Herrnsheim
    2000 Riesling QbA Großes Gewächs, 87 Punkte 191

Weingut Sankt Antony
    2000 Riesling QbA Trocken vom Rotliegenden, 86 Punkte 176

Weingut Brüder Dr. Becker
    1999 Riesling Spätlese Trocken, 86 Punkte 179

Weingut und Sektgut Ch.W. Bernhard
    1999 Riesling Spätlese Halbtrocken, 86 Punkte 150

HESSISCHE BERGSTRASSE

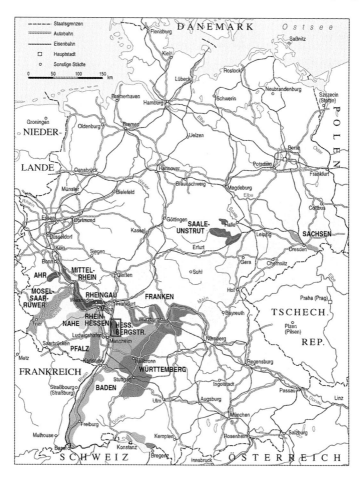

Hessische Bergstrasse

Die Anbauzone der Hessischen Bergstraße existiert erst seit 1971 als eigenständiges Weingebiet. Es entstand, als Baden während der Umstrukturierungsmaßnahmen im Rahmen des neuen Weingesetzes den innerhalb seiner Landesgrenzen befindlichen Teil der Bergstraße für sich beanspruchte. Der

Schloss Auerbach   DWI/Dieth

Rheingau wiederum wollte die nördliche Hälfte der Region nicht haben und so entstand daraus das damals kleinste Weinbaugebiet Deutschlands.

Die Weinberge des Gebietes befinden sich zum größten Teil am Westrand des Odenwalds zwischen Zwingenberg und Heppenheim. Hier profitieren die Reben von einer die Rheinebene heraufkommenden, warmen Luftströmung, weshalb der Frühling spürbar früher einsetzt, als in diesem Breitengrad üblich. Etwa 30 Kilometer weiter nordöstlich, unweit des Mains, befinden sich bei Groß-Umstadt noch einmal rund 50 Hektar Weinberge, die jedoch nicht in gleichem Maße von den klimatischen Bedingungen profitieren. Die wichtigste Rebsorte an der Hessischen Bergstrasse ist der Riesling. Das milde Klima sorgt in allen Bereichen, von trocken bis edelsüß, für erstklassige Ergebnisse. Der Stil der Rieslinge ist dem der Rheingauer Erzeugnisse nicht unähnlich, wenngleich die weniger stahlige Säure die Weine geschmeidiger und früher zugänglich erscheinen lässt. Gleichwohl können auch die besten Bergsträßer Exemplare anmutig reifen. Zunehmender Beliebtheit bei Produzenten und Verbrauchern gleichermaßen erfreuen sich Weiß- und Grauburgunder. Auf den unteren Hanglagen mit ihren tiefen Lössböden gedeihen diese Rebsorten oft besser, als der Riesling und die von ihnen beanspruchte Rebfläche steigt stetig.

Der mit Abstand führende Betrieb an der hessischen Bergstraße ist die Staatsdomäne in Bensheim. Heinrich Hillenbrand leitet den Betrieb nun

Hessischer Rebmuttergarten *DWI/Dieth*

schon in der dritten Generation und hält das für einen Staatsbetrieb außergewöhnlich hohe Niveau aufrecht. Mit gebührendem Abstand folgten das erst 1991 gegründete Weingut Simon-Bürkle und das Weingut der Stadt Bensheim, dessen Kellermeister Volker Dingeldey nebenbei noch einen eigenen Betrieb mit ordentlichem Qualitätsniveau bewirtschaftet. Auch die örtliche Winzergenossenschaft, bei weitem größter Weinbergsbesitzer der Region, kann besonders bei den edelsüßen Weinen immer wieder Erfolge vorweisen.

Weingut Simon-Bürkle

64673 Zwingenberg, Wiesenpromenade 13 Wilfried Bürkle & Kurt Simon Kurt Simon 06251-76446 06251-788641 weingut.simon-buerkle@t-online.de www.simon-buerkle.de
Pro Riesling

Öffnungszeiten: Mo.-Fr.: 9.00-12.00 und 15.00-18.00, Sa.: 9.00-13.00. Weinstube Piano, Obertor 6, Zwingenberg: Mo.-Sa.: ab 17.00. Sonn- und Feiertags: ab 11.00.

Die Weine:

Kurt Simons 99er sind durchweg sorgfältig gemacht und offenbaren zumeist eine sauber herausgearbeitete Sortenart. Lediglich der etwas grasige Riesling kann mich nicht so recht überzeugen. Überrascht war ich hingegen von der Qualität des PAN, eine Rotweincuvée aus Cabernet Sauvignon, Spätburgunder und Dunkelfelder.

Von den bislang verkosteten 2000ern leidet der Grauburgunder besonders unter den schwierigen Jahrgangsbedingungen. Die anderen beiden Weine sind sauber gemacht und gut zu trinken.

1999 QbA Trocken PAN
Zwingenberg 0,75 € 16,77 % 13   5200503000

Dunkles Purpur bis Granat mit Aufhellung. Duft von Kaffee, Kirschen, schwarzen Beeren und Vanille. Recht saftige, vollmundige Frucht, lebendige Säure und feinkörniges Tannin, röstige Holzwürze am Gaumen, gute Fruchtsüße, besitzt durchaus Stil, nachhaltig am Gaumen, langer, saftiger und röstwürziger Abgang. Bis 2005.

25.10.2001   **86 Punkte**

1999 Chardonnay Spätlese Trocken
Auerbach Höllberg 0,75 € 9,46 % 12,5
5200501700

Runder, würziger Melonenduft mit an Hülsenfrüchten erinnernden Aromen. Klar und saftig, schöne Frucht, harmonisch eingebunden, zurückhaltende Holzwürze, elegante Säure, gutes Fett, gemüsige Geschmacksnoten am Gaumen, gut balanciert, fruchtig-würziger Abgang. Bis 2003.

02.07.2001   **81 Punkte**

1999 Kerner Spätlese
Auerbach Fürstenlager 0,75 € 7,41 % 10,5
5200500900

Sehr verhaltener, mineralischer und kräuterwürziger Apfelduft. Klare, schlanke Frucht, harmonische Süße, feine Säure, mineralische Würze am Gaumen, bestens balanciert und überraschend nachhaltig, fruchtig-würziger Abgang. Bis 2002.

03.07.2001   **80 Punkte**

1999 Riesling Spätlese Trocken
Zwingenberg Steingeröll 0,75 € 7,41 % 12,5
5200501800

Kräuterwürziger und mineralischer Apfel-Zitrusduft. Zartsaftige, geradlinige Frucht, leicht vegetabile Note am Gaumen, harmonische Säure, am Gaumen mineralisch, etwas rustikaler Stil, ordentlicher Abgang. Bis 2002.

07.12.2001   **78 Punkte**

HESSISCHE BERGSTRASSE

2000 Roséwein QbA
ZWINGENBERG 0,75 € 6,03 11,5 5200500701
Hellrosa. Sehr verhaltener Duft von Äpfeln und roten Beeren. Zartsaftige Frucht mit leicht rustikaler Würze, ganz leicht laktisch, harmonische Säure, recht süffig, ordentlicher Abgang. Bis Ende 2001.
30.07.2001 **77 Punkte**

2000 Grauburgunder Kabinett Trocken
ZWINGENBERG Alte Burg 0,75 11 5200502900
Verhaltener, leicht kräuterwürziger Duft von gekochtem Gemüse, Äpfeln und Zitronen mit grasiger Note. Schlanke, zartsaftige Frucht, wieder eine Spur grasig, lebendige Säure, am Gaumen blass, feinherbe Note im knappen Abgang. Austrinken.
07.12.2001 **71 Punkte**

2000 Riesling QbA Trocken
ZWINGENBERG 0,75 € 4,91 11,5 5200500201
Klarer, zartmineralischer Zitrus-Pfirsichduft. Schlanke, geradlinige Frucht, lebendige Säure, leicht kräuterwürzig und mineralisch am Gaumen, ordentlicher Abgang. Bis 2002.
07.12.2001 **77 Punkte**

WEITERE ERZEUGERADRESSEN

WEINGUT DER STADT BENSHEIM
64625 BENSHEIM, DARMSTÄDTER STR. 6   AXEL SEIBERTH   VOLKER DINGELDEY
06251-580017   06251-64970   WWW.BENSHEIM.DE
ÖFFNUNGSZEITEN: MO-FR: 8.00-12.00 UND 13.00-16.30 UHR; SA:10.00-12.00 UHR. GUTS-AUSSCHANK KIRCHBERGHÄUSCHEN.

STAATSWEINGUT BERGSTRASSE
64625 BENSHEIM, GRIESELSTR. 34-36   LAND HESSEN   06251-3107   06251-65706

WEINGUT BRÜCKE-OHL
64823 GROSSUMSTADT, GEORG-AUGUST-ZINN-STR. 23   06078-2286

WEINGUT H. FREIBERGER OHG
64646 HEPPENHEIM, HERMANNSTR. 16   06252-2457   06252-2551

WEINSCHÄNKE GÖTZINGER
64625 BENSHEIM, GRONAUERSTR. 152   06251-68714   06251-2071

WEINGUT PHILLIP HILLENBRAND
64625 BENSHEIM, AM RINNENTOR 44   06251-3189

WEINBAU RUDOLF VON KREZMAR
64823 GROSSUMSTADT, PROFESSOR-VÖLZING-RING 16   RUDOLF VON KREZMAR   RUDOLF VON KREZMAR   06078-3165   06078-912541
ÖFFNUNGSZEITEN: NACH VEREINBARUNG. INDIVIDUELLE HANDLESE. ORGANISCHE DÜNGUNG. AUSBAU DER WEINE IM TRADITIONELLEN EICHENHOLZFASS.

BERGSTRÄSSER WINZER EG
64646 HEPPENHEIM, DARMSTÄDTER STR. 56   HANS JÜRGEN WEBER & GERHARD WEISS   OTTO GUTHIER   06252-799420   06252-799451   BERGSTRAESSER-WINZER@T-ONLINE.DE
ÖFFNUNGSZEITEN: MO.-FR.: 8.00-19.00, SA.: 8.30-16.00, SO.: 10.00-15.00

ODENWÄLDER WINZERGENOSSENSCHAFT EG
64823 GROSSUMSTADT, RIEGELGARTENWEG 1   06078-2349

WEINBAU LYDIA SCHULZ
64823 GROSSUMSTADT, WINDFANGSTR. 39   06078-8331

WEINGUT TOBIAS GEORG SEITZ
64625 BENSHEIM-AUERBACH, WEIDGASSE 8   06251-75825   06251-71029

WEINBAU WILLI WOHLFAHRT
64646 HEPPENHEIM, ERNST-LUDWIG-STR. 6   06252-2373

Index nach Orten

Abenheim, Wein- u. Sektgut Hans-Helmut Schreiber 256
Abenheim, Wein- und Sektgut Hemer 231
Albig, Weingut Reinhard Knobloch 215
Albig, Weingut Schultheiß-Knobloch 217
Albig, Weingut Willi Knell 215
Alzey, Weingut Gernot Gysler 255
Alzey, Weingut Winfried Born 255
Appenheim, Weingut Eberle-Runkel 169
Bad Kreuznach, Staatsweingut Bad Kreuznach 140
Bad Kreuznach, Weingut Anton Finkenauer 98
Bad Kreuznach, Weingut Carl Finkenauer 138
Bad Kreuznach, Weingut Paul Anheuser 138
Bad Kreuznach, Weingut Reichsgraf von Plettenberg 140
Bad Kreuznach, Weingut Sitzius 130
Bad Kreuznach, Weingut St. Meinhard 140
Bad Kreuznach-Bosenheim, Weingut Korrell · Johanneshof ... 105
Bechtheim, Brenner'sches Weingut 220
Bechtheim, Weingut Bastianshauser Hof 255
Bechtheim, Weingut Como Rossner 256
Bechtheim, Weingut Frieder Dreißigacker 255
Bechtheim, Weingut Illian-Arnd 255
Bechtheim, Weingut Jean Buscher 255
Bechtheim, Weingut Kurt Erbeldinger & Sohn 223
Bechtheim, Weingut Ökonomierat Johann Geil I. Erben ... 225
Bechtheim, Weingut Spiess Riederbacherhof 256
Beilstein, Schloßgut Hohenbeilstein 48
Bensheim, Staatsweingut Bergstrasse 265
Bensheim, Weingut der Stadt Bensheim 265
Bensheim, Weingut Phillip Hillenbrand 265
Bensheim, Weinschänke Götzinger 265
Bensheim-Auerbach, Weingut Tobias Georg Seitz 265
Bermersheim vor der Höhe, Weingut Hauck 152
Bermersheim vor der Höhe, Weingut Hildegardishof 169
Bermersheim, Weingut Hans-Joachim Gauch 255
Bermersheim, Weingut Neef-Emmich 246
Bermersheim, Weingut Peth 256
Biebesheim, Weingut K. F. Groebe 255
Bingen, Erik und Gerhard Riffel 158
Bingen, Kommerzienrat P.A. Ohler'sches Weingut 170
Bingen, Weingut Ernst Fischer 169
Bingen, Weingut Villa Sachsen 160
Bingen, Weinkellerei Reh Kendermann GmbH 157
Bingen, Winzergenossenschaft Bingen eG 169
Bockenau, Weingut Schäfer-Fröhlich 126
Bodenheim, Weingut Adam Darmstadt & Sohn 214
Bodenheim, Weingut Franz Josef Kerz 215
Bodenheim, Weingut Kühling-Gillot 215
Bodenheim, Weingut Linus Haub 215
Bodenheim, Weingut Martinushof 216
Bodenheim, Weingut Melchior Jos. Leber 215
Bodenheim, Weingut Reinhold Kern 215
Bodenheim, Weingut Thomas Weber 217
Bodenheim, Weingut Villa Kerz 215
Bönnigheim, Strombergkellerei Bönnigheim eG 78
Bönnigheim, Weingut Ernst Dautel 75
Brackenheim, Weingärtnergenossenschaft Brackenheim eG .. 39
Brackenheim, Weingärtnergenossenschaft Dürrenzimmern-Stockheim eG 76
Bretzenheim, Nahe-Winzer eG 139
Bretzfeld, Weinbau Rudi Weibler 78
Bretzfeld, Weinkellerei Hohenlohe eG 77
Bretzfeld-Adolzfurt, Weingut Birkert 36
Burg Layen, Schloßgut Diel 90
Burg Layen, Weingut Joh. Bapt. Schäfer 129
Burg Layen, Weingut Michael Schäfer 140
Burg Layen, Weingut Schlossmühle Dr. Höfer 138
Cleebronn, Weingärtner Cleebronn-Güglingen eG 75
Dielkirchen, Weingut Hermann Steitz 140
Dintesheim, Weingut Rauh 256
Duchroth, Weingut Alfred Porr 120
Duchroth, Weingut Helmut Dautermann 138
Duchroth, Weingut Weinmann 140
Ebernburg, Weingut Jung 139
Ebernburg, Weingut Rapp 139
Eckelsheim, Weingut Villa Bäder 169
Eckelsheim, Weingut Wolf & Sohn 170
Eimsheim, Weingut Geil 185
Eppelsheim, Weingut Russbach 249
Erbes-Büdesheim, Weingut Rehn 170
Erlenbach, Weingut Theo Haberkern 76
Esslingen, Weingut Kusterer 56
Feilbingert, Weingut Adolf Lötzbeyer 139
Feilbingert, Weingut Rüdiger Steinert 140
Fellbach, Weingut Gerhard Aldinger 30
Fellbach, Weingut Paul Häußermann 76
Fellbach, Weingut Rainer Schnaitmann 78
Flein, Weingärtner Flein-Talheim eG 76
Flomborn, Weingut Michel-Pfannebecker 242
Flörsheim-Dalsheim, Weingut Erich Storzum 256
Flörsheim-Dalsheim, Weingut Flörsheimer Hof 256
Flörsheim-Dalsheim, Weingut Göhring 228
Flörsheim-Dalsheim, Weingut Keller 236
Flörsheim-Dalsheim, Weingut Kroll 241
Flörsheim-Dalsheim, Weingut Ohnacker-Döß 256

Flörsheim-Dalsheim, Weingut Schales 256	Heppenheim, Weingut Werner Fath 255
Flörsheim-Dalsheim, Weingut Scherner-Kleinhanß 256	Hessigheim, Weingut Uwe Eisele 76
Flörsheim-Dalsheim, Weingut Schreiber-Zink - Zur Alten Schmiede 256	Hessigheim, Weingut Wolfgang Faschian 76
	Hillesheim, Weingut Engelhard 214
Flörsheim-Dalsheim, Weingut Strubel 255	Hohenhaslach, Weinbau Weiberle 78
Flörsheim-Dalsheim, Weingut Ziegler 256	Ilsfeld, Gräflich v. Bentzel-Sturmfeder'sches Weingut 75
Framersheim, Weingut Dr. Hinkel 214	Ilsfeld, Weingut Hermann Umbrich 78
Framersheim, Weingut Küchesheimer Hof 215	Ingelfingen, Kochertalkellerei eG 77
Frei-Laubersheim, Weingut Günter Breitenbach & Sohn 169	Ingelheim, Weingut E. Weidenbach 170
Frei-Laubersheim, Weingut und Sektgut Ch.W. Bernhard 150	Ingelheim, Weingut Eckhard Weitzel 167
Gau-Algesheim, Weingut Helmut Weber 170	Ingelheim, Weingut Hans-Karl Bender 169
Gau-Algesheim, Weingut Kronenberger Hof 169	Ingelheim, Weingut Herbert Hamm 169
Gau-Algesheim, Weingut Phillip Eckert 169	Ingelheim, Weingut J. Neus 169
Gau-Algesheim, Weingut St. Quirinushof 170	Ingelheim, Weingut Johann Saalwächter III 170
Gau-Bickelheim, Rheinhessen Winzer eG 170	Ingelheim, Weingut Julius Wasem - Rodensteiner Hof 170
Gau-Bickelheim, Weingut Fuhr-Lenz 169	Ingelheim, Weingut Karlshof 169
Gau-Bischofsheim, Weingut Anton Escher 214	Ingelheim, Weingut Kurt Dautermann 169
Gau-Köngernheim, Weingut Meiser 216	Ingelheim, Weingut Saalwächter 170
Gau-Odernheim, Weingut Menger-Krug 216	Jugenheim, Weingut Diehl-Blees 169
Gau-Weinheim, Weingut Schuster 170	Jugenheim, Weingut Schick 162
Groß-Umstadt, Odenwälder Winzergenossenschaft eG 265	Kernen, Weingut Karl Haidle 76
Groß-Umstadt, Weinbau Lydia Schulz 265	Kernen-Stetten, Weingut Beurer 75
Groß-Umstadt, Weinbau Rudolf von Krezmar 265	Kernen-Stetten, Weingut H. Bader 34
Groß-Umstadt, Weingut Brücke-Ohl 265	Kernen-Stetten, Weingut Medinger 58
Grossbottwar, Bottwartalkellerei eG 75	Klein-Winternheim, Weingut V. Eckert 217
Grossbottwar, Weingut Herbert Bruker 75	Kleinbottwar, Weingut Graf Adelmann 28
Gundersheim, Weingut Wolfram Hahn 255	Korb, Weinbau Singer 78
Gundheim, Weingut Destillerie Gutzler 255	Korb, Weingut Albrecht Schwegler 78
Guntersblum, Weingut Burghof Oswald 214	Korb, Weingut Zimmerle 72
Guntersblum, Weingut Hiestand 181	Korb, Weinkellerei Schnabel 77
Guntersblum, Weingut Karl-Heinz Frey 214	Langenlonsheim, Weingut Bürgermeister Willi Schweinhardt Nachf. 140
Guntersblum, Weingut Kissinger-Rothermel 215	Langenlonsheim, Weingut Graf-Binzel 138
Guntersblum, Weingut Ortwin Schmitt 217	Langenlonsheim, Weingut im Zwölberich 135
Guntersblum, Weingut Rösch-Spies 216	Langenlonsheim, Weingut Jürgen Lersch 139
Guntersblum, Weingut Schmitt Erben 216	Langenlonsheim, Weingut Tesch 131
Gutenberg, Weingut Willi Gentheimer-Kiltz 138	Langenlonsheim, Weingut Wilhelm Sitzius 140
Heilbronn, Weinbau Heinz Drautz 76	Langenlonsheim, Weingut Wilhelmy 141
Heilbronn, Weingut Albrecht-Kiessling 75	Laubenheim, Weingut Michael Klören 139
Heilbronn, Weingut Amalienhof 32	Laubenheim, Weingut Sascha Montigny 115
Heilbronn, Weingut Andreas Fischer 76	Lauffen, Weingärtnergenossenschaft Lauffen eG 77
Heilbronn, Weingut Drautz-Able 76	Lauffen, Weingut Eberbach-Schäfer 41
Heilbronn, Weingut G.A. Heinrich 43	Lehrensteinsfeld, Weingärtnergenossenschaft Lehrensteinsfeld eG 77
Heilbronn, Weingut Kistenmacher-Hengerer 51	Leonberg, Weingut Ortlieb 77
Heilbronn, Weingut Rolf Heinrich 45	Löwenstein, Weingut Hans-Jürgen Schmidt 77
Heilbronn, Weingut Schäfer-Heinrich 62	Löwenstein, Winzergenossenschaft Löwenstein eG 77
Heilbronn, Weingut Stutz 78	Ludwigsburg, Weingut des Hauses Württemberg / Hofkammerkellerei 79
Heilbronn, Weingut Walter Albrecht 75	Ludwigshöhe, Weingut Brüder Dr. Becker 178
Heppenheim, Bergsträsser Winzer eG 265	Mainz, Johannishof & Weingut der Stadt Mainz 193
Heppenheim, Weinbau Willi Wohlfahrt 265	
Heppenheim, Weingut H. Freiberger OHG 265	

Mainz, Weingut Christophorus-Hof 214

Mainz, Weingut Hans Werner Nauth 216

Mainz, Weingut Heinz Lemb 215

Mainz, Weingut Martinushof 216

Mainz, Winzergenossenschaft Ebersheim eG 214

Mandel, Manfred und Gernot Bamberger 138

Mannweiler-Cölln, Weingut Hahnmühle 103

Meddersheim, Weingut Eckhard Schlarb 140

Meddersheim, Weingut Helmut Hexamer 139

Meddersheim, Weingut Reinhard Beck 138

Meddersheim, Weingut und Sektgut Karl-Kurt Bamberger & Sohn 138

Meddersheim, Winzergenossenschaft Rheingrafenburg eG . . . 140

Mettenheim, Weingut Sander 205

Möglingen, Württembergische Weingärtner-Zentralgenossenschaft eG 79

Mölsheim, Weinbau Roß 248

Mölsheim, Weingut Hartmut Ehret 255

Mommenheim, Weingut Fritz Windisch 217

Mommenheim, Weingut Helgenhof 215

Monsheim, Bezirkswinzergenossenschaft Wonnegau 256

Monsheim, Weingut Karlheinz Milch & Sohn 244

Monzernheim, Winzergenossenschaft eG 217

Monzingen, Weingut Emrich-Schönleber 138

Monzingen, Weingut Petri-Eßling 139

Mundelsheim, Weingärtnergenossenschaft Mundelsheim eG . 77

Münster-Sarmsheim, Weingut Carl Adelseck 88

Münster-Sarmsheim, Weingut Göttelmann 100

Münster-Sarmsheim, Weingut Kruger-Rumpf 110

Nack, Weingut Karl-Heinz Wildner 170

Nack, Weingut Niersthemer 169

Nackenheim, Weingut Dr. Marbé-Sans 216

Nackenheim, Weingut Gunderloch 215

Nackenheim, Winzergenossenschaft Nackenheim eG 216

Neckarsulm, Weingärtnergenossenschaft Neckarsulm-Gundelsheim eG 77

Neckarsulm, Weingut Albin Bauer 75

Neckarsulm, Weingut Berthold 75

Nieder-Olm, Weingut Eulermühle 214

Niederhausen, Gutsverwaltung Niederhausen-Schloßböckelheim 117

Niederhausen, Weingut Jakob Schneider 140

Niederhausen, Weingut Mathern 113

Niedermoschel, Weingut Reinhold Keller 139

Niedernhall, Winzergenossenschaft Niedernhall eG 77

Nierstein, Niersteiner Winzergenossenschaft 216

Nierstein, Weingut Balbach Erben 214

Nierstein, Weingut Dr. Alex Senfter 217

Nierstein, Weingut Eugen Wehrheim 217

Nierstein, Weingut Franz Karl Schmitt 217

Nierstein, Weingut Freiherr Heyl zu Herrnsheim 190

Nierstein, Weingut Gehring 183

Nierstein, Weingut Georg Albrecht Schneider 206

Nierstein, Weingut Georg Gustav Huff 215

Nierstein, Weingut Geschwister Schuch 217

Nierstein, Weingut Heinrich Braun 214

Nierstein, Weingut Heinrich Seebrich 208

Nierstein, Weingut Huff 215

Nierstein, Weingut J. & H.A. Strub 212

Niersteck, Weingut Julianenhof 215

Nierstein, Weingut Louis Guntrum 187

Nierstein, Weingut Reinhold Senfter 217

Nierstein, Weingut Sankt Antony 176

Nierstein, Weingut Sankt-Urbanshof 217

Nierstein, Weingut Schlamp-Schätzel 216

Nierstein-Schwabsburg, Weingut Orbelhof 216

Nordheim, Privatkellerei/Weinbau Rolf Willy 78

Nußbaum, Weingut Kiltz & Strobl 139

Ober-Olm, Weingut Willi Jakob Bär 214

Oberhausen, Weingut Cörper-Reinhard 138

Oberhausen, Weingut Hermann Dönnhoff 95

Oberndorf, Wein- und Sektgut Großmann 139

Obersulm, Weingärtnergenossenschaft Eschenau eG 76

Obersulm, Weingut Dr. Baumann - Schloß Affaltrach 75

Obersulm-Willsbach, Weingärtner Willsbach eG 78

Ockenheim, Weingut Bungert-Mauer 169

Ockenheim, Weingut Karl Wilhelm Müller 169

Ockenheim, Weingut Merz 155

Odernheim, Weingut Klostermühle 107

Oedheim, Weinbau/Weinkellerei Karl Binning 75

Öhringen, Weingut und Schloßkellerei Fürst zu Hohenlohe Oehringen 77

Oppenheim, Staatliche Weinbaudomäne Oppenheim 202

Oppenheim, Weingut Bürgermeister Carl Koch Erben 197

Oppenheim, Weingut Dr. Karl W. Heyden 188

Oppenheim, Weingut Friedrich Baumann 214

Osthofen, Weingut Ahnenhof 255

Osthofen, Weingut Leckzapfen - Gutsverwaltung Otto Schill . . 256

Osthofen, Weingut Liebenauer Hof 256

Pfaffenhofen, Weinbau Wachtstetter 78

Pfedelbach-Heuholz, Weingärtnergenossenschaft Heuholz eG . 46

Raumbach, Weingut Rohr 121

Saulheim, Weingut Wilhelm Betz 214

Schwaigern, Heuchelberg-Kellerei eG Weingärtnergenossenschaft 77

Schwaigern, Weingut des Grafen Neipperg 77

Selzen, Weingut Kapellenhof - Ökonomierat Schätzel Erben . . 216

Siefersheim, Weingut Wagner-Stempel 165

Sommerloch, Weingut Walter Frey 138

Stadecken-Elsheim, Weingut Hedesheimer Hof / Dipl. Ing. Jürgen Beck 214

Stadecken-Elsheim, Weingut Posthof Doll & Göth 203

Stadecken-Elsheim, Winzergenossenschaft eG	217
Stein-Bockenheim, Weingut Steitz	163
Stuttgart, Weinbau Theodor Kurrle	77
Stuttgart, Weingärtnergenossenschaft Bad Cannstadt eG	75
Stuttgart, Weingärtnergenossenschaft Rotenberg eG	77
Stuttgart, Weingärtnergenossenschaft Uhlbach eG	78
Stuttgart, Weingärtnergenossenschaft Untertürkheim	68
Stuttgart, Weingut der Stadt Stuttgart	66
Stuttgart, Weingut Diehl	75
Stuttgart, Weingut Wöhrwag	79
Sulzheim, Weingut Franz & Peter Zimmermann	170
Traisen, Weingut Dr. Crusius	138
Uelversheim, Weingut Kissinger	195
Uelversheim, Weingut Stallmann-Hiestand	210
Vaihingen, Weingärtnergenossenschaft Roßwag-Mühlhausen eG	77
Vaihingen, Weingut Andrea Zimmermann	79
Vaihingen-Gündelbach, Weingut Sonnenhof - Bezner-Fischer	64
Vendersheim, Weingut Otto Beiser	148
Vendersheim, Winzergenossenschaft eG	170
Waldböckelheim, Weingut Hehner-Kiltz	139
Wallhausen, Prinz zu Salm-Dalberg'sches Weingut	123
Wallhausen, Weingut Schloss Gutenburg	140
Weinolsheim, Weingut Manz	199
Weinolsheim, Weingut Petry & Friess	216
Weinsberg, Staatliche Lehr- und Versuchsanstalt für Wein- und Obstbau	78
Weinsberg, Staatsweingut Weinsberg	70
Weinsberg, Weinbau Supp GbR	78
Weinsberg, Weingut Josef Bender	75
Weinsberg-Grantschen, Weingärtnergenossenschaft Grantschen eG	76
Weinstadt, Remstalkellerei	60
Weinstadt, Weingut Bernhard Ellwanger	76
Weinstadt-Strümpfelbach, Weingut Kuhnle	53
Westhofen, Weingut Hirschhof	234
Westhofen, Weingut Sponagel-Weil	256
Westhofen, Weingut Wittmann	251
Westhofen, Winzergenossenschaft Westhofen eG	256
Windesheim, Weingut Guldenbachhof	139
Windesheim, Weingut Lindenhof	139
Windesheim, Weingut Rudolf Sinß	140
Winterbach, Weingut Jürgen Ellwanger	76
Wintersheim, Weingut Hof Dätwyl - Hans Albert Dettweiler	214
Worms, Weinbau Wendel	256
Worms, Weingut Bechtel & Sohn	255
Zornheim, Weingut Alois Schmitz	216
Zornheim, Weingut Hans-Walter Münzenberger	216
Zotzenheim, Weingut Werner Pitthahn	170
Zwingenberg, Weingut Simon-Bürkle	263

Index nach Erzeugern

Erzeuger können hier auch mehrfach mit unterschiedlichen Sortierkriterien enthalten sein. Beispiel: Ein "Schloßgut-Meierding, Fritz Meier" finden Sie unter "Schloßgut", "Meierding" und "Maier".

Adelmann, Graf	28
Adelseck, Carl	88
Ahnenhof, Weingut	255
Albrecht, Walter	75
Albrecht-Kiessling, Weingut	75
Aldinger, Gerhard	30
Amalienhof	32
Anheuser, Paul	138
Bad Cannstadt eG, Weingärtnergenossenschaf	75
Bad Kreuznach, Staatsweingut	140
Bader, H.	34
Bäder, Villa	169
Balbach Erben	214
Bamberger, Karl-Kurt & Sohn	138
Bamberger, Manfred und Gernot	138
Bär, Willi Jacob	214
Bastianshauser Hof	255
Bauer, Albin	75
Baumann, Dr., Schloß Affaltrach	75
Baumann, Friedrich	214
Bechtel & Sohn	255
Beck, Jürgen, Hedesheimer Hof	214
Beck, Reinhard	138
Becker, Dr., Brüder	178
Beiser, Otto	148
Bender, Hans-Karl	169
Bender, Josef	75
Bensheim, Weingut der Stadt	265
Bentzel-Sturmfeder'sches Weingut, Gräflich v.	75
Bergstrasse, Staatsweingut	265
Bergsträsser Winzer eG	265
Bernhard, Ch.W.	150
Berthold	75
Betz, Wilhelm	214
Beurer	75
Bezirkswinzergenossenschaft Wonnegau	256
Bezner-Fischer - Sonnenhof	64
Bingen eG, Winzergenossenschaft	169
Binning, Karl	75
Birkert	36
Bönnigheim eG, Strombergkellerei	78
Born, Winfried	255
Bottwartalkellerei eG	75
Brackenheim eG, Weingärtnergenossenschaft	39
Braun, Heinrich	214
Breitenbach, Günter & Sohn	169
Brenner'sches Weingut	220
Brücke-Ohl	265
Bruker, Herbert	75
Bungert-Mauer	169
Bürgermeister Carl Koch Erben	197
Bürgermeister Willi Schweinhardt Nachf.	140
Burghof, Oswald	214
Buscher, Jean	255
Christophorus-Hof	214
Cleebronn-Güglingen eG	75
Cörper-Reinhard	138
Crusius, Dr.	138
Darmstadt, Adam & Sohn	214
Dautel, Ernst	75
Dautermann, Helmut	138
Dautermann, Kurt	169
Destillerie Gutzler	255
Dettweiler, Hans Albert - Hof Dätwyl	214
Diehl	75
Diehl-Blees	169
Diel, Schloßgut	90
Doll & Göth, Posthof	203
Dönnhoff, Hermann	95
Dr. Becker, Brüder	178
Dr. Höfer, Schlossmühle	138
Drautz, Heinz	76
Drautz-Able	76
Dreißigacker, Frieder	255
Dürrenzimmer-Stockheim eG, Weingärtnergenossenschaft	76
Eberbach-Schäfer	41
Eberle-Runkel	169
Ebersheim eG, Winzergenossenschaft	214
Eckert, Phillip	169
Eckert, V.	217
Ehret, Harmut	255
Eisele, Uwe	76
Ellwanger, Bernhard	76
Ellwanger, Jürgen	76
Emrich-Schönleber	138
Engelhard	214
Erbeldinger, Kurt & Sohn	223
Erik und Gerhard Riffel	158
Eschenau eG, Weingärtnergenossenschaft	76
Escher, Anton	214
Eulermühle	214
Faschian, Wolfgang	76

INDEX-ERZEUGER

Fath, Werner	255
Finkenauer, Anton	98
Finkenauer, Carl	138
Fischer, Andreas	76
Fischer, Ernst	169
Flein-Tahlheim eG	76
Flörsheimer Hof	256
Freiberger, H. OHG	265
Freiherr Heyl zu Herrnsheim	190
Frey, Karl-Heinz	214
Frey, Walter	138
Fuhr-Lenz	169
Fürst zu Hohenlohe Oehringen, Schloßkellerei	77
Gauch, Hans-Joachim	255
Gehring	183
Geil	185
Geil I., Johann, Ökonomierat	225
Gentheimer-Kiltz, Willi	138
Geschwister Schuch	217
Göhring	228
Göttelmann	100
Götzinger, Weinschänke	265
Graf Adelmann	28
Graf-Binzel	138
Grafen Neipperg	77
Gräflich v. Bentzel-Sturmfeder'sches Weingut	75
Grantschen eG, Weingärtnergenossenschaft	76
Groebe, K.F.	255
Großmann, Wein- und Sektgut	139
Guldenbachhof	139
Gunderloch	215
Guntrum, Louis	187
Gutenberg, Schloss	140
Gutsverwaltung Niederhausen-Schloßböckelheim	117
Gutzler, Destillerie	255
Gysler, Gerhard	255
Haberkern, Theo	76
Hahn, Wolfram	255
Hahnmühle	103
Haidle, Karl	76
Hamm, Herbert	169
Hans-Helmut Schreiber, Wein- u. Sektgut	256
Haub, Linus	215
Hauck	152
Häußermann, Paul	76
Hedesheimer Hof/Jürgen Beck	214
Hehner-Kiltz	139
Heinrich, G.A.	43
Heinrich, Rolf	45
Helgenhof	215
Hemer, Wein- und Sektgut	231
Heuchelberg-Kellerei eG Weingärtnergenossenschaft	77
Heuholz eG, Weingärtnergenossenschaft	46
Hexamer, Helmut	139
Heyden, Karl W., Dr.	188
Heyl zu Herrnsheim, Freiherr	190
Hiestand	181
Hildegardishof	169
Hillenbrand, Phillip	265
Hinkel, Dr.	214
Hirschhof	234
Hof Dätwyl, Hans Albert Dettweiler	214
Hofkammerkellerei, Weingut des Hauses Württemberg	79
Hohenbeilstein, Schloßgut	48
Hohenlohe eG, Weinkellerei	77
Huff	215
Huff, Georg Gustav	215
Illian-Arnd	255
Im Zwölberich	135
Johanneshof - Korrell	105
Johannishof & Weingut der Stadt Mainz	193
Julianenhof	215
Jung	139
Kapellenhof - Ökonomierat Schätzel Erben	216
Karlshof	169
Keller	236
Keller, Reinhold	139
Kendermann, Reh, Weinkellerei	157
Kern, Reinhold	215
Kerz, Franz Josef	215
Kerz, Villa	215
Kiltz & Strobl	139
Kissinger	195
Kissinger-Rothermel	215
Kistenmacher-Hengerer	51
Klören, Michael	139
Klostermühle	107
Knell, Willi	215
Knobloch, Reinhard	215
Koch, Carl, Erben	197
Kochertalkellerei eG	77
Kommerzienrat P.A. Ohler'sches Weingut	170
Korrell · Johanneshof	105
Krezmar, von, Rudolf	265
Kroll	241
Kronenberger Hof	169
Kruger-Rumpf	110
Küchesheimer Hof	215
Kühling-Gillot	215
Kuhnle	53
Kurrle, Theodor	77
Kusterer	56

INDEX-ERZEUGER

Lauffen eG, Weingärtnergenossenschaft 77	Pitthahn, Werner 170
Leber, Melchios Jos. 215	Porr, Alfred 120
Leckzapfen, Gutsverwaltung Otto Schill 256	Posthof Doll & Göth 203
Lehr- und Versuchanstalt für Wein und Obstbau 78	Prinz zu Salm-Dalberg'sches Weingut 123
Lehrensteinfeld eG, Weingärtnergenossenschaft 77	Privatkellerei/Weinbau Rolf Willy 78
Lemb, Heinz 215	Quirinushof, St. 170
Lersch, Jürgen 139	Rainer-Schnaitmann 78
Liebenauer-Hof 256	Rapp 139
Lindenhof 139	Rauh 256
Lötzbeyer, Adolf 139	Reh Kendermann GmbH, Weinkellerei 157
Löwenstein eG, Winzergenossenschaft 77	Rehn 170
Mainz, Stadt, Johannishof & Weingut 193	Reichsgraf von Plettenberg 140
Manfred und Gernot Bamberger 138	Remstalkellerei 60
Manz 199	Rheingrafenburg eG, Winzergenossenschaft 140
Marbé-Sans, Dr. 216	Rheinhessen Winzer eG 170
Martinushof 216	Riederbacherhof, Spiess 256
Martinushof 216	Riffel, Erik und Gerhard 158
Mathern 113	Rodensteiner Hof, Julius Wasem 170
Medinger 58	Rohr 121
Meinhard, St. 140	Rösch-Spieß 216
Meiser 216	Roß, Weinbau 248
Menger-Krug 216	Rossner, Como 256
Merz 155	Roßwag-Mühlhausen eG, Weingärtnergenossenschaft 77
Michel-Pfannebecker 242	Rothenberg eG, Weingärtnergenossenschaft 77
Milch, Karlheinz & Sohn 244	Russbach 249
Montigny, Sascha 115	Saalwächter 170
Müller, Karl Wilhelm 169	Saalwächter, Johann, III 170
Mundelsheim eG, Weingärtnergenossenschaft 77	Sachsen, Villa 160
Münzenberger, Hans-Walter 216	Salm-Dalberg'sches Weingut, Prinz zu 123
Nackenheim eG, Winzergenossenschaft 216	Sander 205
Nahe-Winzer eG 139	Sankt-Antony 176
Nauth, Hans Werner 216	Sankt-Urbanshof 217
Neckarsulm-Gundelheim eG, Weingärtnergenossenschaft ... 77	Schäfer, Joh. Babt. 129
Neef-Emmrich 246	Schäfer, Michael 140
Neibbert, Grafen 77	Schäfer-Fröhlich 126
Neus, J. 169	Schäfer-Heinrich 62
Niederhall eG, Winzergenossenschaft 77	Schales 256
Niederhausen-Schloßböckelheim, Gutsverwaltung 117	Schätzel, Ökonomierat, Erben 216
Niersteiner Winzergenossenschaft 216	Scherner-Kleinhanß 256
Nierstheimer 169	Schick 162
Odenwälder Winzergenossenschaft eG 265	Schill, Ott, Gutverwaltung Leckzapfen 256
Ohler'sches Weingut, P.A., Kommerzienrat 170	Schlamp-Schätzel 216
Ohnacker-Döß 256	Schlarb, Eckhard 140
Ökonomierat Johann Geil I. Erben 225	Schloß Affaltrach, Dr. Baumann 75
Oppenheim, Staatl. Weinbaudomäne 202	Schloss Gutenburg 140
Orbelhof 216	Schloßgut Diel 90
Ortlieb 77	Schloßgut Hohenbeilstein 48
P.A. Ohler'sches Weingut, Kommerzienrat 170	Schloßkellerei Fürst zu Hohenlohe Oehringen 77
Peth 256	Schlossmühle Dr. Höfer 138
Petri-Eßling 139	Schmidt, Hans-Jürgen 77
Petry & Friess 216	Schmitt Erben 216

Schmitt, Franz Karl	217
Schmitt, Ortwin	217
Schmitz, Alois	216
Schnabel, Weinkellerei	77
Schneider, Georg Albrecht	206
Schneider, Jakob	140
Schreiber, Hans-Helmut, Wein- u. Sektgut	256
Schreiber-Zink - Zur Alten Schmiede	256
Schuch, Geschwister	217
Schultheiß-Knobloch	217
Schulz, Lydia	265
Schuster	170
Schwegler, Albrecht	78
Schweinhardt Nachf., Willi	140
Seebrich, Heinrich	208
Seitz, Tobias Georg	265
Sektgut Ch.W. Bernhard	150
Sektgut Karl-Kurt Bamberger & Sohn	138
Senfter, Alex, Dr.	217
Senfter, Reinhold	217
Simon-Bürkle	263
Singer, Weinbau	78
Sinß, Rudolf	140
Sitzius	130
Sitzius, Wilhelm	140
Sonnenhof - Bezner-Fischer	64
Spiess Riederbacherhof	256
Sponagel-Weil	256
St. Meinhard	140
St. Quirinushof	170
Staatliche Lehr- und Versuchsanstalt für Wein- und Obstbau	78
Staatliche Weinbaudomäne Oppenheim	202
Staatsweingut Bad Kreuznach	140
Staatsweingut Bergstrasse	265
Staatsweingut Weinsberg	70
Stadt Bensheim	265
Stadt Mainz, Johannishof & Weingut	193
Stadt Stuttgart	66
Stallmann-Hiestand	210
Steinert, Rüdiger	140
Steitz	163
Steitz, Hermann	140
Storzum, Erich	256
Strombergkellerei Bönnigheim eG	78
Strub H.A. & J.	212
Strubel	255
Stuttgart, Weingut der Stadt	66
Stutz	78
Supp GbR, Weinbau	78
Tesch	131
Uhlbach eG, Weingärtnergenossenschaft	78
Umbrich, Hermann	78
Untertürkheim, Weingärtnergenossenschaft	68
v. Bentzel-Sturmfeder'sches Weingut	75
Villa Bäder	169
Villa Kerz	215
Villa Sachsen	160
von Krezmar, Rudolf	265
von Plettenberg, Reichsgraf	140
Wachtstetter, Weinbau	78
Wagner-Stempel	165
Wasem, Julius - Rodensteiner Hof	170
Weber, Helmut	170
Weber, Thomas	217
Wehrheim, Eugen	217
Weiberle, Weinbau	78
Weibler, Rudi	78
Weidenbach, E.	170
Wein- u. Sektgut Hans-Helmut Schreiber	256
Wein- und Obstbau, Staatl. Lehr- und Versuchsanstalt	78
Wein- und Sektgut Großmann	139
Wein- und Sektgut Hemer	231
Weinbau Heinz Drautz	76
Weinbau Lydia Schulz	265
Weinbau Rolf Willy, Privatkellerei	78
Weinbau Roß	248
Weinbau Rudi Weibler	78
Weinbau Rudolf von Krezmar	265
Weinbau Singer	78
Weinbau Supp GbR	78
Weinbau Theodor Kurrle	77
Weinbau Wachtstetter	78
Weinbau Weiberle	78
Weinbau Wendel	256
Weinbau Willi Wohlfahrt	265
Weinbau/Weinkellerei Karl Binning	75
Weinbaudomäne, Staatl. Oppenheim	202
Weingärtner Cleebronn-Güglingen eG	75
Weingärtner Flein-Talheim eG	76
Weingärtner Willsbach eG	78
Weingärtner-Zentralgenossenschaft eG, Württemberg.	79
Weingärtnergenossenschaft Bad Cannstadt eG	75
Weingärtnergenossenschaft Brackenheim eG	39
Weingärtnergenossenschaft Dürrenzimmern-Stockheim eG	76
Weingärtnergenossenschaft Eschenau eG	76
Weingärtnergenossenschaft Grantschen eG	76
Weingärtnergenossenschaft Heuholz eG	46
Weingärtnergenossenschaft Lauffen eG	77
Weingärtnergenossenschaft Lehrensteinsfeld eG	77
Weingärtnergenossenschaft Mundelsheim eG	77
Weingärtnergenossenschaft Neckarsulm-Gundelsheim eG	77
Weingärtnergenossenschaft Roßwag-Mühlhausen eG	77

Erzeuger	Seite
Weingärtnergenossenschaft Rotenberg eG	77
Weingärtnergenossenschaft Uhlbach eG	78
Weingärtnergenossenschaft Untertürkheim	68
Weingärtnergenossenschaft, Heuchelberg-Kellerei eG	77
Weingut Adam Darmstadt & Sohn	214
Weingut Adolf Lötzbeyer	139
Weingut Ahnenhof	255
Weingut Albin Bauer	75
Weingut Albrecht Schwegler	78
Weingut Albrecht-Kiessling	75
Weingut Alfred Porr	120
Weingut Alois Schmitz	216
Weingut Amalienhof	32
Weingut Andrea Zimmermann	79
Weingut Andreas Fischer	76
Weingut Anton Escher	214
Weingut Anton Finkenauer	98
Weingut Balbach Erben	214
Weingut Bastianshauser Hof	255
Weingut Bechtel & Sohn	255
Weingut Bernhard Ellwanger	76
Weingut Berthold	75
Weingut Beurer	75
Weingut Birkert	36
Weingut Brücke-Ohl	265
Weingut Brüder Dr. Becker	178
Weingut Bungert-Mauer	169
Weingut Bürgermeister Carl Koch Erben	197
Weingut Bürgermeister Willi Schweinhardt Nachf.	140
Weingut Burghof Oswald	214
Weingut Carl Adelseck	88
Weingut Carl Finkenauer	138
Weingut Christophorus-Hof	214
Weingut Como Rossner	256
Weingut Cörper-Reinhard	138
Weingut der Stadt Bensheim	265
Weingut der Stadt Stuttgart	66
Weingut des Grafen Neipperg	77
Weingut des Hauses Württemberg / Hofkammerkellerei	79
Weingut Destillerie Gutzler	255
Weingut Diehl	75
Weingut Diehl-Blees	169
Weingut Dr. Alex Senfter	217
Weingut Dr. Baumann - Schloß Affaltrach	75
Weingut Dr. Crusius	138
Weingut Dr. Hinkel	214
Weingut Dr. Karl W. Heyden	188
Weingut Dr. Marbé-Sans	216
Weingut Drautz-Able	76
Weingut E. Weidenbach	170
Weingut Eberbach-Schäfer	41
Weingut Eberle-Runkel	169
Weingut Eckhard Schlarb	140
Weingut Eckhard Weitzel	167
Weingut Emrich-Schönleber	138
Weingut Engelhard	214
Weingut Erich Storzum	256
Weingut Ernst Dautel	75
Weingut Ernst Fischer	169
Weingut Eugen Wehrheim	217
Weingut Eulermühle	214
Weingut Flörsheimer Hof	256
Weingut Franz & Peter Zimmermann	170
Weingut Franz Josef Kerz	215
Weingut Franz Karl Schmitt	217
Weingut Freiherr Heyl zu Herrnsheim	190
Weingut Frieder Dreißigacker	255
Weingut Friedrich Baumann	214
Weingut Fritz Windisch	217
Weingut Fuhr-Lenz	169
Weingut G.A. Heinrich	43
Weingut Gehring	183
Weingut Geil	185
Weingut Georg Albrecht Schneider	206
Weingut Georg Gustav Huff	215
Weingut Gerhard Aldinger	30
Weingut Gernot Gysler	255
Weingut Geschwister Schuch	217
Weingut Göhring	228
Weingut Göttelmann	100
Weingut Graf Adelmann	28
Weingut Graf-Binzel	138
Weingut Guldenbachhof	139
Weingut Gunderloch	215
Weingut Günter Breitenbach & Sohn	169
Weingut H. Bader	34
Weingut H. Freiberger OHG	265
Weingut Hahnmühle	103
Weingut Hans Werner Nauth	216
Weingut Hans-Joachim Gauch	255
Weingut Hans-Jürgen Schmidt	77
Weingut Hans-Karl Bender	169
Weingut Hans-Walter Münzenberger	216
Weingut Hartmut Ehret	255
Weingut Hauck	152
Weingut Hedesheimer Hof / Dipl. Ing. Jürgen Beck	214
Weingut Hehner-Kiltz	139
Weingut Heinrich Braun	214
Weingut Heinrich Seebrich	208
Weingut Heinz Lemb	215
Weingut Helgenhof	215
Weingut Helmut Dautermann	138

Weingut Helmut Hexamer	139
Weingut Helmut Weber	170
Weingut Herbert Bruker	75
Weingut Herbert Hamm	169
Weingut Hermann Dönnhoff	95
Weingut Hermann Steitz	140
Weingut Hermann Umbrich	78
Weingut Hiestand	181
Weingut Hildegardishof	169
Weingut Hirschhof	234
Weingut Hof Dätwyl - Hans Albert Dettweiler	214
Weingut Huff	215
Weingut Illian-Arnd	255
Weingut im Zwölberich	135
Weingut J. & H.A. Strub	212
Weingut J. Neus	169
Weingut Jakob Schneider	140
Weingut Jean Buscher	255
Weingut Joh. Bapt. Schäfer	129
Weingut Johann Saalwächter III	170
Weingut Josef Bender	75
Weingut Julianenhof	215
Weingut Julius Wasem - Rodensteiner Hof	170
Weingut Jung	139
Weingut Jürgen Ellwanger	76
Weingut Jürgen Lersch	139
Weingut K. F. Groebe	255
Weingut Kapellenhof - Ökonomierat Schätzel Erben	216
Weingut Karl Haidle	76
Weingut Karl Wilhelm Müller	169
Weingut Karl-Heinz Frey	214
Weingut Karl-Heinz Wildner	170
Weingut Karlheinz Milch & Sohn	244
Weingut Karlshof	169
Weingut Keller	236
Weingut Kiltz & Strobl	139
Weingut Kissinger	195
Weingut Kissinger-Rothermel	215
Weingut Kistenmacher-Hengerer	51
Weingut Klostermühle	107
Weingut Korrell - Johanneshof	105
Weingut Kroll	241
Weingut Kronenberger Hof	169
Weingut Kruger-Rumpf	110
Weingut Küchesheimer Hof	215
Weingut Kühling-Gillot	215
Weingut Kuhnle	53
Weingut Kurt Dautermann	169
Weingut Kurt Erbeldinger & Sohn	223
Weingut Kusterer	56
Weingut Leckzapfen - Gutsverwaltung Otto Schill	256
Weingut Liebenauer Hof	256
Weingut Lindenhof	139
Weingut Linus Haub	215
Weingut Louis Guntrum	187
Weingut Manz	199
Weingut Martinushof	216
Weingut Martinushof	216
Weingut Mathern	113
Weingut Medinger	58
Weingut Meiser	216
Weingut Melchior Jos. Leber	215
Weingut Menger-Krug	216
Weingut Merz	155
Weingut Michael Klören	139
Weingut Michael Schäfer	140
Weingut Michel-Pfannebecker	242
Weingut Neef-Emmich	246
Weingut Nierstheimer	169
Weingut Ohnacker-Döß	256
Weingut Ökonomierat Johann Geil I. Erben	225
Weingut Orbelhof	216
Weingut Ortlieb	77
Weingut Ortwin Schmitt	217
Weingut Otto Beiser	148
Weingut Paul Anheuser	138
Weingut Paul Häußermann	76
Weingut Peth	256
Weingut Petri-Eßling	139
Weingut Petry & Friess	216
Weingut Phillip Eckert	169
Weingut Phillip Hillenbrand	265
Weingut Posthof Doll & Göth	203
Weingut Rainer Schnaitmann	78
Weingut Rapp	139
Weingut Rauh	256
Weingut Rehn	170
Weingut Reichsgraf von Plettenberg	140
Weingut Reinhard Beck	138
Weingut Reinhard Knobloch	215
Weingut Reinhold Keller	139
Weingut Reinhold Kern	215
Weingut Reinhold Senfter	217
Weingut Rohr	121
Weingut Rolf Heinrich	45
Weingut Rösch-Spies	216
Weingut Rüdiger Steinert	140
Weingut Rudolf Sinß	140
Weingut Russbach	249
Weingut Saalwächter	170
Weingut Sander	205
Weingut Sankt Antony	176

INDEX-ERZEUGER

Weingut Sankt-Urbanshof	217
Weingut Sascha Montigny	115
Weingut Schäfer-Fröhlich	126
Weingut Schäfer-Heinrich	62
Weingut Schales	256
Weingut Scherner-Kleinhanß	256
Weingut Schick	162
Weingut Schlamp-Schätzel	216
Weingut Schloss Gutenburg	140
Weingut Schlossmühle Dr. Höfer	138
Weingut Schmitt Erben	216
Weingut Schreiber-Zink - Zur Alten Schmiede	256
Weingut Schultheiß-Knobloch	217
Weingut Schuster	170
Weingut Simon-Bürkle	263
Weingut Sitzius	130
Weingut Sonnenhof - Bezner-Fischer	64
Weingut Spiess Riederbacherhof	256
Weingut Sponagel-Weil	256
Weingut St. Meinhard	140
Weingut St. Quirinushof	170
Weingut Stallmann-Hiestand	210
Weingut Steitz	163
Weingut Strubel	255
Weingut Stutz	78
Weingut Tesch	131
Weingut Theo Haberkern	76
Weingut Thomas Weber	217
Weingut Tobias Georg Seitz	265
Weingut und Schloßkellerei Fürst zu Hohenlohe Oehringen	77
Weingut und Sektgut Ch.W. Bernhard	150
Weingut und Sektgut Karl-Kurt Bamberger & Sohn	138
Weingut Uwe Eisele	76
Weingut V. Eckert	217
Weingut Villa Bäder	169
Weingut Villa Kerz	215
Weingut Villa Sachsen	160
Weingut Wagner-Stempel	165
Weingut Walter Albrecht	75
Weingut Walter Frey	138
Weingut Weinmann	140
Weingut Werner Fath	255
Weingut Werner Pitthahn	170
Weingut Wilhelm Betz	214
Weingut Wilhelm Sitzius	140
Weingut Wilhelmy	141
Weingut Willi Gentheimer-Kiltz	138
Weingut Willi Jakob Bär	214
Weingut Willi Knell	215
Weingut Winfried Born	255
Weingut Wittmann	251
Weingut Wöhrwag	79
Weingut Wolf & Sohn	170
Weingut Wolfgang Faschian	76
Weingut Wolfram Hahn	255
Weingut Ziegler	256
Weingut Zimmerle	72
Weinkellerei Hohenlohe eG	77
Weinkellerei Reh Kendermann GmbH	157
Weinkellerei Schnabel	77
Weinmann	140
Weinsberg, Staatsweingut	70
Weinschänke Götzinger	265
Weitzel, Eckhard	167
Wendel, Weinbau	256
Westhofen eG, Winzergenossenschaft	256
Wildner, Karl-Heinz	170
Wilhelmy	141
Willsbach eG	78
Willy, Rolf, Weinbau, Privatkellerei	78
Windisch, Fritz	217
Winzer eG, Bergstässer	265
Winzer eG, Rheinhessen	170
Winzergenossenschaft Bingen eG	169
Winzergenossenschaft Ebersheim eG	214
Winzergenossenschaft eG	217
Winzergenossenschaft eG	217
Winzergenossenschaft eG	170
Winzergenossenschaft eG, Oderwälder	265
Winzergenossenschaft Löwenstein eG	77
Winzergenossenschaft Nackenheim eG	216
Winzergenossenschaft Niedernhall eG	77
Winzergenossenschaft Rheingrafenburg eG	140
Winzergenossenschaft Westhofen eG	256
Winzergenossenschaft, Niersteiner	216
Wittmann	251
Wohlfahrt, Willi	265
Wöhrwag	79
Wolf & Sohn	170
Wonnegau, Bezirkswinzergenossenschaft	256
Württemberg, Weingut des Hauses	79
Württembergische Weingärtner-Zentralgenossenschaft eG	79
Ziegler	256
Zimmerle	72
Zimmermann, Andrea	79
Zimmermann, Franz & Peter	170
zu Salm-Dalberg'sches Weingut, Prinz	123
Zur Alten Schmiede - Schreiber-Zink	256
Zwölberich, im	135

Reisehandbücher aus dem Michael Müller Verlag

Der Spezialist für Individualreisende

Die Reisehandbücher mit den vielen praktischen Tipps zu Übernachten, Essen, Nachtleben, Einkaufen u. v. m.
Ideal zur Reisevorbereitung und für unterwegs.

Verlagsprogramm

Unsere Reisehandbücher im Überblick:

Deutschland:
- Altmühltal u. Fränkisches Seenland
- Allgäu
- Berlin & Umgebung
- *MM-City* Berlin
- Bodensee
- Franken
- Fränkische Schweiz
- Mainfranken
- Nürnberg, Fürth, Erlangen
- Oberbayerische Seen
- Schwäbische Alb

Niederlande:
- *MM-City* Amsterdam
- Niederlande
- Nordholland – Küste, Ijsselmeer, Amsterdam

Nord(west)europa:
- England
- Südengland
- Irland
- Island
- *MM-City* London
- Norwegen
- Südnorwegen
- Südschweden
- Schottland

(Süd-)Osteuropa:
- Baltische Länder
- Kroatische Inseln & Küste
- Nordkroatien – Kvarner Bucht
- Polen
- *MM-City* Prag
- Slowenien & Istrien
- Ungarn
- Westböhmen & Bäderdreieck

Griechenland:
- Amorgos & Kleine Ostkykladen
- Chalkidiki
- Griechenland
- Griechische Inseln
- Nord- u. Mittelgriechenland
- Karpathos
- Korfu & Ionische Inseln
- Kos
- Kreta

- Kreta – der Osten
- Kreta – der Westen
- Kreta Infokarte
- Kykladen
- Lesbos
- Naxos
- Paros/Antiparos
- Peloponnes
- Rhodos
- Samos
- Samos, Chios, Lesbos, Ikaria
- Santorini
- Skiathos, Skopelos, Skyros, Alonnisos – Nördl. Sporaden
- Thassos, Samothraki
- Zakynthos

Südosteuropa:
- *MM-City* Istanbul
- Türkei – Mittelmeerküste
- Türkei – Südküste
- Türkei – Westküste
- Zypern

Frankreich:
- Bretagne
- Côte d'Azur
- Korsika
- Languedoc-Roussillon
- *MM-City* Paris
- Provence & Côte d'Azur
- Provence Infokarte
- Südwest-Frankreich

Italien:
- Apulien
- Chianti – Florenz, Siena, San Gimignano
- Elba
- Gardasee
- Golf v. Neapel
- Italien
- Italienische Riviera & Cinque Terre
- Kalabrien & Basilikata
- Liparische Inseln
- Oberitalien
- Oberitalienische Seen
- *MM-City* Rom
- Rom/Latium
- Sardinien
- Sizilien
- Toscana

- Toscana Infokarte
- Umbrien
- *MM-City* Venedig
- Venetien & Friaul

Schweiz u. Malta:
- Tessin
- Malta, Gozo, Comino

Nordafrika u. Vorderer Orient:
- Sinai & Rotes Meer
- Tunesien

Spanien:
- Andalusien
- Costa Brava
- Costa de la Luz
- Ibiza
- Katalonien
- Madrid & Umgebung
- Mallorca
- Mallorca Infokarte
- Nordspanien
- Spanien

Kanarische Inseln:
- Gomera
- Gran Canaria
- *MM-Touring* Gran Canaria
- Lanzarote
- La Palma
- *MM-Touring* La Palma
- Teneriffa

Portugal:
- Algarve
- Azoren
- Madeira
- *MM-City* Lissabon
- Lissabon & Umgebung
- Portugal

Lateinamerika:
- Dominikanische Republik
- Ecuador

Wein-Plus 2002
- **Bd. 1**: Ahr, Mittelrhein, Mosel-Saar-Ruwer
- **Bd. 2**: Franken, Rheingau, Saale-Unstrut, Sachsen
- **Bd. 3**: Baden, Pfalz
- **Bd. 4**: Hess. Bergstrasse, Nahe, Rheinhessen, Württemberg

Aktuelle unter : www.michael-mueller-verlag.de
Gerne schicken wir Ihnen auch unser aktuelles Verlagsprogramm zu.
Michael Müller Verlag GmbH, Gerberei 19, 91054 Erlangen
Tel.: 0 91 31 / 81 28 08-0; Fax: 0 91 31 / 20 75 41;
E-Mail: mmv@michael-mueller-verlag.de

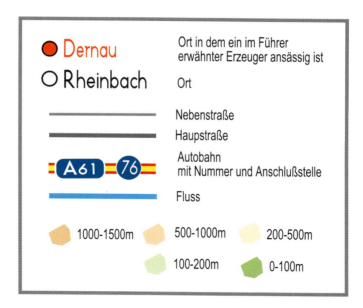

WÜRTTEMBERG

Württemberg

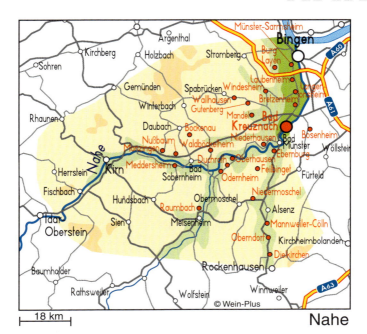

RHEINHESSEN

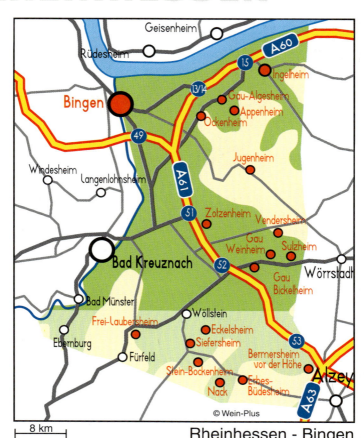

Rheinhessen - Bingen

Rheinhessen - Nierstein

RHEINHESSEN

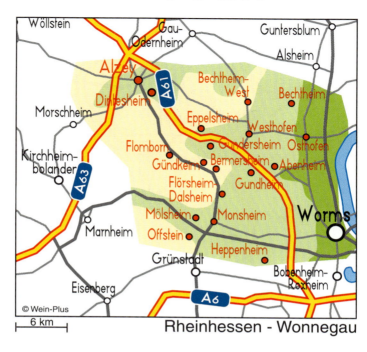

Rheinhessen - Wonnegau

WONNEGAU

HESSISCHE BERGSTRASSE

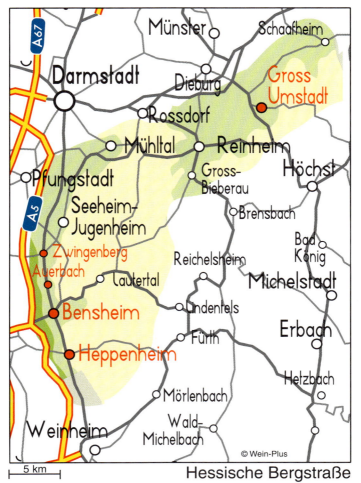

Hessische Bergstraße

Raum für Notizen